不一樣的中國史 3

楊照——著

從爭戰到霸權，信念激辯的時代

春秋戰國、秦

中國史是臺灣史的重要部分

歷史知識建立在兩項基本信念上，第一是相信人類的事物都是有來歷的，沒有什麼是天上掉下來或奇蹟所創造的；第二則是相信弄清楚事物的來歷很重要，大有助於我們分析理解現實，看清楚現實的種種糾結，進而對於未來變化能夠有所掌握，做出智慧、準確的決定。

歷史教育要有意義、有效果，必須回歸到這兩種信念來予以檢驗，看看是否能讓孩子體會、掌握歷史知識的作用。

不管當下現實的政治態度是什麼，站在歷史知識的立場上，沒有人能否認臺灣是有來歷的，不可能是開天闢地就存在，也不可能是什麼神力所創造的。因而歷史教育最根本該教的，就是「臺灣怎麼來的」。

要回答「臺灣怎麼來的」，必定預設了臺灣有其特殊性，和其他地方、其他國家不一樣，所以才需要從時間上溯源去找出之所以不一樣的理由。臺灣為什麼會有不一樣的文化？為什麼會有不一樣的社會？為什麼會有這樣的政治制度與政治狀態？為什麼會和其他國家產生不同的關係？……

所謂以臺灣為本位的歷史教育，就是認真地、好好地回答這幾個彼此交錯纏結的大問題。那麼歷史教育的內容好不好，也就可以明確地用是否能引導孩子思考、解答這些問題來評斷了。

過去將臺灣歷史放在中國歷史裡，作為中國歷史一部分的結構，從這個標準上看，有著明白而嚴重的缺失，那就是忽略了臺灣複雜的形成過程，特殊的地理位置使得臺灣從十七世紀就在東亞海域衝突爭奪中有了角色，中國之外的各種力量長期影響了臺灣。只從中國的角度，不看來自荷蘭、日本、美國等政治與文化作用，絕對不可能弄清楚臺灣的來歷。

但是，過去的錯誤不能用相反的方式來矯正。臺灣歷史不應該是中國歷史的一部分，然而中國歷史卻仍然是臺灣歷史非常重要的一部分。關鍵重點在調整如此的全體與部分關係，確認不該將臺灣史視為中國史的一部分，而該翻轉過來將中國史視為構成及解釋臺灣史的一部分。這樣調整之後，再來衡量中國史在如此新架構中該有的地位與分量。

不只是臺灣的社會與文化，從語言文字到親族組織原則到基本價值信念，和中國歷史有著太深、太緊密的連結；就連現實的政治與國際關係，去除了中國歷史變化因素，就無法理解了。硬是要降低中國歷史所占的比例分量，降低到一定程度，歷史就失去了解釋來歷和分析現實的基本作用了。

從歷史上必須被正視的事實是：中國文化的核心是歷史，保存歷史、重視歷史、訴諸歷史是中國最明顯、最特殊的文化性格。因而中國文化對臺灣產生過的影響作用，非得回到中國歷史上才能看得明白。

不理解中國史，拿掉了這部分，就不是完整的臺灣史。東亞史的多元結構無法提供關於臺灣來歷的根本說明，諸如：臺灣人所使用的語言文字、所信奉的宗教與遵行的儀式、內在的價值判斷優先順序、對於自我身分角色選擇認定的方式、意識深層模仿學習的角色模式……

歷史教育需要的是更符合臺灣特殊性的多元知識，但這多元仍需依照歷史事實分配比例，一味相信降低中國史比例就是對的，違背了歷史事實，也違背了歷史知識的根本標準。

目次 contents

第三講

東周的戰爭變化與墨家

第四講

《楚辭》與楚文化

第五講

重讀《孟子》

第六講 重讀《荀子》

第七講 法家與秦的興起

第八講

大一統帝國成立的條件

第九講

秦始皇與始皇陵

第十講

誤打誤撞的漢朝創建

「重新認識」中國歷史

1

錢穆（賓四）先生自學出身，沒有學歷，沒有師承，很長一段時間在小學教書，然而他認真閱讀並整理了古書中幾乎所有春秋、戰國的相關史料，寫成了《先秦諸子繫年》一書。之所以寫這樣一本考據大書，很重要的刺激來自於名譟一時的《古史辨》，錢穆認為以顧頡剛為首的這群學者，「疑古太過」，帶著先入為主的有色眼光看中國古代史料，處處尋覓偽造作假的痕跡，沒有平心靜氣、盡量客觀地做好查考比對文獻的基本工夫。工夫中的工夫，基本中的基本，是弄清楚這些被他們拿來「疑古辨偽」的材料究竟形成於什麼時代。他們不願做、不能做，以至於許多推論必定流於意氣、草率，於是錢穆便以一己之力從根做起，竟然將大部分史料精確排比到可以

「編年」的程度。

很明顯地，《先秦諸子繫年》的成就直接打擊《古史辨》的可信度。當時任職燕京大學，在中國學術界意氣風發、引領風騷的顧頡剛讀了《先秦諸子繫年》，立刻理解體會了錢穆的用意。他的反應是什麼？他立刻推薦錢穆到廣州中山大學教書，也邀請錢穆為《燕京學報》寫稿。中山大學錢穆沒有去，倒是替《燕京學報》寫了〈劉向歆父子年譜〉，錢穆自己說：「此文不啻特與頡剛諍議，頡剛不介意，既刊余文，又特推薦余在燕京任教。」

這是個「民國傳奇」。裡面牽涉到那個時代學者對於知識學問的熱情執著，也牽涉到那個時代學者的真誠風範，還牽涉到那個時代學院重視學識高於重視學歷的開放氣氛。沒有學歷的錢穆在那樣的環境中，單純靠學問折服了潛在的論敵，因而得以進入當時的最高學府任教。

這傳奇還有後續。錢穆後來從燕京大學轉往北京大學，「中國通史」是當時政府規定的大學歷史系必修課，北大歷史系慣常的做法，是讓系裡每個老師輪流排課，將自己所擅長的時代或領域，濃縮在幾堂課中教授，用這種方式來構成「中國通史」課程。換句話說，大家理所當然認為「中國通史」就是由古至今不同斷代的中國歷史接續起來，頂多再加上一些跨時代的專史。

可是被派去「中國通史」課堂負責秦漢一段歷史的錢穆，不同意這項做法。他公開地對學生表達了質疑：不知道前面的老師說了什麼，也不知道後面的老師要說什麼，每個老師來給學生片片斷斷的知識，怎麼可能讓學生獲得貫通的中國史理解？學生被錢穆的質疑說服了，也是那個時代的精神，學生認為既然不合理就該要求改，系裡也同意既然批評反對得有道理就該改。

怎麼改？那就將「中國通史」整合起來，上學期由錢穆教，下學期則由系裡的中古史大學者陳寅恪教。這樣很好吧？問了錢穆，錢穆卻說不好，而且明白表示，他希望自己一個人教，而且有把握可以自己一個人教！

這是何等狂傲的態度？本來只是個小學教員，靠顧頡剛提拔才破格進到北大歷史系任職的錢穆，竟然敢排擠數不清精通多少種語言、已是中古史權威的大學者陳寅恪，自己一人獨攬教「中國通史」的工作。他憑什麼？他有資格嗎？

至少那個年代的北大歷史系覺得錢穆有資格，就依從他的意思，讓他自己一個人教「中國通史」。錢穆累積了在北大教「中國通史」的經驗，後來抗戰中隨「西南聯大」避居昆明時，埋首寫出了經典史著《國史大綱》。

2

由《國史大綱》的內容及寫法回推，我們可以明白錢穆堅持一個人教「中國通史」，以及北大歷史系接受讓他教的理由。那不是他的狂傲，毋寧是他對於什麼是「通史」，提出了當時系裡其他人沒想到的深刻認識。

用原來的方式教的，是「簡化版中國史」，不是「中國通史」。「中國通史」的關鍵，當然是在「通」字，而這個「通」字顯然來自太史公司馬遷的「通古今之變」。司馬遷的《史記》包納了上下兩千年的時代，如此漫長的時間中發生過那麼多的事，對於一個史家最大的挑戰，不在如何蒐集兩千年留下來的種種資料，而在如何從龐大的資料中進行有意義的選擇，從中間選擇什麼，又放棄什麼。

關鍵在於「有意義」。只是將所有材料排比出來，呈現的勢必是偶然的混亂。許多發生過的事，不巧沒有留下記錄資料；留下記錄資料可供後世考索了解的，往往瑣碎零散。更重要的，這些偶然記錄下來的人與事，彼此間有什麼關聯呢？如果記錄是偶然的，人與人、事與事之間也沒有什麼關聯，那麼知道過去發生了什麼事要做什麼？

史家的根本職責就在有意識地進行選擇，並且排比、串聯所選擇的史料。最簡單、最基本的串聯是因果解釋，從過去發生的事情中去挖掘、去探索「因為／所以」：前面有了這樣的現象，以至於後來有了那樣的發展；前面做了這樣的決定，導致後來有了那樣的結果。排出「因為／所以」來，歷史就不再是一堆混亂的現象與事件，人們閱讀歷史也就能夠藉此理解時間變化的法則，學習自然或人事因果的規律。

「通古今之變」，也就是要從規模上將歷史的因果解釋放到最大。之所以需要像《史記》那樣從文明初始寫到當今現實，正因為這是人類經驗的最大值，也就提供了從過往經驗中尋索出意義與智慧的最大可能性。我們能從古往今來的漫長時間中，找出什麼樣的貫通原則或普遍主題呢？還是從消化漫長時間中的種種記錄，我們得以回答什麼只有放進歷史裡才能回答的關鍵大問題呢？

這是司馬遷最早提出的「通古今之變」理想，這應該也是錢穆先生堅持一個人從頭到尾教「中國通史」的根本精神價值來源。「通史」之「通」，在於建立起一個有意義的觀點，幫助學生、讀者從中國歷史中看出一些特殊的貫通變化。這是眾多可能觀點的其中一個，藉由歷史的敘述與分析能夠盡量表達清楚，因而也必然是「一家之言」。不一樣的人研究歷史會看到、凸顯不同的重點，提出不同的解釋。如果是因不同時代、不同主題就換不同人從不同觀點來講，那麼追求一貫「通古今之變」的理想與精神就無處著落了。

3

這也是我明顯自不量力一個人講述、寫作一部中國歷史的勇氣來源。我要說的，是我所見到的中國歷史，從接近無窮多的歷史材料中，有意識、有原則地選擇出其中的一部分，講述如何認識中國歷史的一個故事。我說的，只是眾多中國歷史可能說法中的一個，有我如此訴說、如此建立「通古今之變」因果模式的道理。

這道理一言以蔽之，是「重新認識」。意思是我自覺針對已經有過中國歷史一定認識的讀者，透過學校教育、普遍閱讀甚至大眾傳媒，有了對中國歷史的一些基本常識、一些刻板印象。

我試圖要做的，是邀請這樣的讀者來「重新認識」中國歷史，來檢驗一下你以為的中國歷史，和事實史料及史學研究所呈現的，中間有多大的差距。

也就是在選擇中國史敘述重點時，我會優先考慮那些史料或史學研究上相當扎實可信，卻和一般常識、刻板印象不相合甚至相違背的部分。這個立場所根據的，是過去百年來，「新史學」、西方史學諸方法被引進運用在研究中國歷史所累積的豐富成果。但很奇怪的，也很不幸的，這些精采、有趣、突破性的歷史知識與看法，卻遲遲沒有進入教育體系，沒有進入一般人的歷史常識中，以至於活在二十一世紀的大部分人對中國歷史的認識，竟然都還依循著一百多年前流通的傳統說法。「重新認識」的一個目的，就是用這些新發現、新研究成果，來修正、挑戰、取代傳統舊說法。

「重新認識」的另一個目的，是回到「為什麼學歷史」的態度問題上，提供不同的思考。學歷史到底在學什麼？是學一大堆人名、地名、年代，背誦下來在考試時答題用？這樣的歷史知識，一來根本隨時在網路上都能查得到，二來和我們的現實生活有什麼關聯？不然，是學用現代想法改編的古裝歷史故事、歷史戲劇嗎？這樣的歷史，固然有現實連結，方便我們投射感情入戲，然而對於我們了解過去、體會不同時代的特殊性，有什麼幫助呢？

在這套書中，我的一貫信念是，學歷史最重要的不是學 What ——歷史上發生了什麼，而是更要探究 How and Why ——去了解這些事是如何發生的、為什麼會發生。沒有 What 當然無從解釋 How and Why，歷史不可能離開事實敘述只存在理論；然而歷史也不可以、不應該只停留在事實敘述上。只敘述事實，不解釋如何與為什麼，無論將事實說得再怎麼生動，畢竟無助於我們從歷史而認識人的行為多樣性，以及個體或集體的行為邏輯。

藉由訴說漫長的中國歷史，藉由同時探究歷史中的如何與為什麼，我希望一方面能幫助讀者梳理、思考今日當下這個文明、這個社會是如何形成的；另一方面能讓讀者確切感受到中國文明內在的多元樣貌。在時間之流裡，中國絕對不是單一不變的一塊，中國人、中國社會、中國文明曾經有過太多不一樣的變化。這些歷史上曾經存在的種種變貌，總和加起來才是中國。在沒有如實認識中國歷史的豐富變化之前，讓我們先別將任何關於中國的看法或說法視為理所當然。

4

這是一套一邊說中國歷史，一邊解釋歷史知識如何可能的書。我的用心是希望讀者不要只是被動地接受這些訊息，當作是斬釘截鐵的事實；而是能夠在閱讀中主動地參與，去好奇、去思考：我們怎麼能知道過去發生了什麼，又如何去評斷該相信什麼、懷疑什麼？歷史知識的來歷常常和歷史本身同樣曲折複雜，甚至更加曲折複雜。

這套書一共分成十三冊，能夠成書最主要是有「敏隆講堂」和「趨勢講堂」，讓我能夠兩度完整地講授中國通史課程，每一次的課程都前後橫跨五個年頭。換句話說，從二〇〇七年第一講開講算起，花了超過十年時間。十年備課、授課的過程中，大部分時間用於消化各式各樣的論文、專書，也就是關於中國歷史的研究，並努力吸收這些研究的發現與論點，盡量有機地編組進我的歷史敘述與討論中。明白地說，我將自己的角色設定為一個勤勞、忠實、不輕信、不妥協的二手研究整合者，而不是進入原始一手材料提出獨特成果的人。也只有放棄自己的原創研究衝動，虛心地站在前輩及同輩學者的龐大學術基礎上，才有可能處理中國通史題材，也才能找出一點點「通」的心得。

將近兩百萬字的篇幅，涵蓋從新石器時代到辛亥革命的時間範圍，這樣一套書，一定不可避免地含夾了許多錯誤。我只能期望能夠將單純知識事實上的「硬傷」降到最低，至於論理與解釋帶有疑義的部分就當作是「拋磚引玉」，請專家讀者不吝提出指正意見，得以將中國歷史的認識推到更廣且更深的境界。

第一講

春秋的時代精神

01 我們能掌握的，只是很渺小的「歷史」

什麼是歷史？歷史最簡單的定義就是「人類過去經驗的總和」，只要是人類曾經創造與經驗過的一切，加在一起就是歷史。

不過我們無法依照這樣簡單、寬泛的定義來了解歷史，這樣的歷史內容無所不包，光是前一天所有人類做過、經歷過的事都無法化為可吸收的訊息和知識，遑論上萬年的時光。因而我們實際知道的歷史，能為我們掌握與運用的歷史知識，都是經過簡化的，而且是高度簡化的。我們只能從這龐大無比的廣義歷史中，挑選出其中一部分，很小很小的一部分。

雖然現實裡的歷史知識不可能如此龐大，我們還是不能放棄寬泛、全包的歷史定義。因為誰都無法先建立一個確定的條件或程序，將人類經驗中的哪些部分排除在歷史範圍之外。人吃飯睡覺，是不是歷史？大家齊聚上一堂課，是不是歷史？街上一個小孩看到一面冰淇淋招牌，是不是歷史？這些都是歷史。雖然我們可以預見，絕大多數的這些事過去就過去了，不會留下任何痕跡，徹底被遺忘，但其中總存在著億萬分之一的可能性。那個過去從沒吃過冰淇淋的孩子，第一次知道有冰淇淋這種東西，之後愛上了冰淇淋，長大後發明出一種不需要冷凍、自身有降溫功能的冰淇淋，改變了製造冰淇淋的方式，那是歷史性的成就，因而他看見冰淇淋招牌這件事，也就被寫進了歷史。

因為定義上的歷史與現實的歷史知識，中間存在著那麼大的範圍落差，於是在歷史知識形成過程中，最關鍵的就是「選擇」。大範圍的歷史中，億萬分之九千九百九十九萬九千九百九十九都被淘汰、遺忘了，只有那億萬分之一，以各種不同的形式被記錄存留下來。

這億萬分之一的部分，成為「可記錄」或「有記錄」的歷史。一旦成為記錄、被記錄下來，這樣的歷史就必然帶有雙重性，沒有那麼簡單。首先，不管用什麼方式記錄，記錄不會和事件本身完全一樣。對於一場戰役的文字描述，不可能完整保留、復原那場戰役。一棟房屋的詳細圖像，不可能等於那棟房屋。我們只能透過不完整的、高度簡化過的記錄，去趨近還原一場戰役、一棟房屋。

還有另一層雙重性。歷史記錄與歷史本身往往有時間差。我們能看到、能運用的歷史材料，幾乎都帶著雙重時間。一重是事件本身的時間，一重是寫下、畫下的時間。你三十歲時回憶五歲時和媽媽去逛動物園，那裡面除了要記錄五歲這一時間，一定還有三十歲的時間疊在上面。司馬遷在漢武帝時記錄項羽、劉邦之爭，歷史事件的時間是西元前二〇五年前後，但在這之上，必然疊著司馬遷活著的那個時間，即西元前一〇〇年左右的時間。

可記錄、有記錄的歷史，對應全稱的歷史已經很小很小了，但用來當作我們的歷史知識還是太龐大。於是我們還得從中進行選擇，運用一個最基本、最普遍的原則——重要性原則——將重要的選出來、留下來，拿掉、遺忘掉不重要的。這還沒完，篩選出重要的，我們還要讓留下來的這些重要訊息排成一排，組構出一個有意義的秩序、一個知識系統，那才是大家一般習慣、熟悉的歷史知識。

最後我們掌握的，其實只是那樣一小塊有條理、有秩序的歷史說法。這是一般常識裡的歷史，我們閒話聊天時自信滿滿宣稱的「歷史上如何如何」。從原理上，我必須提醒大家，那樣的歷史經過了多少簡化！相較於最原始的「人類過去經驗的總和」，我們自己想的、說的歷史，何其渺小，何其簡化！

02 歷史知識小於也大於歷史事實

這正是需要「重讀」歷史的根本理由。歷史是過去的事，過去就過去了，不可能改變，照理說應該就是固定的，不是嗎？廣義的歷史，「人類過去經驗的總和」是固定不變的，但經過層層簡化後，我們所知道、所運用的歷史卻會改變，而且不能不變。

不同的時代，會用不同的方式、不同的角度進行選擇；也就是說，面對龐大的歷史材料，重要或不重要的標準，會隨著時代而改變。標準變了，簡化的選擇方式不一樣，建立起的歷史說法、歷史系統當然也就不同。

歷史知識不等於歷史事實。一方面，歷史知識小於歷史事實；另一方面，歷史知識又大於歷史事實。沒有人能還原歷史事實的全貌，歷史知識必定是從歷史事實中選擇出一小部分來，所以小於歷史事實。但歷史知識在歷史事實之上，加了明說或隱含的解釋，說明為什麼這件事是重要的、這件事怎麼來的、這件事有什麼意義，這些不在歷史事實裡，是多加上去的，所以又是大於歷史事實。

西元前二二一年，秦統一六國，這是個明確的歷史事實。但歷史知識不會停留於陳述這樣一個事實。我們會好奇、會想問：秦為何能統一六國？秦以什麼樣的方式統一了六國？換句話說，歷史知識中不會只有What，必然還要有Why和How。

問「為什麼」和「如何」，就不會有一致、相同的答案。秦統一六國這樣一件事絕不可能只有單一的原因，一定有漫長而複雜的過程。如何整理、描述這個過程，如何決定諸多變數中哪個或哪幾個最重要，那就是選擇，也就存在著各種選擇的可能性。

有人會說，秦統一六國是因為法家，因為依照法家的信念追求富國強兵。有人認為，長期戰爭使得原本的封建秩序徹底瓦解，人民亟待有新的秩序，厭惡製造戰亂的諸國系統，這樣的環境大有助於秦統一六國。還有人會提醒用法國「年鑑學派」（École des Annales）更長更遠的眼光去看，看到秦僻處西陲這一特殊地理位置，及其風土因素所帶來的影響。

沒有單一答案可以解釋秦的興起以致統一六國。任何單一的答案都不是對的答案。要理解歷史，無可避免地，我們就必須在眾多因素中去進行選擇、組合，判斷因果關係。決定秦統一六國的因素可能有一百萬個。我們不能自己創造或捏造第一百萬零一個（例如主張秦得到火星人暗地協助，所以實力大增），這是基本規範。但我們不可能涵蓋所有一百萬個因素作為歷史知識，頂多只能從這一百萬個因素之中選擇出四、五個，建構成manageable historical knowledge，即一般人能夠處理的歷史知識。

一百萬中選出四、五個，可以想見，不一樣的人會有不一樣的選法。而且他的選擇必定會受到他所處的時代、他的經驗經歷、他關切在意的等等力量的影響。為什麼要「重讀」歷史？因為我們原先讀的歷史，是在特定的時代、特定的價值體系中形成的。在不同時代、換用不同的價值體系標準，歷史會呈現不同的面貌，呈現出一些新鮮的、有趣的現象與觀點。

03 不一樣的視角，看到不一樣的歷史

過去幾十年，中國歷史研究的領域經歷了極大的變化。一九四九年中共建國後，在中國徹底重建了一套左派史學，以「唯物主義史觀」為指導原則。這套史觀強調物質基礎、生產力與生產

關係，強調要站在群眾的立場、站在農民的立場，相對地批判朝廷、反對少數英雄，更反對文人「臭老九」[1]。這樣的史學態度和中國傳統徹底相反，換了相反的眼光，必然就看到、凸顯出許多傳統歷史不看或看不到的新東西。

傳統歷史中遇到飢荒這件事，史書的記錄寫法就是「亂」，簡單一點的說什麼地方「亂」，稍微嚴重、複雜一點的就多記些什麼人領導「亂」、後來如何「平亂」。一九四九年之後的史學，將這些事件都改稱為「農民起義」。「亂」是從朝廷的角度看的，著重的是既有的秩序被打破了，所以歷史要記錄的是後來秩序如何得以恢復；「起義」卻是假定這些人參與創造一個「對的」新秩序，於是歷史所說的是如何遺憾他們的行為沒有持續和長遠的結果。

將這些人當作「亂」，我們不會認真地認識他們是誰、為何而亂。例如以前讀明史，讀到「倭寇」，我們關心的是戚繼光用什麼方式平亂，說了很多戚繼光的事，對戚繼光留下深刻的印象，但倭寇呢？他們是些什麼人，從哪裡來的，為什麼、又如何騷擾中國沿海地帶？這些我們不會去看，也不覺得需要了解。「農民起義」將歷史的視角放到那些農民身上，即便留下來的史料極其稀少，幾十年間，還是因此挖掘出許多關於歷代「農民」較為細部的圖像。

1 「臭老九」是中國文化大革命時期對知識份子的貶稱。相傳元朝將人民等級劃分為：一官，二吏，三僧，四道，五醫，六工，七匠，八娼，九儒，十丐。士人位列第九。文革時，知識份子在「黑九類」中被排在地主、富農、反革命份子、壞份子、右派份子、叛徒、特務、走資派後面，名列第九。

中國大陸史學界一度熱烈討論「中國資本主義萌芽期」，這也是「科學的唯物史觀」中產生的特殊歷史視角。依照科學的唯物史觀，人類歷史的進程，透過馬克思的「科學研究」，證明是有固定進程、固定階段的。先是原始共產主義時期，然後進入封建主義時期，再來進入資本主義時期，最後才產生了社會主義或共產主義革命。中國有了共產主義革命，這毫無疑問。中國歷史有漫長的封建主義階段，這也確立為共識了。然而，從封建主義到共產主義中間的資本主義階段在哪裡？

以各種標準來衡量，實際上都很難主張在共產革命之前，中國已經進入資本主義階段，可是按照「科學的」規律，中國不能沒有經過資本主義就進入共產主義。於是在這樣的困擾中，產生了「資本主義萌芽期」的說法，主張中國有資本主義，只是沒有充分發展，停留在萌芽期。雖然只有萌芽，但已經足夠有資本主義的邪惡，已經發揮了刺激歷史再往前進入社會主義或共產主義的作用。

先規定中國歷史上一定要有資本主義階段，再去史料中找證據，這種做法當然是荒謬的。現在也沒人再有興趣談「資本主義萌芽期」了。然而我們不能否認，因應「資本主義萌芽期」的討論熱潮，有很多過去長期被忽略的歷史現象，得以進入歷史研究者的意識中。像是近世社會中的商業活動、商人的地位與角色、貨物流通形式、都會貿易組織，乃至於愈來愈活躍複雜的金融體系等等。突然之間，我們看到了很不一樣的宋朝、元朝和明朝。

這些東西不是「唯物主義」史學家捏造出來的，它們一直存在於龐大的近世社會史料裡，但過去從來不被認為有什麼重要。唯物主義史學家所做的，是拿放大鏡去看這些史料，把它們照映出來，讓大家都能看到。

除了中國大陸之外，這半個世紀又出現了研究中國歷史的新中心。除了臺灣，還有海外華人學者所形成的特殊學術傳統。這些人在中國動亂的情況下，歷經了大流徙，去到美國、加拿大或英國、法國。他們懷抱著強烈的家國之思，另一方面，他們身上最特別、最有用的能力，就是對於中國文字、中國歷史和中國文化的深度認識。進到西方學術界，他們之中只有極少數人以研究西洋歷史或文化為專業，大部分當然還是充分利用自己的優勢，研究中國史與中國文化。

在這些地方，尤其是美國，他們得到學術發展的特殊機會。從這個角度看，我們真的不能不佩服、不能不肯定美國學術界的開闊態度。美國人整體來看不是很有國際觀，不是很在意美國以外的地方發生的事，然而美國的學術界將觸角張得再開不過，世界上任何邊緣、冷門、偏僻的學問，幾乎在美國都能找到專家。對於死海卷軸內容研究得最深入的專家，在美國；對於清代山西農民反朝廷運動研究最深入的專家，也在美國。

留在美國、加拿大或英國專攻中國史的這群學者，無可避免一定受到西方史學的衝擊和影響。他們用西方的社會科學理論、用西方的史學方法來解讀中國傳統史料，在比較的視角下，就看出很不一樣的景致。

04 春秋時代為何有這麼多自殺的故事？

法國社會學家涂爾幹（Émile Durkheim, 1858-1917）在一八九七年出版了一部重要的著作，標題簡單到只有一個字，直譯就是《自殺》（*Le Suicide*），現在通行的譯名是《自殺論》。這是西方社會學的重要奠基之作。

自殺看起來是個極端自我的決定，不顧其他任何人，斷絕了所有自我以外的考慮，終結自己的生命。然而涂爾幹用清楚的資料、明晰的論理顯示，自殺有其社會因素，社會中的集體控制較強，像天主教國家，人比較不會自殺；相對地，像基督新教那樣強調個人責任，集體組織沒有那麼嚴密的社會，自殺現象就比較多、比較普遍。原來，連自殺都是「社會現象」，或者說，連自殺都有「社會學式的解釋」！

將涂爾幹的研究放在心上，檢驗中國史料，我們就會發現過去視之為平常的一些情況，恐怕值得更細心的探究。為什麼春秋時代留下這麼多自殺的故事？那個時代不只是那麼多人自殺，而且還以我們今天很難理解的理由自殺？

這就是一種重讀歷史的角度。和一般四平八穩、被許多人接受並反覆傳鈔的中國歷史很不一樣的角度。大家已經熟悉的中國歷史，實在不需要我再多加重複，在書中我希望能提供的，是在這些既有的基礎上，多加一點不一樣的看法，嘗試探求出一些不一樣的意義。不需要再給很多年代、人名讓大家去記憶，毋寧是要多認識歷史如何發生、為何發生。

過去學習中國歷史的方式，習慣強調中國的同一性，也就是依循著一種「求同而不求異」的原則來看歷史。打個比喻，如果歷史的總體是一大池子的小球，過去的方式是一開頭就認定橘色球才是重要的，我們要做的是將橘色球撿出來。於是你眼中看的盡是橘色球，根本不會注意到那一大池子裡，還有哪些其他顏色的小球。

過去中國歷史知識的建構法，經常就是如此。看到相似的現象就選進來，編組進歷史的敘述裡，相異的就放在外面不管它。在這套書裡，我也會試著逆轉這種態度，改用「求異」的眼光，找出過去幾百年被忽視的現象，凸顯出來，讓大家看到：這也是中國歷史的一部分，加上了這樣的部分，我們原先對中國歷史的認識，不得不有所調整。

05 春秋時代為什麼叫做「春秋」？

傳統中國歷史敘述將東周分成兩個時期，前段是「春秋」，後段是「戰國」。戰國時代很好理解，那是很直接的描述，那個時代最大的特色，就是幾個僅存的封建大國無止息地彼此爭戰。競爭敵對的國持續戰爭，是之謂「戰國」。

日本史上也有戰國時期。從西元一四六七年到一六〇三年，近一個半世紀間政局紛亂，群雄並起，各擁武力互相爭戰，一直到德川家康統一大局，才終結彷彿沒完沒了的戰爭局面。但日本史絕對不會有春秋時期，因為「春秋」的命名來源和「戰國」大不相同。

作為時代名稱的「春秋」是怎麼來的？它來自一本書的名字，就是《春秋》，或稱《魯春秋》。魯是封建古國，明確繼承了周人特殊的歷史精神，強調歷史記錄的重要性，是歷史記錄最完整的國。《魯春秋》留下記錄的兩百多年時間，就被稱為「春秋」時代。

《春秋》這個書名則來自書中固定的記錄方式，先標示哪一年，然後說哪一季節哪一月。例如「春正月」、「夏六月」、「秋八月」或「冬十月」，因為每一條都有春夏秋冬，就從中簡稱為《春秋》。《春秋》是目前留下來最早的一部編年體史書，其中每一年記錄的條目不多，當然是特別選擇過的，於是我們可以安心地假定，能夠被寫進《春秋》的，應該就是當時人們認為重要的大事。

哪些是大事呢？《左傳‧成公十三年》中說：「國之大事，在祀與戎。」對照《春秋》，「祀」的記錄相對沒那麼多，但「戎」就幾乎無所不在。封建宗法的沒落，一方面反映在原本重要的儀式逐漸變得「行禮如儀」、不當一回事，甚至不時被忽略遺忘；另一方面也反映在國與國之間的戰事愈來愈頻繁。

另外，《春秋》中經常出現的記錄是關於繼承的。周人原本建立了嚴密的宗法世系，親族關係規定清楚而嚴格，上一代死了而下一代該誰繼承、如何繼承，都在宗法世系中制訂好了，但到了這個時候，一個國君或世卿死了，常常引發繼承上的紛爭，顯示既有的宗法規定愈來愈收拾不住局面了。

透過《春秋》，我們能夠察知這個時代的「大事」，不過《春秋》行文簡略，無法細膩地顯現人們面對大事時抱持著什麼樣的態度，有怎樣的想法與感受。還好，《春秋》本文之外，還有「三傳」——《公羊》、《穀梁》、《左氏》——流傳下來。《公羊傳》、《穀梁傳》基本上是解釋《春秋》字義的，最特別的是《左傳》，採取的形式是「以事解經」，也就是記錄事件中的人物、經過，甚至對話，補充《春秋》的簡要內容。

以《左傳》搭配《春秋》，再將前面提到的涂爾幹《自殺論》放在心上，我們看見特殊的現象——春秋時期留下了那麼多自殺及與自殺相關的記錄。

其中一個是在《不一樣的中國史》第二冊中提過的子路之死。衛國大亂，孔子的一名弟子高柴從衛國倉皇出逃，遇見了走相反方向要進入衛國的子路。高柴想阻止子路，告訴他衛國大事不可為，但子路沒聽從，他在意的是自己作為衛國公子孔悝的家臣，明知道孔悝有危險，不能不前去營救。

在衛國國都的城門口，子路又遇到守門的公孫敢，公孫敢也勸子路別進城。子路的反應是：「現在這是誰在跟我說話啊？是我認識的那個公孫敢嗎？你不是身上也有職務與責任嗎？卻為了自身的利益就逃避了。我子路不是這樣的人，我領人家的俸祿，就該去幫人家解決患難。」公孫敢仍然不放子路進城，但城內有使者要出城，子路就趁機闖進去。

進去之後，子路直接去挑戰挾持了孔悝的蒯聵，蒯聵被激怒了，派兩名力士石乞和盂黶將子路殺了。子路臨死前還故意將自己打鬥中斷開的帽帶繫好，諷刺蒯聵不知禮，蒯聵氣得下令將子路剁成肉醬。

看過這則故事，想一個簡單的問題：換作是你，你會做和子路一樣的選擇嗎？進一步想：在周遭你認識的人裡，有哪一個會做和子路一樣的選擇？不是十幾二十歲血氣方剛的年輕人，而是一個六十多歲的老人，以這種方式結束自己的性命？

宋代儒者葉水心評論子路之死就感慨地主張：在那個時代，因為尚未受到「佛」、「老」思想的感染，人的生命有一種特殊的元氣。我們先不追究是不是佛、老思想影響改變了這份元氣，但事實是，子路身上的確有些和我們一般生活經驗很不一樣的特質。高柴勸子路回頭，公孫敢不願放子路進城，乃至孔子聽說了高柴阻止不了子路的事，痛苦地預言：「這回子路死定了！」都清楚顯示子路是在知其必死的情況下做了這樣的抉擇；換句話說，雖然最後死於兩名力士之手，子路實質上是自殺的。只要有多一點求生的意念，他就大可以不進城，大可以不用那種方式挑釁蒯聵，大可以不死。子路之死，死於他堅持將作為家臣的責任看得比生命還重要。

06 為「趙氏孤兒」自殺的兩個人

春秋時期還有一則有名的「程嬰杵臼」的故事。晉國世卿間內鬨，屠岸賈攻打趙家，要滅趙家全族，一連殺了趙朔、趙同、趙括、趙嬰齊等人。趙朔的夫人是晉成公的姊姊，當時懷孕了，驚險地逃過沒有被殺。當時趙家有一名家臣叫公孫杵臼，遇到了另一名家臣程嬰，就直接問他：「你怎麼不死？」意思是主人家遇此大難，家臣理應共同赴難。

程嬰回答：「我不是不死，只是還沒死。因為趙朔留有遺腹子，生下來如果是男孩，就表示趙家仍然有後，我會負責照顧保護這個孩子。萬一生的是女孩，那我就立即去死。」趙朔的遺腹子生下來是個男孩，為趙家留了後。但不幸消息走漏，被屠岸賈知道了，就在境內大搜，險些在趙朔夫人那裡搜到這個嬰孩。趙朔夫人將嬰孩藏在身上，心中暗自對孩子說：「如果注定趙家要絕後，這時候你就哭吧！」孩子竟然一聲未發，逃過一劫。

為了救「趙氏孤兒」，程嬰去找公孫杵臼商量。公孫杵臼問了一個簡單的問題：「撫養趙氏孤兒長大比較難，還是去死比較難？」程嬰說：「撫養孤兒比較難。」杵臼就說了一段有名的話：「我們分頭承擔吧！簡單的我來做，難的就交付給你了。」於是他在民間找了一個倒楣的小孩，帶著孩子故意在別人面前罵程嬰，說程嬰不負責任，不敢救「趙氏孤兒」，讓人家以為「趙氏孤兒」在他這裡。於是屠岸賈找到公孫杵臼，將他和冒牌的「趙氏孤兒」殺了。用這種方式，他為程嬰爭取到可以偷偷養大真正的「趙氏孤兒」的機會。

趙氏有後，因而得以重拾原來的勢力，最終復仇誅滅了屠岸賈。「趙氏孤兒」趙武長大了，仇也報了，程嬰就去和趙武告別。趙武啼泣頓首哀求：「你是我的大恩人，我願意一輩子服侍你，為什麼你現在要拋下我去死呢？」程嬰回答：「我不能不去啊，當年公孫杵臼相信我一定做得到這件事，所以他先去死了。如果我繼續活著，他會以為我辦事不力，到現在還沒有成功呢！」不顧趙武的哀求，程嬰真的就自殺了。

「趙氏孤兒」後來成為中國戲劇中很重要、也很受歡迎的劇目，根本理由就在其中驚人、超越世俗常情的戲劇性。不只是程嬰、杵臼這兩人視死如歸的態度，而且在他們眼中竟然連死都還是相對比較容易的。他們的「忠」，他們看重自己的職務責任到這樣不可思議的程度。

這又是一個自殺的故事，而且是兩個人一前一後，用了不同方式自殺的感人故事。

07 信和忠，比命更重要

《左傳・僖公九年》記載了發生在晉國的事。公子重耳（就是後來的晉文公）流亡在外，和國內的幾個大夫一直有聯繫，這些大夫密謀在晉獻公死後，就把重耳迎回來即位。晉獻公立了奚齊為太子，找荀息輔佐奚齊。獻公臨終前問荀息：「我立奚齊為太子，國內很多人反對，你會怎麼做？」荀息回答：「臣竭其股肱之力，加之以忠貞。其濟，君之靈也；不濟，則以死繼之。」意思是我會盡全力輔佐，以徹底的忠貞對待他，如果成功了，那是您的靈魂保佑，如果失敗了，我就赴死去追隨您。

晉獻公進一步問：「何謂忠貞？」荀息回答：「公家之利，知無不為，忠也；送往事居，耦俱無猜，貞也。」只要知道並認定對晉、對公子奚齊有利的，沒有什麼不做的，這是「忠」；處理任何事情，即便是生活瑣事都光明坦蕩，沒有任何可以讓人猜疑的，這是「貞」。

晉獻公死後，果然有亂。支持重耳的人故意唆使「三公子之徒」（獻公其他兒子的勢力）作亂反對奚齊，大將里克要出手殺奚齊，先來找荀息。荀息說：「你們若是殺了奚齊，我也就跟著死。」里克勸他：「這樣是白白地死，沒有用，也沒有意義。」荀息回應：「我之前答應過先君的，難道一個人可以為了愛惜生命而說話不算話嗎？」

里克畢竟還是害死了奚齊，荀息本來就要自殺了，有人去勸他：如果你真的看重對獻公的承諾，應該想辦法另立一位公子來對抗里克。荀息便找了獻公的另一個兒子立為國君，但還是抵擋不了里克，這位公子也被里克殺了，於是荀息也跟著自殺了。

這故事的關鍵在荀息回應里克的這句話：「吾與先君言矣，不可以貳。能欲復言而愛身乎？雖無益也，將焉辟之？」他明明知道自己死了完全無益於改變局勢，然而信守對先君所說的話，比生命更重要！

《左傳．僖公二十三年》又有另一則故事。晉惠公去世，晉懷公即位，這時晉國政治最大的變數，仍然是長期流亡在外的公子重耳。晉懷公對重耳的威脅感到不安，即位後就下令，不准國內的人追隨重耳。大夫狐突有兩個兒子（狐偃、狐毛）隨著重耳流亡在秦，令下之後，狐突卻遲遲不肯把兒子叫回來。懷公憤而捉拿狐突，強迫狐突把兒子叫回來，不然就要殺他。

狐突對懷公說：我這兩個兒子，今天有資格在晉國當大夫，那是因為我教他們什麼是忠。如果現在把他們叫回來，就是要他們違背忠，要他們有貳心。不忠、有貳心的大夫，還有什麼資格服侍國君呢？我希望國君能看得清楚，不要隨便濫刑濫殺，但如果你不懂這樣的道理，也就無所謂了。

於是狐突真的為了堅持原則而被懷公殺了。

08 一則又一則視死如歸的故事

《左傳・宣公二年》中記載，晉靈公在位「不君」，做了很多沒有國君模樣的事，國中的世卿趙盾就很不客氣地直言勸諫他。晉靈公十分火大，派了鉏麑去暗殺趙盾。鉏麑趁凌晨去伏襲趙盾，結果發現趙盾家中內房的門早早就開了，表示裡面的人已經起床。再看，只見趙盾穿好正式的服裝，莊重地等著上朝，因為時間太早，坐著打起瞌睡來。

鉏麑大為感動，這個人如此恭敬對待自己的職務，是「民之主也」。然後麻煩了，鉏麑陷入矛盾：「賊民之主，不忠；棄君之命，不信。」殺這樣可以領導人民的好人，是對國家不忠；但受命來執行暗殺卻沒做，又是對國君不守信。怎麼辦呢？要嘛不忠，要嘛不信，別無其他選擇，鉏麑乾脆就自殺了，而且死得很快、死得很容易——「觸槐而死」，直接撞樹就死了。

《左傳・定公十四年》另有一則故事。晉國的梁嬰父（名叫「父」，應該是個地位很高的老先生）對國中一位勢力強大的世卿知文子說：「你要小心董安於，這傢伙是趙氏最重要的家臣，最好趁現在趕緊把他殺了。如果讓董安於一直輔佐協助趙氏，趙氏終究會掌握晉國的國政，對你太不利了。」

聽從梁嬰父的勸告，知文子就要詐對趙鞅說：「上次范氏和中行氏兩家結盟作亂，其實背後就是董安於指使的。晉國的規矩，主謀作亂的必須被處死，現在范氏、中行氏都已經因作亂被懲罰了，董安於卻還逍遙在外。」趙鞅為這件事覺得很困擾，就找了董安於來。董安於的反應很簡單、很直接，他說：「如果我死了，晉國就會平靜，趙氏也就安定，那我活著幹嘛？沒有人不死的，活著沒那麼重要。」於是上吊自殺了。趙鞅將他的屍首公開，給知氏一個交代，知氏就和趙氏聯盟，果然使得晉國和趙氏有了一時的安穩。

再一個，《左傳．哀公五年》中說，晉世卿范昭子底下有兩名家臣，一個叫王生，他對另一個家臣張柳朔很是看不順眼。有一次王生跑去建議范昭子，可重用張柳朔去掌管「柏人」這個地方。范昭子很驚訝：「你和張柳朔不是不對頭嗎？」王生回答：「那是私怨，私怨不可以影響到公家的事，從公家利益的角度看，張柳朔最適合去管柏人。」

於是，接下這個任務的張柳朔就對兒子說：「你好好認真服侍主人，主人將柏人交給我，我會以性命為代價盡量做好。」後來范氏和晉國君起了衝突，晉出兵攻打柏人，張柳朔果然就死在柏人。

09 公子國君亦無懼於生死關頭

人可以這樣視死如歸，人可以這樣輕視自己的生命。上面引述的，大多是家臣身分的人。不只他們如此，身分地位比他們高的，同樣沒把活下去看得那麼重要。

《左傳．僖公四年》記錄了驪姬如何陷害晉國太子申生的故事。驪姬是晉獻公的寵妾，一心一意想讓自己生的兒子成為太子，於是申生就成了她的眼中釘，必欲除之而後快。她聲稱自己夢見先祖，請求申生代為前往祭祀，祭祀結束後，再將祭儀中拜過的肉帶回來，獻給晉獻公。驪姬就在那塊肉上面下了劇毒，毒到什麼程度呢？《左傳》上說：「公祭之地，地墳；與犬，犬斃；與小臣，小臣亦斃。」放在地上祭地，地會隆起；給狗吃，狗立即暴斃；給旁邊服侍的小臣吃，小臣也馬上死了。看到這種狀況，驪姬就裝作無辜，害怕地哭訴：「這肉是太子給的啊！」獻公當然大怒，中生這太子也不必當了。中生倉皇跑到自己的封地新城，獻公遷怒，就將申生的老師殺了。

有人對申生說：「你應該去跟父親解釋這中間發生了什麼事，揭露驪姬的陰險詭計！」申生卻說：「如果沒有驪姬在身旁，父親睡也睡不好，吃也吃不下。父親已經那麼老了，我不忍心讓他睡不好、吃不下。」另外有人勸他：「那你就逃得遠一點，離開晉國出亡吧！」申生無奈回應：「我背負著狠心要毒殺父親的罪名，能逃到哪裡去，誰願意收留我呢？」於是，沒有別的辦法，申生就在新城自殺了。他甚至沒有嘗試要跟父親辯解這中間發生的事，指出不合理之處，而是選擇結束自己的生命。

另外還有衛國公子的故事。《左傳．桓公十六年》記載，衛宣公和夷姜生了公子急子，急子長大後，宣公安排他娶宣姜，但宣姜長得太美，宣公一看動心了，就將本來要當兒媳婦的宣姜奪了過來，另外生了壽子和朔子兩位公子。

夷姜後來自殺死了，受寵的宣姜想讓自己生的兒子當太子，於是陰謀除去急子。宣姜說動了宣公，把急子派去出使齊國，然後偷偷找人埋伏在路上，假裝成盜賊要暗殺急子。

這樁黑暗陰謀被壽子知道了，就趕緊去通報急子，叫急子不要去齊國。但急子沒聽他的勸告，理由是：「如果不遵從父親派我去齊國的命令，我還算個兒子嗎？這樣的人，只要是有人當父親的國都不可能收留，我能去哪裡？」

壽子只好想別的方法，故意在餞行宴上將急子灌醉，趁機帶著急子的旗子出發，路上埋伏的人以為他就是急子，便將壽子殺了，壽子代急子而死。但故事還沒完。急子酒醒後，意識到壽子的用意，急忙趕過去，但已經來不及挽救壽子的生命，不過他仍然對刺客說：「你們殺錯人了，應該死的是我。」於是刺客也把他殺了，回去覆命。

這兩人都是衛國的公子，地位那麼高，卻是一個為了不違逆父親，一個為了解救同父異母的哥哥，實質上都選擇了犧牲自己的生命。

甚至還有國君的故事。《左傳．文公十三年》中說，邾文公在位，要將國都遷到繹，找了卜人來卜問吉凶。卜出來的結果是「利於民而不利於君」，對人民有好處，但對國君不好。邾文公就說：「只要對人民有好處，就是對我有好處。上天為了人民才樹立君主，國君就是為了給人民帶來好處而存在的。」

左右的人擔心邾文公不理解卜中顯示的「不利」，向他明說：「這『不利』指的是會使你短命的。」邾文公還是說：「命本來就有長有短，只要對人民有好處，那麼遷都就是再吉利不過的事了。」於是真的就遷都到繹，五個月後，邾文公就病死了。

《左傳》裡給邾文公的評語是「知命」，他的短命基本上也是自我選擇的。對他來說，人民的福祉比自己繼續活著還重要，雖然是病死，也等於是自殺了。

再一個是楚昭王。《左傳．哀公六年》中記載，楚昭王出兵救陳，到了城父，「卜戰不吉」，看來打不贏，可是「卜退不吉」，糟了，連要退兵也不容易。楚昭王說：「那不就死定了嗎？如果退也死、戰也死，那我寧可保持對陳國的盟約而死。」於是他要公子申接任國君，申不肯；接著叫公子結，結也不肯；再叫公子啟，啟當然也不肯，公子啟連續拒絕了五次，才勉強答應接任國君。

然後楚昭王繼續征戰，死在城父這場戰役中。回過頭，《左傳》裡說明了楚昭王這件事的背景。「是歲也，有雲如眾赤鳥，夾日以飛三日。」那一年天空出現了異象，紅色的雲像赤鳥般圍著太陽飛，連續三天。問專家「周大史」，得到的解釋是這代表有災難要發生。紅雲繞著太陽，顯示災難會降臨在國君身上。不過如果舉行特別的儀式，可以將災難移到令尹或司馬的身上。

得知此消息，楚昭王說：「這樣的做法，豈不就像將腹心之疾移到股肱上嗎？還是病，而且對國家有同樣的傷害。」楚昭王認定自己沒犯什麼大錯，不應該受到天的處罰，若是天一定要罰他，也就不會讓他將這份處罰移給別人，所以就拒絕了行儀式的建議。

後來，楚昭王果然病了，有卜者又說：「這是黃河在作祟，應該去祭黃河。」楚昭王也拒絕了，他說：「我們在南方，打交道的是我們自己的河川，怎麼會扯到遠方的黃河去呢？我不可能得罪黃河。」就這樣，他拒絕了人家給的避禍建議，終致死於城父。

一位國君竟也如此「鐵齒」，心中有強烈定見，不受生死關頭衝擊影響。

10 不是輕生，是貫徹信念的代價

在《禮記．檀弓》中有關於曾子死前的記錄。曾子病得很重很重了，病榻前有他的弟子樂正子春，還有兒孫曾元和曾申。這時一名童子舉著蠟燭進房，蠟燭一照，看到了曾子睡的鋪席，不自覺地驚訝說：「這不是大夫的墊褥嗎？」樂正子春立即制止童子，但來不及了，曾子聽見了。

曾子把童子叫過來，要他再說一次。聽清楚童子說的，曾子一看，果然自己睡的地方鋪上了季孫氏送給他的墊褥，那是他平常不會用的，因為不符合身分。曾子就說：「趕快把我抬起來，我不能睡這個，我不是大夫，不能用大夫的墊褥。」

他病重到甚至無法自己起身，曾元就勸他別急著換，到天亮了再換。曾子很生氣，罵曾元：「你對我的愛，還比不上這個小僮僕。他看到我睡在不對的墊褥上感到驚訝，你卻不在乎。現在我就是要換墊褥，別無所求！」曾元等人只好聽從，結果墊褥還沒換好，曾子就斷氣了。

這段故事出現在《禮記》中，傳統上我們看到的、強調的，當然就是曾子對禮的看重與尊崇。曾子堅持，沒有大夫身分，不管這墊褥怎麼來的，就是不能躺在給大夫用的墊褥上。

不過，若將這則故事和前面舉的例子擺在一起，我們會看到另外一層意義。曾子應該也知道，如果換墊褥，自己恐怕連這一夜都過不去了，然而對他來說，在這件事上守禮，比自己到底還能多活幾天來得重要。就算會死，他都堅持要換，以求心安。

這些人很明顯地和我們現代人不一樣。他們和我們現代價值觀的差距，正凸顯了春秋這個時代的特色，提供了我們理解這個時代的關鍵。對這些人來說，生命沒有那麼重要，活著沒有那麼重要。或者應該說，活著、繼續活下去這件事，在我們現代人的考量中排名很前面，幾乎排在最前面，是數一數二最重要的事，少有什麼可以比活下去還重要。那個時代的人不一樣，他們考量、選擇的生命情調和生命架構不一樣。在自我理解與決定上，對他們來說，有許多比活著更重要的事。

用我們的標準看，春秋時代的人死得好輕率。「伍子胥過昭關」是傳統戲曲中的重要戲碼，有許多改編版本。民國初期一度流行對傳統戲曲的批判，「伍子胥過昭關」的一個版本就被特別拿出來痛批，顯現傳統戲曲的「不合理」。戲中有一段，伍子胥在逃亡路上，遇到好幾個人的協助，每次得到了協助，伍子胥千謝萬謝，最後都會出於擔心，特別跟協助他的人拜託：萬一有追兵來，請不要洩漏我的行蹤方向。而每一次，被他這樣拜託的人都剛烈地自殺了，人死都死了，就百分之百不會出賣、洩密了吧？

不合理之處在於，伍子胥都學不會教訓嗎？拜託一聲就害死一個人，遇到下一個人，卻還是同樣拜託？還有更不合理的，這些人怎麼可能光是為了要讓逃亡的伍子胥安心，就輕易結束自己的生命？

戲曲為了創造特殊的戲劇性效果而有此安排。但從另一個角度看，將這樣的情節放入屬於春秋時代的伍子胥故事中，卻也誇大地掌握並呈現了那個時代的特殊面貌。那個時代的人，以我們的標準看，死得如此容易。

中生怎麼死的？他的衡量是自己活著而使得父親無法得到有驪姬在身邊的安慰，不值得也不應該，所以他就死了。鉏麑怎麼死的？他的衡量是活著要嘛必須違背原則殺一個盡職的好大夫，要嘛必須違背國君的命令，做不到承諾國君要做到的，所以他就死了。

這不叫輕生，而是顯示了那個時代的人，擁有我們現代失去的一股力量——信念的力量。那個時代的人視死亡為貫徹某種信念、某種更高原則時所必須付出的代價，而且是很自然的代價。

所以郑文公的事，《左傳》裡特別記錄「君子曰知命」。

《左傳》中的「君子曰」不是那麼常見，都是針對當時人們認為格外重要、格外有代表性的事件才會用這種方式發出議論。顯然地，我們今天很容易隨意看過去的郑文公故事，《左傳》作者特別加以肯定。肯定他沒有將自己的生死看得那麼重，因為在他心中有更高的價值信念，和這份信念相權衡，就不會那麼顧念自己的生命。

在那個時代，死亡具備的第二層意義是作為面對不同原則衝突時，不得已卻真實存在的解決之道。這又是我們很難理解的價值觀。今天我們習慣的方法，是在不同的原則之間找到妥協，或選擇保留這個、背叛那個，很多時候甚至乾脆將衝突的原則都一併丟掉，讓自己在一種虛無的狀態中活下去。因為要活下去，活下去最重要。那就絕對不可能像鉏麑那樣，面對衝突的原則時，不願背叛其中任何一個，於是決斷地選擇死亡，死亡讓他可以不必背叛。

我們總是理所當然地以為活下去是第一要義，活著才有其他的。認識春秋時代的其中一個現實衝擊，就是讓我們看到完全不一樣的價值觀——人們看重自己如何死，高於關心自己如何活下去。

11 決定如何死、為何而死，是件自然的事

涂爾幹的《自殺論》提醒了我們，觀察一個社會如何看待「自殺」，大有助於我們對這個社會的理解與掌握。不只《左傳》，在眾多與春秋有關的文獻中，死亡的故事占了很高的比例，那個時代的人認為決定自己如何死、為何而死，是一件自然的事。

戲曲裡的伍子胥故事，不過就是誇大表現了這種奇特的態度。我看重你，我幫了你、救了你，那我就將事情做到徹底，我死了就絕對不會有意或無意出賣你；還有，我死了，你就可以完全安心，不必擔心我會成為你的負擔和威脅。甚至也可以是：原來在你心中存在著憂慮和懷疑，覺得我有可能因為任何理由事後出賣你，我無論如何不能忍受被如此懷疑，我願意以死換得你斷絕這個念頭，保留我的人格尊嚴。

之所以有那麼多關於死亡的故事，因為那個時代的人，尤其是能夠進入《左傳》記錄中的封建貴族，都有他們自認高於生命的原則，而凸顯人如何死、為何死，最能夠表現那些原則及他們看待原則的態度。從這個角度，我們可以重新理解一個傳統上流傳很廣，可能很多人讀過、知道的故事。

《左傳．襄公二十五年》記載，齊國發生了嚴重的弒君變亂，齊太史如實記錄：「崔杼弒其

君。」崔杼大權在握，太史這樣寫，他當然很不高興，於是將太史殺了。太史是世襲的工作，這人死了，換他的弟弟來擔任，仍然直書：「崔杼弒其君。」結果崔杼把弟弟也殺了。再換更小的弟弟，一樣還是寫：「崔杼弒其君。」崔杼一怒，再殺一個。連殺了三個，只剩下最小的一個弟弟，卻仍然還是不退讓，繼續寫：「崔杼弒其君。」崔杼殺不下去了，「乃舍之」，只好無奈地接受了。

故事還沒完。「南史氏聞大史盡死，執簡以往。」同樣擔任太史的南史氏聽說齊太史一家快要被崔杼殺光了，連忙帶著自己的書寫器具，趕到齊國去，要繼續將「崔杼弒其君」的記錄留下來，確定這件事最終被如實記錄下來了，才離開齊國回家。

過去這則故事通常被引用來顯示中國人對於歷史的重視，尤其是秉筆直書的原則和歷史記錄者的神聖性。作為一名歷史記錄者，就算明知會送命，你也還是必須寫。除此之外，我們還能理解另一層意義：為什麼歷史、史書如此重要，為什麼這整個時代以一本歷史記錄之書《春秋》來命名？因為人如果為了他所堅守的原則而死，死了就無法為自己記錄，就沒有人知道他為何而死了。要讓他死得有意義，就需要相應的另一套價值——後人有強烈的義務觀念，覺得應該為死去的人記錄下他的原則。這是人生的大事，不能輕忽以對。歷史其中一個作用，就在保存了人如何死去的記錄，尤其要保存那些堂皇死去的人的故事，讓他們不被遺忘。

封建宗法原本就重視世系表，要盡量保存完整的世代親屬關係體系，因而有了一種重視歷史的態度。到了春秋時代，傳留下來的重視態度，有了微妙的轉折——歷史記錄的重點改變了，不只記錄人在宗法裡的身分關係，更要記錄他為何活著、如何死去。

《論語．衛靈公》：「子曰：『志士仁人，無求生以害仁，有殺身以成仁。』」這不是空話，不是什麼高蹈、不切實際的理想，而是回應那個時代環境所產生的具體生命提示。孔子這句話說的仍然是「仁」。「仁」是什麼？從這個角度，孔子告訴我們，「仁」就是你信守的根本原則與信念，你認定人之所以為人的根本標準。如何試驗、檢測你的標準？只要問在什麼狀況下你即便犧牲了生命，都要保衛這個原則；或者反過來，就算可以幫你換來生命延續，你都不會違背這個原則。

對孔子來說，人不可能沒有信念、沒有原則而活著，一定要有一條底線，認知到若是低於這條線，人生是不值得活的。衛國大亂時，高柴逃出來，子路卻衝進去，孔子的反應是：「子路死定了！」會有這種反應的另一個重要原因，就在於孔子對子路的人生底線再明白不過。孔子知道子路不可能「求生以害仁」，他一定要貫徹自己盡忠、武勇的原則，那就是他的仁。實踐不了他的仁，他寧可死，他會以死來換取對於原則的堅守。

12 活著沒那麼重要，重要的是如何活著

這些人、這些故事有個耀眼的共通之處，赴死的這些人都不是為了應和外在的什麼壓力，不是被別人、被社會逼著去自殺的。用這種方式赴死，是他們自主的選擇。換句話說，他們不是「禮教殺人」之下的犧牲者，不是死於禮教的壓迫之下。

那是他們的個人選擇，而即使是如此極端的選擇，在那個時代都是被尊重的。孔子從高柴逃離衛國的舉動意識到「子路死定了」時，他的心情是擔憂的、難過的，然而對子路的選擇、對高柴完全相反的選擇，都沒有任何責備之意。他只是知道，子路一定會做出這樣的選擇，那是子路自認作為人的原則。

只要好好讀過《論語》，你會知道孔子弟子個個都有不一樣的個性。這又顯示了春秋時代的另一個特色，後來在中國歷史中被掩蓋、遺忘了的，那就是強烈的個人個性發展的時代。這也符合涂爾幹在《自殺論》中的主張：個人精神愈強，愈是強調個人主見的社會，自殺現象愈普遍。雖然孔子看重禮，但他所說的禮並不是後來的禮教。禮教是集體式的，是抹煞個人、壓抑個人內在真實情感的，孔子追求的禮比禮教要難得多，也理想化得多。孔子要的，是人從自我內在發出對於禮的信念，不是勉強地遵從禮，而是真心感受、甚至享受禮的秩序與原則。

個性的昂揚，個人精神的強大，當然和封建宗法的沒落、傾頹有關。封建將人擺放在親族網絡的位置上，位置決定了人，位置比人還重要。到了春秋時期，這樣的安排維持不住了，人紛紛從位置上脫解出來，無法由位置來決定人應該過怎樣的生活，你必須自己認真地重新思考、重新決定。

區別孔子的禮和後來的禮教，也就是用一種「求異」的眼光所看到的中國歷史。用這種方式，我們可以看到更多、更豐富的內容，而且還能讓歷史帶給現實更大的刺激與參考。我們可以試著體會有信念的生活，在生活中追尋一些更高等級、更具超越性的原則，也可以換個角度問問自己：我作為一個人的理由與條件又是什麼呢？

古希臘歷史中也留下了許多自殺的故事，而那樣的社會、那樣的文化，也有昂揚的個人主義精神，以及強烈的原則信念。古希臘人相信的「悲劇」，就是強大個人精神之下的產物。他們的悲劇指的是人無法改變命運，命運的力量極大，連神都必須屈服於命運之下，而人活在世上往往就是不斷被命運和諸神擺弄來擺弄去。但人明明知道改變不了命運，也鬥不贏奧林帕斯山上的諸神，卻無論如何都要反抗、都要掙扎。這種終究要失敗的努力，這種總不肯屈服的情緒，構成了悲劇。

那也是一種「知其不可而為之」。這份悲劇性高於人的生命，失去了這份悲劇性，乖乖地、被動地接受命運與諸神的操弄，那麼人就不再是人，就失去了人的根本價值。

活著沒那麼重要，重要的是如何活著。彰顯自己不願乖乖接受安排活著，比活著本身更重要。戲劇《安蒂岡妮》[2]一開始，就是主角安蒂岡妮不理會禁令，去替哥哥收屍，她寧可被殺也要做她認為應該做的事。蘇格拉底以他的思考與智慧，得罪了雅典城內的庸眾們，最終被判死刑，一直到喝下毒酒，他沒有一點後悔，更沒有一絲對活著的留戀。

形式上不一樣，但這種認定原則，為了原則隨時準備好咬牙不要命的態度，在中國的春秋時代出現，也在希臘輝煌的古文明中出現。

2 安蒂岡妮是希臘神話中忒拜國王伊底帕斯的女兒。希臘悲劇作家索福克里斯（Sophocles, 496-406BC）為伊底帕斯家族寫了三部膾炙人口的劇作，第一部是《伊底帕斯王》（*Oedipus the King*），第二部是《伊底帕斯在科隆納斯》（*Oedipus at Colonus*），《安蒂岡妮》（*Antigone*）則是「伊底帕斯三部曲」的最後一部。

第二講

戰國的國家勢力推移

01 「三家分晉」宣告戰國來臨

春秋時代的開端，在西元前七七一年，那一年周平王東遷，明確結束了原本定都在宗周鎬京的時代，開啟了東周。東周的結束，同時也是戰國時代的結束，也很明確，那就是西元前二二一年秦滅六國，建立了一個新的大帝國。

那戰國時代的開端呢？依照司馬光編撰的《資治通鑑》，是以西元前四〇三年當作戰國的開始。而春秋時代的命名源自《魯春秋》，《魯春秋》的記錄終止於西元前四八一年，如果以這一年作為春秋的結束，那麼從春秋結束到戰國開始，就出現了前四八一年到前四〇三年之間的一段空檔。

傳統史學界，甚至一直到今天，有很多人在意這件事。我們都是連著說「春秋戰國」，那怎麼可以讓春秋和戰國中間斷開來呢？春秋結束、戰國開始之前的這將近八十年時間，又算是什麼時代？

針對這個問題，過去有人主張應該將戰國時期往前提，以《魯春秋》停止記錄的西元前四八一年，當作是進入了戰國時代。這項主張考量的是《魯春秋》是一部古籍，不能更改，記到前四八一年就是記到那裡；相對地，「戰國」是主觀命名的，可以稍作調整提早八十年。

這項主張提醒了我們一個重要的問題：既然戰國是主觀的斷代，沒有一個必然的依據，那為什麼司馬光在《資治通鑑》裡要選擇西元前四〇三年？他的理由是什麼？那一年發生了什麼事？

西元前四〇三年發生的重要大事，也就是司馬光的斷代判準，是「三家分晉」。春秋時的大國，晉文公在位時不可一世、占據霸主地位的晉國，在這一年正式分裂為韓、趙、魏三國，晉消失了。

「三家分晉」是有來歷、有過程的。韓、趙、魏都是晉的強大世卿，原本除了這三家外，還有范、知、中行三家，也很強大。經過了複雜的算計與攻伐，到西元前四五三年，韓、趙、魏聯手攻滅了原本勢力最大的知氏，實質上三家徹底掌握了晉國。西元前四五三年時的晉國國君是晉出公，光是看他的謚號「出」，就知道他其實人根本不在晉國，而是出亡在外了。所以「三家分晉」在西元前四五三年就已經完成，韓、趙、魏事實上瓜分了晉國。

因而也有人主張，應該以西元前四五三年而不是前四〇三年作為戰國的開端，這樣就能將春秋和戰國之間的空檔大幅減少五十年。既然「三家分晉」那麼重要，是個劃時代的大變化，何不就以實質上出現「三家分晉」狀況的前四五三年為斷代依據？

不過，選擇前四〇三年而不是前四五三年，司馬光有其非常堅實的道理。儘管實質上晉國在前四五三年就被三家瓜分了，然而名義上，晉仍然繼續存在了五十年，一直到前四〇三年，周天子正式冊封韓、趙、魏為諸侯，等於同時徹底消滅了晉。從此之後，封建列國的名單上再也沒有晉這個國了。

司馬光要凸顯的史實，正是春秋和戰國最大的差異所在。到了前四〇三年，西周封建制度最後的堅持——表面的諸侯名分——都消失了。最後的防線失守，從此進入一個和封建很不一樣的「列國」狀態。

02 從五霸到七雄，規矩不再有意義

複習一下我們以前知道的中國歷史，有「春秋五霸」和「戰國七雄」。「春秋五霸」是齊桓、晉文、宋襄、楚莊、秦穆；「戰國七雄」則是齊、秦、楚、燕、韓、趙、魏。一看就知道這兩者之間的絕大差異，「五霸」在春秋時也寫作「五伯」，是五個人；「七雄」就不是指人，而是七個彼此互相攻戰的「列國」。

為什麼不是「春秋五雄」？因為春秋時期還有很多國，其時周天子式微，封建宗法不足以維繫國與國之間的秩序，所以陸續有強人崛起，承擔了「伯」或「霸」的角色，當老大爺，代替周天子維持秩序。

他們出身大國，掌握強大武力，然而他們維持秩序的原則，至少表面上仍然要講究封建規

矩。你欺負弱小，老大爺就瞪你一眼，讓你把手腳收回去；你說話不算話，老大爺就帶兵到你邊境上，逼著你遵守協約；你們兩個為了這事或那事吵得不可開交，老大爺就主持會議，大家在會上把爭執解決。「伯」或「霸」的老大爺還不是完全靠自己的武力，他經常聯合其他國一起干預、協調，維持和平秩序。

「伯」或「霸」是春秋時期的代表性人物，凸顯了他們個人的能力與威望，和上一講提到的個人精神昂揚高漲的時代特色互相呼應。

那為什麼到了戰國，就沒有「霸」、沒有老大爺了呢？封建制度進一步萎縮，愈來愈多小國遭到併滅，上百個國慢慢地收拾到只剩下十來個。這些僅有的國清楚意識到，自己不再是封建秩序下的一份子，而是一個新列國局面中的角色。個別國與國之間的關係，取代了原本全面的封建網絡。

以國為單位，國與國的關係高於一切，尤其是高於原來的宗法規範，使得宗法規範——人與人之間的親族關係——不再有意義，這是從春秋到戰國的關鍵變化。春秋時期，不管大國、小國，彼此交涉時要先看國君之間的親族關係，我和你在親族系譜上有著怎樣的相關位置。到了戰國，沒有人在意這些了，地理交接、區域分布，更重要的，武力大小，才是國與國來往的主要考量。

戰國時期，例如韓和秦是抽象的國與國關係，牽涉到彼此的「國家條件」——農業生產狀態、人口多寡、邊境防衛設備、武力動員配備，乃至策士能提供的計謀高下。相對地，兩國國君的相互對待關係則無關緊要。這是列國之間赤裸裸的競爭，不再受到封建親族的約束，也沒有封建禮儀的約束。

春秋五霸中有個奇怪的人物——宋襄公，在歷史上留下了奇怪的記錄。宋襄公帶兵和楚國軍隊在涿谷會戰。宋軍先完成了列陣，楚軍還在渡河。宋的右司馬購強趕緊建議：「楚軍人數比我們多，如果現在趁他們還沒準備好列陣就進攻，一定可以將他們打敗。」宋襄公回應：「君子說：『打仗時不殺已經受傷的，不捉陣中年紀大的，不將人推入險境，不乘人之危，還沒有列好陣不能進攻。』楚軍還在渡河我軍就攻擊的話，是破壞規矩的。就等楚軍都過來，都列好隊了，我們再進攻。」右司馬還不死心，又勸：「不能只顧規矩，不顧宋的子民啊！」宋襄公火了，命令他：「你立即回到行列裡去，不然我就以軍法處置你！」右司馬只好退了回去。楚軍這時也準備好了，宋襄公才下令攻擊，結果宋軍大敗，宋襄公自己也受了傷，三天後因傷去世。

這樣的人怎麼能成「霸」呢？哪有一絲一毫的霸氣？不，放回歷史環境中，我們應該看出的是：正是這種人、這樣的個性與堅持，才會成「霸」。那個時代，大家打的仍然是「有限戰爭」，戰爭仍然具有高度的儀式性，絕對不是毀滅性的。那個時代，戰爭還有規矩，而且規矩還很重要。放任大家都不守規矩，天下必然大亂，因而儘管野心高漲，各國國君為了自保，為了不要陷入恐怖的無序爭戰狀態中，也會願意支持像宋襄公這種堅持規矩的人來當「伯」，會教大家如何遵守秩序的老大爺。

但這樣的事，戰國時期的人非但不可能認同，甚至根本無法理解。《韓非子》書中記錄宋襄公這件事時，明顯是帶著嘲弄、批判態度的——怎麼會笨成那樣，白白放棄打勝仗的機會，以至於還賠上自己的命？《韓非子》的時代，沒有什麼比打勝仗更重要、更有價值了，至於規矩？早就被丟入歷史的字紙簍裡了。

03 地域概念高漲，重農主張崛起

許多古文獻產生於戰國時期，卻假托到更古老的時代。《尚書・禹貢》絕對不可能是夏禹的文獻，應該是成於戰國，因為文中顯現了戰國時期的關懷。〈禹貢〉假托是大禹治水時行經中國留下來的地理資料，但那樣的地理知識，實質上不可能早於春秋。〈禹貢〉將整個中國分為冀、豫、雍、揚、袞、徐、梁、青、荊九個州，並給予這九個州統一的描述與評量。

〈禹貢〉反映的是戰國時期快速高漲的地域概念。為什麼要詳細羅列記錄各州的特色和土地好壞？這背後就是列國競爭下的需求。知己知彼，弄清楚自家的生產配備，也要弄清楚競爭對手的天然條件高下，正是戰國時代讓國家存在、壯大的必要知識準備。

類似的內容也出現在《周禮・職方》。比對〈禹貢〉與〈職方〉，我們清楚看到戰國時期高漲的地方意識，以及國成立所需的基本條件。最重要的一項是土壤高下，因為牽涉到農業生產。春秋時期，貴族對於農業沒有那麼高的興趣，也沒有那麼現實的理解，那不在他們教育訓練所學的知識範圍內。孔子「少也賤，故多能鄙事」，才接觸到一點現實生產工作，但老了還是被譏諷為「四體不勤，五穀不分」，表示他還不夠「賤」，學得不夠「鄙」。

這種情況到戰國時改變了，關於農業的意識愈來愈高，農業知識與技術不斷累積，以至於農業的地位隨之快速上升，達到在諸子百家中出現「農家」的程度。

農家的代表性人物許行，在《孟子》書中留下了他的主張。許行是不折不扣的「重農主義者」，強調農業的重要，主張只要大家都致力務農，天下的問題就解決了。以農為本，其他事務、其他行業都不得妨礙農業，包括國君都應該親自務農，每個人靠實際下田養活自己，這樣就不會有壓迫、剝削、爭奪了。

這樣的態度，在戰國時期一度風靡。我們習慣上認知中國「以農立國」，是個農業國家，然而在戰國時期主張「重農」，其實是個非常新鮮、甚至非常激進的意見。因為農家的重農主張，是反對原有的主流貴族教育的。農家的激進性質在於強調農業才是關鍵、才是最重要的，這意味著過去貴族教育所教、所看重與統治相關的一切安排，都是錯誤的。

這種政治、統治上的「農家」主張，建立在另一支「農家」的發展上。那是特別專注於研究並精進農業技術的「農家」。這支「農家」觀察土地，調整如何種植、如何收穫的各種方法，也才懂得如何像〈禹貢〉或〈職方〉中那樣將土地按照生產需要分級。

和農業生產密切相關的一項概念是「時」。不只是對四季時序變化的觀察與掌握，還要將季節的變化與農業生產活動結合在一起。「時」指的是具備一種高度的自覺，意識到什麼時候適合做什麼樣的事。

「時」的概念刺激這個時期的人完成了「二十四節氣」的系統。什麼叫「節」？那是「有禮有節」的「節」，本意就是「適當的限制」、「道理上的限制」。到了某個時間，自然的循環變化規定你應該做什麼事、應該如何做，這是「節」。做什麼、如何做，指的當然是農業上的事，是以農業生產考量為主而成立的。

《史記．仲尼弟子列傳》中，司馬遷總結子貢的一生，第一句是「子貢好廢舉」，第二句就是「與時轉貨貲」。子貢會做生意，生意發達的關鍵也在「時」，看準時機，尤其是農業生產上的時機，將這個時候生產的東西買下來，留到不同的時候來賣。這「時」就擴大而有了商業貿易上的意義；倒過來，商業貿易的發達又進一步刺激當時的人對「時」更為敏感。

對於「時」的思考，也是「五行循環」概念的基礎。不管是「陰陽消長」或「五行循環」，其實都是觀察並整理時序變化的模式，也都和這種技術性的農家有一定的關係。

04 鼓風爐－鑄鐵術－農具的飛躍進步

戰國時代，有了農業土地知識的發展，所以在〈禹貢〉與〈職方〉中可以分析各州土地好壞性質，並予以評分排比，此其一。

第二，農業工具也有了快速、革命性的進步。最重要的是，鐵器開始有系統地運用在農業生產上。《不一樣的中國史》第一冊提過，中國有輝煌的「銅器時代」，然而受到特殊的歷史條件影響，商周時期的青銅器大部分用在禮儀上，少部分用在打仗上，幾乎沒有出現青銅農具。青銅鑄造技術發達時，農業生產卻還停留在以磨製石器為主的狀態。貴族主導的社會中，青銅器用在「祀」與「戎」的「國之大事」上，在這些貴族眼中，農業沒有那麼重要，不會將貴重且帶有神聖意義的青銅拿去用在農業生產上。

鐵器鑄造技術成熟，才帶來了中國古代農具的飛躍性改變。而促成鐵器鑄造進步的飛躍性因素，則是鼓風爐的發明與運用。《老子》書中說：「天地之間，其猶橐籥乎？」「橐籥」指的就是風箱。這句話也是《老子》的作者絕對不可能和孔子同時期的重要證據，因為孔子的時代還沒有「橐籥」，還沒有發明帶有風箱的鼓風爐。

鼓風爐的作用在於灌入大量氧氣，使得激烈的氧化作用產生高溫。高溫能夠將礦石中的鐵熔解出來。鐵礦的存在和分布遠比銅礦來得普遍，能夠製造出足以熔鐵的高溫，豐富的鐵就能夠用來製造大量的器具。不同於青銅的稀有性，鐵夠多、夠普遍，就能拿來鑄造農具了。

鐵器的鑄造在春秋末期快速成長，各地紛紛出現鐵器中心，也就產生了鐵器鑄造技術上的高度競爭與相互影響。吳國以鑄劍著稱，他們鑄出來的劍在硬度上已介乎鐵和鋼之間。《吳越春秋》中記載鑄劍時動用了三百童男童女，就是負責鼓風的。找「童男童女」鼓風是取其純粹性，當然沒有實際作用，關鍵在「三百」，顯示了需要龐大人力進行鼓風，爐中才可以維持很高的溫度。

在戰國文獻中，「白刃」二字成了常用詞。要將鐵的硬度煉到近乎鋼的水準，所謂的「白刃」才會出現。用鼓風爐提高冶鐵溫度，最大的影響不在鑄劍，而在鑄造出大量鐵製農具。依照《山海經》的說法，中國有三千六百九十座鐵礦，就算打個折扣，數量依然很驚人。

要鑄鐵，除了挖礦取出含鐵的礦石外，還需要能產生高溫的燃料。戰國時期另一項重要的變化，也就是《孟子》書中描述的「童山濯濯」，原本長滿樹林的山上現在空蕩蕩、光禿禿一片。為什麼會這樣？因為「旦旦而伐之」，拿樹木當作燃料的需求大增，不得不大量砍伐山林。

山林原本是國君、貴族的保留地，人民是禁止入內的。然而在包括煉鐵在內的燃料需求刺激下，戰國時期的山林很難再保留為禁地。像梁惠王就將山林賜給人民，但那不是因為他好心、善待人民，而是抵擋不住了。開放山林後，常見的相應做法就是徵稅——要來砍可以，但要繳納一定的費用，從而有了愈來愈複雜的國家財政運作，進來的多、出去的更多，怎麼進、怎麼出都要有安排。

05 全民動員式戰爭的背後條件

鐵器普遍運用在農業上，產生了一個循環。硬度高、銳利的鐵器方便砍伐樹木，樹木砍掉了，原本長樹的土地也就清空出來，可以拿來種作物。愈多土地開發為農地，就需要愈多鐵製工具，也就刺激更大的冶鐵燃料需求，於是再去砍掉更多樹，清出更多土地來。

在鐵器發明之前，農地的擴張不是那麼容易。最常見的方式是用燒的，將一塊地上的植物一併燒掉，在燒出來的空地上開墾。這樣開拓出來的土地，表土很容易流失，因而往往種了幾年，作物產量就開始大幅下降，沒多久就必須放棄這塊土地，再去找、再去燒新的地方。鐵器的運用改變了開拓的方式，樹砍下來可以當作燃料，鐵器還可以進一步用來挖掘和清除樹根，這樣處理過的土地，很明顯在生產上比燒出來的地有更高的經濟利益。

於是戰國時期，中原地區的山林快速消失，農地也相應快速增加。相較於春秋時期，不只農地面積大增，而且以鐵器耕耘的農地，其生產效率也大幅提升。

提升農業生產效率的另一項重要因素，是水利的發展。到今天，成都城外仍保留著的「都江堰」，就是戰國時期李冰父子的傑作，即使歷經汶川大地震，都沒有被破壞。

都江堰的主體是位於岷江江心的「魚嘴」分流工程，把岷江分成內外二江。外江位在西，又稱「金馬河」，是岷江正流，主要用於行洪；內江位在東，是人工引水總幹渠，主要用於灌溉，又稱「灌江」。「魚嘴」決定了內外江的分流比例，內江取水口寬一百五十公尺，外江取水口寬一百三十公尺，利用地形、地勢使江水在「魚嘴」處按比例分流。春季水量小的時候，四成流入外江，六成流入內江，以保證春耕用水；春夏洪水季節時，水位抬高漫過魚嘴，六成水流直奔外江，四成流入內江，使灌區免受水淹。這就是所謂「分四六，平潦旱」。

都江堰很了不起，然而放在戰國歷史的脈絡下，都江堰不是天上掉下來的孤例。都江堰是戰國水利知識與技能的最高成就，明顯是在普遍、全面的水利灌溉工程發展基礎上才能出現的。

成書於戰國時期的《周禮》，留有對於水利制度的討論，當時的水利控制也有很詳密的劃分。有「渚」：農地邊挖出的池塘，下雨時可以儲水，不下雨時又能夠引水灌溉。有「防」：在河道邊築堤防，避免河水氾濫淹沒田地。有「溝」：從比較大的水道挖出分支，引水進入特定的農田中來利用。另外有「澮」：讓水從田裡排出去的水道名稱。引水入田的水道，和讓多餘的水從田裡滿流出去的水道，分別設計，各有稱呼，可見水利工程思考之細密。

有鐵器，有愈來愈多的農地，又有發達的水利工程，總的效果當然是農業生產不斷提高，也就支持了相應的人口成長。人的居住與活動不斷增加，另外帶來了心理影響——人那麼多，人命的價值也就愈來愈低。

戰國時期有了和春秋時期很不一樣的對待生命的態度，以及對待戰爭的態度。鐵器可以用在農業生產上，有效養活人；鐵器也可以用在打仗上，更有效地消滅人。春秋時期，戰爭的規模有限，仍然帶著貴族儀式性質，沒那麼多人去打仗，也沒那麼多人有資格打仗。戰國時期最明顯的變化，是發展出「全民動員」的戰爭。到了戰國末年，幾場主要的戰役，雙方動員動輒幾十萬人，戰場上的死傷加上事後的「坑殺」，往往一下子就折損幾十萬條人命。

戰爭愈來愈頻繁，動員規模愈來愈大，相應地，後勤補給也就愈來愈複雜。戰士要餵飽肚子才有辦法上陣廝殺，及時、充分地滿足戰士的飲食需要，有賴於這個時代的新發明、新突破。古代農業的主要作物是穀物，但穀物得煮過才能吃，很不方便。戰國時期有了許多保存與攜帶食糧的新方法。

當時最普遍的戰場食糧是「糗」，米煮熟了之後風乾，帶在身上，要吃的時候加水重新泡軟。《孟子》裡說「簞食壺漿，以迎王師」，形容的就是帶著水和容器，方便這些戰士將糗泡開成米漿來吃。

重新認識中國歷史，一種方式就在認識細節。傳統歷史知識中，「長平之戰」本來就是一個重要事件，然而我們進一步思考細節就了解，要出現這種規模的戰爭，需要有許多配合的變化。三個人打架和三百人打架，是完全不同的兩回事；動員兩千人和動員二十萬人列陣打仗，當然也是兩回事。沒有農業生產上的突破、人口的增長，甚至沒有方便攜帶的食糧形式改良，都不可能有這種大型的戰爭。

06 政治的「城」變為商貿的「城市」

人口增加，就需要更多的生活空間，帶來居住空間的擴張。《不一樣的中國史》第二冊提過，「城」的發展在中國古史上極重要也極特殊。從新石器時代開始，中國土地上就出現大量的城，但這些城不是「城市」，因為並不是以「市」——人們聚居做買賣——為其主要功能。

早期運用夯土牆圍出城來，有的城也發揮軍事功能，但最普遍的是政治上的意義。封建制度中，每一位封君都占有一座城，「有城斯有國」，不管大小，「國」就是一座「城」。

從春秋到戰國，城也必然有著大幅的變化。城有固定的城牆圍著，裡面住著「國人」，外面住「野人」，城內的空間面積是有限的。人口增加了，大家都想住進城內，得到城所提供的安全保護；然而受到既有城牆的限制，城內無法彈性容納快速增加的人口。

也就是說，城內空間的供給遠遠趕不上需求，產生的後果就是想要住進城裡，想要安穩地待在城裡，必須付出相對較高的代價。戰國時期的大城逐漸發展出「三徵制」，就是三種收費的項目。一種是「關」，進來就要收費；一種是「市」，如果在城裡買賣交易就要繳錢；還有一種是「廛」，類似攤位的租金。

看得出來，城的收費形式以商業貿易為主，也就是說，在城內空間缺乏的情況下，做買賣的有最大的動機還是一定要擠進來。因為對他們而言，進來不只得到安全保護，還能利用人口密集的條件做生意，得到利益。在這種情況下，原本屬於政治中心性質的城，一部分在戰國時期就具備了愈來愈高的商業性質，也就是原來的「城」開始逐漸蛻變為「城市」。

城的貿易、商業功能在戰國時期大幅提升，有時甚至超越了原本的政治功能。再加上封建瓦解，形成了列國制度，每一國都控有愈來愈大的疆域，而一國只需要一個政治中心，更促使「城」朝著商業貿易中心的方向變化。戰國中期就出現了商業的大城。魏國與秦國的爭戰中，一個重點是定陶，為了搶奪定陶，雙方都付出很大的代價，而定陶的價值就在其商業貿易利益。「三徵制」就是在定陶發展規範出來的，可以想見其商業貿易繁榮程度。

國中有像定陶這樣的商業貿易大城，光靠「三徵」就能為國君帶來龐大的收入，讓他可以蓋宮殿園囿，當然也可以用於打仗。這種收入連帶地刺激了貨幣的發展，要買賣、繳費用，都需要有效且可信任的中介工具，原始以物易物、以物計量的形式是絕對行不通了。

07 布、刀、貝、錢，戰國的貨幣

戰國時期的貨幣，光是從名稱上看，就能對這些貨幣的來歷和發展有一定的想像與理解。各國用的貨幣都不一樣，總的來看，最常見的有四種：布、刀、貝、錢。

「布」和「刀」都是生活上原本就有的必需品，每一家都用得到織出來的布和鐵打的刀。不同於穀物，這兩種東西一來不容易壞，不會在短時間內有明顯耗損，二來重量和體積都有限。如此就很適合用來當作交易的中介，本身有實際用途，不怕換不出去，又比較輕、比較小，方便帶來帶去。

「貝」就不一樣了。不同於布或刀，貝沒有實際的功用。貝會成為貨幣，靠的是兩項條件：第一，稀有；第二，輕便。會以貝當貨幣的，一定是遠離海邊的地區，本地不產貝，必須大老遠將貝運過來，原先在海邊隨手可撿、沒有價值的貝，一旦耗費人力、時間運到深遠內陸來，也就變得有價值了。再加上貝比布和刀都更輕，又有一個一個獨立的單位，在攜帶和交易計數上都有其優勢。

不同於布或刀，貝是更純粹的貨幣，或說抽象的貨幣。拿到的貝除了用在交易上，幾乎沒有其他用途。貝本身沒有用處，其有用的前提是別人也相信貝可以在下一次的交易中被承認、被接受。因而貝的出現，意義非凡，標誌著一個建立在彼此共同默契上的買賣系統已經存在。在這個系統裡，大家同意且信任貝是有價值的，拿辛苦種出來的穀子去換了自身沒有價值的貝，卻不用擔心。需要交易時，手上這些貝能找到人願意換給你身上需要穿的衣服，以及農田或家裡需要用的工具。

從「貝」到「錢」，就是順理成章的發展了。錢也是抽象的貨幣，不過是人造的，不像貝是從自然裡來的。和貝一樣，錢也有其稀有性，錢裡含有銅或其他稀有材質；和貝一樣，錢需要經過費力鑄造，由此取得了價值；和貝一樣，錢也很小很輕，便於攜帶使用。而且錢有比貝更具優勢的地方——因為是人造的，能造得更一致、更合理。

專門用於交易的「錢」出現了，代表戰國時期的商業發達到相當程度，刺激出對於貨幣的高度需求。錢要發揮交易功能，必定要同時具備另一種功能，那就是儲存價值。大家一致同意，這樣一枚錢等同於一斗米或一條魚，我將一斗米交給你換來一枚錢，意味著一斗米的價值儲存在這枚錢裡了，因而我可以用儲存在錢裡的價值跟別人換一條魚。

價值可以留在抽象的貨幣中，也就表示價值可以累積，因而在戰國時代出現了過去從未見過的大筆財富。如果沒有錢、沒有貨幣，財富無法如此有效地累積儲存。

財富儲存最高階段的形式是「金」。戰國史料上貴重的金愈來愈常出現，表示財富累積的量大到一定程度，連用錢都不夠方便了，因而發展出比錢更貴重的金。

金的普遍使用，又和另一個現象同步進行，那就是土地買賣。原來的封建制度中，冊封的過程有「胙土」，將一塊土地劃給受封的人，由他帶人去占領、開發。土地是一層層「封」的，這是封建權利的一部分，不是買賣交易的對象。到了戰國時代，一方面封建瓦解，分封的約束不再；另一方面由於貨幣的高度發展，相應帶來擴大的買賣範圍，愈來愈多東西被納入交易之列，終至連土地也能賣了。

土地是生產之本，有著很高的價值，必須等到「金」這樣的高層高價貨幣成熟，才有辦法促成如此高價的交易。換個角度看，連土地都能買賣了，這樣的社會必定同時進行著其他昂貴物品的交易。戰國時期出現了大量的奢侈品，這也是春秋時期所沒有的。

08 商人和地主：一國興衰的關鍵變數

如果用成語「長袖善舞」形容一個人，你心中會想起什麼樣的人？是身穿華麗舞衣的舞者，還是手腕靈活、八面玲瓏的人？現在約定俗成的印象應該是後者，然而其實前者才是這四個字的原意。

為什麼「長袖善舞」會被用來形容手腕靈活、八面玲瓏的人？那是因為《韓非子．五蠹》中有一句：「鄙諺曰：『長袖善舞，多錢善賈。』」「長袖善舞」後面接了「多錢善賈」，而且重點在「多錢善賈」，「長袖善舞」只是陪襯的。意思是穿上了長袖子的衣服，好像就變得比較會跳舞，跳起舞來格外好看；同樣地，一個人身上錢多了，也就變得會做買賣，有錢做買賣就容易多了。這句話後來被減省，只剩下「長袖善舞」，用的卻還是「多錢善賈」的意思，留下了和做買賣的靈活有關的含意。

這也是春秋時期絕對不會有的一種心態。錢的作用排山倒海而來，逐漸蓋過一切，而且已經出現「以錢生錢」的做法。春秋時期儘管封建已經解紐，然而一個人的成就，通常還是跟他的封建身分和地位相關。例如春秋時享有大名的吳季札，他最主要的事蹟是什麼？他父親吳王壽夢看重他，想要傳位給他，季札不肯，認為應該由長兄諸樊繼位，於是避居鄉野。壽夢死後，諸樊要將王位交給季札，季札不受，諸樊即位了，但聲明這王位以次相傳，最後還是要交給季札。諸樊死了，由二弟餘祭繼位，季札封到延陵，成了「延陵君」。餘祭死後，三弟餘眛繼位，餘眛死後，季札第三度不就王位，王位由壽夢的孫子僚繼承。

季札做了什麼？就是一直逃避，不肯即王位，不是嗎？但在春秋時期，這樣的人格受到特別的重視，因為他堅持自己的身分和自己的地位應該相符，雖然即位對他自己有利，但原則上不能跳過哥哥去繼承王位當國君。

到了戰國就不是這樣了。「多錢善賈」，有錢人自己形成了封建以外的系譜，《史記・貨殖列傳》中就記錄了子貢、白圭、猗頓、郭縱等人。而戰國富賈系譜最高處，站著呂不韋。

呂不韋是最成功的商人，最後用他的「多錢」買下了秦相國的位子，等於是把自己抬到全天下除少數幾位國君外最高的權力地位上，象徵著商人階層的快速崛起與征服。

和商人一併興起的，還有地主。春秋時代，幾乎毫無例外，富者必然是貴者，財富仍然主要從封建身分而來。主要的「富」來自土地，而土地是因其封建地位而受封或繼承來的。身分、土地、財富，這幾項條件緊密扣連。到了戰國時期，土地和身分脫離開了，沒有原始分封身分的人，開始可以透過買賣取得土地，同時占有土地所生產的財富。於是出現了單純的富人，富而不貴。這些新興的地主，無可避免地和原有的貴族子弟間有了愈來愈激烈的摩擦。

商人、地主的崛起，先是威脅了原有的貴族秩序，進而還威脅到原有的國君體制。戰國七雄互相激烈競爭的背景下，有著各國自身的新興社會勢力與舊勢力間的衝突。找到辦法調和、運用這些新興勢力，也就成為這段時期一國是興是衰、是起是落的關鍵變數。

處理新興力量，國君要能夠讓他們得到的利益以稅賦的形式貢獻出來，讓私人的財富變成「國富」，「國富」才有機會「兵強」。對內，戰國國君飽受這些新興勢力逼迫；對外，他們又得應付愈來愈激烈的列國戰爭。這內外夾擊的壓力彼此扣連，應付得了內部勢力，將商人地主從政治上的威脅轉化為經濟上的供給，就取得了對外進行攻伐所需的龐大資源。

戰國時期的國君很辛苦、很難當，「富國強兵」是他們須與無法放下的目標，戰爭則是他們逃躲不掉的日常現實。這個時代為什麼是「戰國」，為什麼有連綿不斷、無休無止的戰爭？因為戰爭具有高度的掠奪性，戰爭勝利攻下一塊疆域，這塊疆域裡的人民就成為我的人民，幫我生產，也幫我打仗。如果打下的是像定陶這樣的大城，那就更有用了，可以提供從商業貿易而來的巨大利益。

戰爭是取得短期與長期資源最容易又最有效的方法，如此就使得戰爭很難停歇。富國有條件發動戰爭，用強大的兵力使得國更富。窮國則是別無選擇，只能持續備戰打仗。打了，還有機會靠著攻城掠地扭轉劣勢；不打，自己僅有的土地、人民和商業貿易利益都會被奪走。

封建制度中原有的社會組織被徹底破壞了，於是大量的人民從原有的組織中游離出來，流離失所，不再有明確的社會角色與經濟基礎。對國君來說，這樣的狀況是問題，卻也是機會。《孟子》書中孟子和梁惠王多次的討論，都圍繞著一個主題——如何留住人民，甚至將別國的人民爭取過來，成為我自己的人民。人民是可以種田生產，又可以動員打仗的重要資產。

09 縱橫家的投機主義，法家的現實主義

解紐的社會中，人從固定的位置上游離出來，對於個人，同樣既是問題也是機會。在游離失序的狀態下，人可以一夜致富，也可能一夕成名。最能反映出這種時代氣氛的，是熱鬧騷擾的

「縱橫家」風潮。

縱橫家是社會組織解紐下崛起的投機主義者，因為他們所處的是一個極度適合投機主義發展的環境。提供縱橫家縱橫放肆的背景，就是戰國時期隨時存在的戰爭壓力。縱橫家靠著投機的態度、靈巧的說服能力，徹底脫離封建制度的束縛，完全不帶任何土地或社會的約束，誰願意用他們，他們就代表誰，提供應對戰爭局面的策略。

縱橫家提供給國君的解決方案，基本上是對外的。利用列國形勢「合縱連橫」，也就是選擇性地和他國結盟，將安全保障與戰爭把握予以最大化。他們站在這個時代局勢的浪頭上，利用這樣高度不確定的狀態來遊說國君，成就自己的功名。

和縱橫家同時壯大的還有「法家」。法家也是現實地承認戰國爭戰的局面，在這一點上，和依然追求回復封建秩序的儒家完全不同。為了處理這個現實帶來的問題，法家則著眼於國家內部的改造。遠溯自商鞅開始，法家提出的基本解決方案，就是用「法」來取代封建身分安排。封建身分建立在「異」的原則上，在宗法親族關係上，每個人有不一樣的相對位置，依照這不同的位置來訂定相對的行為規範。「法」則相反，強調的是「同」，不管你是誰，一律受到同樣的法所約束，都要照著法來行為。

商鞅留下來的故事，其中有兩個最有名。一個是商鞅在秦國都南門立了一根木頭，頒布命令說：如果有人將這根木頭搬到北門，就重賞五十金。獎賞之重和移木頭之簡單，太不相稱了！大家都不相信這道命令。終於有人去搬了木頭，出乎所有人意料，這個人真的得到了重金獎賞！用這種方式，商鞅要建立「信賞必罰」的法的權威。

另一個故事是太子犯了法，商鞅毫不留情，堅持要處罰。這簡直聞所未聞，哪有法可以管到太子的？商鞅要強調的正是「法不分身分」，唯有處罰太子，才能讓人相信法高於封建身分，以同樣的效力管理國中的每一個人。在當時的環境中，商鞅絕對不可能處罰得了太子，於是太子的師傅當了替罪羔羊，也就此埋下商鞅後來被殺的動因，太子怎麼可能不恨他！

回到戰國的歷史環境中，法家是諸子百家中真正的勝出者。戰國僅存的幾個國，在施政上都朝法家傾斜。其中一個關鍵原因就在法家徹底的現實主義態度，對於過去的封建制度沒有任何留戀，既然封建瓦解無從收拾，那麼就必須拋棄封建制度，重新建立一套適應新環境的新制度。

法家不只影響了戰國後期所有國家的政治發展，更重要的，法家的思考與設計奠定了後來秦漢帝國的社會根基。取代了封建出現的帝國，在政治上將所有的人當作「編戶齊民」，用這種方式組織新的社會。「齊民」，也就凸顯了人民的同一性和一致性，不再有過去封建宗法那樣的身分考量。

10 在封建廢墟上升起的大帝國

戰國兩百年時間，混亂、動盪，整個中國像被放進一個離心力大轉盤中，轉得快要徹底散架解體了。然而到了西元前第三世紀結束前，從大轉盤中竟然轉出了一樣相反的東西——統一的大帝國。

「統一」和「帝國」兩件事同等重要。「統一」終結了列國狀態，也一併終結了前面製造出列國狀態的封建制度；「帝國」則是在封建制度的廢墟上升起的全新安排。封建制度漫長的瓦解過程，給太多人帶來巨大的痛苦，人民渴望和平、渴望秩序的強烈心情，是帝國崛起最大的助力。法家、編戶齊民、中央集權的郡縣制……，這些新措施逐步打下帝國存在的基礎，才能在大分裂、大流離中產生出徹底不一樣的新時代、新政治體制。

打造出這個新帝國的秦始皇，自覺開創了一個新天新地，與之前的歷史決然斷裂開來，所以給了自己一個全新的名號，叫做「皇帝」。而且他期待從此這新天新地就會如此延續下去，所以又將自己稱為「始皇帝」——第一位皇帝，然後傳給兒子「二世皇帝」，再給孫子「三世皇帝」……，一直傳下去。

從一個角度看，他這種類似「萬世一系」的觀念很可笑，秦帝國才傳到「二世」就滅亡了，

「萬世」成了大反諷。不過換另一個角度看，秦始皇創建的帝國到底還是留了下來，大致以其原樣至少經歷了漢代四百年，而且就算歷經後來的分裂動亂，只要中國進入統一狀態，都還是會回到這樣的帝國體制上。秦早早沒了，但「帝國」從此在中國歷史上留下來，幾乎成為定制。

第三講

東周的戰爭變化與墨家

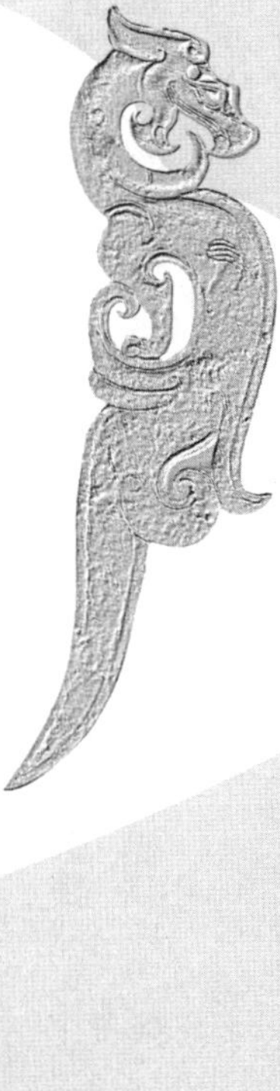

01 戰國的主題當然是「戰」

讓我們再追究一下「戰國」這個歷史斷代概念。這段兩百年歷史之所以叫「戰國」，一來是因為「國」的興起、發展及巨大變化；另外，或許更重要的是「戰」，指出了這個時期不只戰爭頻仍，而且戰爭的型態、戰爭的規模、戰爭的強度都持續升級的事實。

促使戰爭變化的第一個因素是武器。鐵器的廣泛運用，不只是武器變成鐵鑄的，而且鐵製工具可以更有效地用在採礦上，開採更難開的礦，採出更多的鐵，用來鑄造更多的工具與武器。

一言以蔽之，戰國時代人們彼此屠殺的效率，要比之前的時代提高太多了。殺人，甚至是大量殺人，變成一件相對容易的事。

許多更有殺傷力的武器被發明出來，並快速實際運用在戰場上。影響最大的，首推「弩」的發明與運用。弓箭是極古老、極普遍的武器，然而到了這時候，舊式的弓箭經過大幅改造升級，由原本以單一人力拉弓放箭，進化到以機械、槓桿的方式發射。

「弩」變得可以集合好幾個人的力量，或將力量延遲儲積來放箭，就可以讓箭飛得更遠，箭射中時造成的傷害也更大。機械的運用又使得「弩」不必受限於個人的身材尺度，可以愈造愈大。於是一個直接的效應，就是擴大了戰場的範圍，也就擴大了戰爭的規模。

春秋時期的戰爭，基本上以車戰為主。從《論語》到《孟子》，都習慣用「百乘之家」、「千乘之國」、「萬乘之國」來形容國的大小與實力。「乘」就是由馬拉的戰車。馬車在當時具備最大的機動能力，步行的士兵則跟隨在馬車後面。接戰時，首先是雙方的戰車相交，駕馬車對戰的都是至少具備「士」身分的貴族。換句話說，春秋之前，戰爭是貴族和貴族打，參戰各方動員底下分封的大夫與士，一般平民是沒有資格參戰的。就算後來開始動員一部分非貴族，他們還是只能扮演支援的配角，部署在戰車後面的第二線上，跟隨著戰車行動。

因為車戰的主角是受過王官學教育的封建貴族，所以打起仗來必須講究規矩。打仗有打仗的禮儀，更有其根本的規則，不能亂來的。陣如何列、開戰如何「鼓」、收兵如何「鳴金」，都是固定的。依據這樣的規矩，宋襄公拒絕趁楚國軍隊渡河之際進行攻擊，必須等楚軍列陣好了才能打。依據這樣的規矩，曹劌才會建議魯莊公等待對方一鼓、再鼓、三鼓，然後才接戰，留下了「一鼓作氣，再而衰，三而竭」的名言。

春秋時期有一場有名的大戰，是晉和楚之間的「城濮之役」，當時國力最強大的晉出動了七百乘。按照那個時候的慣例，一乘車上加隨伴的步兵，頂多三十人，也就是說，這樣一場當時驚天動地的「大戰」，戰勝方出動的兵力大約在兩萬人左右。

每個貴族封君只能擁有那麼多兵車和武器。打造兵車和武器不是那麼容易的事，技術上的困難節制了戰爭的規模。而且青銅材質的武器，硬度與銳利度都不是那麼高，用在近接作戰上，雙方的風險差距不大，殺傷力也沒有那麼可怕。

但進入鐵器時代，發明了強弩，車馬戰的基礎被推翻了。儘管《孟子》還用「千乘」、「萬乘」一類的詞語，然而那個時代的「乘」已經不是戰爭的現實單位了。比較新的替代說法是《戰國策》出現的「帶甲百萬」，這是拿來形容秦國的強大。依照《戰國策》的描述，秦國有士兵一百萬人，外加車一千輛、馬一萬匹。

《戰國策》裡，另外記錄了魏國有「帶甲三十萬，車六百乘，騎五千匹」、趙國「帶甲數十萬，車千乘，騎萬匹」、韓國「帶甲二十萬」、齊國「帶甲數十萬」……，這樣的說法清楚反映了戰爭動員規模的擴大，還有軍隊結構的改變。車或「乘」不再那麼重要，擺在最前面的是「帶甲」，也就是徒步的士兵。

春秋時期，一輛車配一或兩匹馬和至多三十名士兵；到戰國時期，車和士兵的比例可以到一比一千。以秦為例，車和馬的比例也變成一比十，當然不是十匹馬拉一輛戰車，而是馬的用途增加了，除了用在車戰上，還有了「騎兵」。趙國最早將騎兵有效地用於戰爭上，其地理條件最適合養馬，所以趙國的步兵比秦國少得多，卻和秦國有同樣多的馬匹。

這麼多的戰士從何而來？絕對不可能像春秋時代主要由封建貴族武士來打仗。「帶甲百萬」，就算沒有真正到一百萬，五、六十萬總是有的吧，這種規模的軍隊必須透過完全不一樣的動員系統才有可能建立。

02 動員庶民、沒有終極底線的戰爭

在封建體制下，國君底下有世卿，世卿底下有大夫，每位大夫都擁有一定數量的武士，一層一層分封出去。打仗時，就依照反向動員，武士服務大夫，大夫服務世卿，世卿服務國君。到了戰國時期，這樣的制度過時落伍了，取而代之興起的，是跳過各個封建層級，由國君直接對庶民動員。

這套新制度，也就是後來定型下來的「郡縣制」。「縣」字的本意是「懸」，指涉一塊飛出去遠遠掛著的領土。例如趙國和齊國彼此緊鄰、彼此爭戰，為了防禦邊界並伺機搶奪趙國的領土，齊國就在邊界上設立了一個特別軍事單位，這塊區域不在原來的分封系統中，由齊國國君自己統領。離國君所在的都城很遠，又不在既有的分封架構中，因而這塊地就被稱為「懸地」，也就是「縣」。

換句話說，縣是國君直接管轄的軍事單位，然後由縣逐漸擴大發展出「郡」。郡原本也是為了軍事需要而產生的新單位，和縣一樣由國君自行控管，不納入分封系統中，只是更進一步，郡可能出現在國中任何地方，不限於離國都很遠的邊界。

首先，郡縣制不是秦統一六國之後才有的，而是在戰國時期逐步發展的一套制度。其次，郡

縣制的重點在取代封建式的分層權力架構，改為國君中央集權。

春秋時期，打仗基本上不干庶民的事。戰爭的動員依循著封建的脈絡，也就是以親族關係為原則。廣大的庶民和國君、世卿、大夫沒有宗法上的親族聯繫，無從以封建規則來動員他們。從國君到庶民，中間隔了好幾層，更重要的，中間隔著封建最主要的藩籬——親族關係。

郡縣制的作用就在取消中間層級，使國君得以直接支配庶人，能夠支配、動員庶人，才有可能建立那麼龐大的軍隊。兩件事同時發展，彼此加強——軍隊人數愈來愈多，戰爭的型態就愈來愈傾向步兵戰而非車戰。連帶地，戰爭的空間條件也改變了。

戰國時期一場有名的戰役發生在馬陵，「馬陵之役」牽涉到孫臏與龐涓的爭鬥，後來一直是中國說書與戲曲的重要題材。馬陵之役中，龐涓被跛腳的孫臏打敗了，勝敗的關鍵在於馬陵是塊狹長多險阻的地方，龐涓帶領的優勢兵力在這裡施展不開。

這樣的戰爭地理因素，不會出現在春秋時期。春秋以車戰為主，必定要有廣大的空間才能供雙方部署。相較於車戰，步兵戰的一大好處就在於可以靈活應付較多不同的空間。

從春秋到戰國，能打仗的地方變多了，戰爭無處不能發生；從春秋到戰國，戰役的時間長度也大幅增加了。春秋時的戰爭結果幾乎決定在接戰當下，車戰分出勝負，一方撤退大致就結束了，頂多是勝利的這方決定要不要再「追北」，另外看撤退的一方是不是另有伏襲反攻的準備。這個時期的戰爭相對是有限的，貴族武士對貴族武士，不可能打到你死我活，要將對手徹底消滅。有限戰爭打出勝負之後，雙方就坐下來依照勝負結果進行安排。封建架構依然存在的情況下，戰勝的一方能夠得到土地、城池，戰敗的一方也仍然可以守住封建宗法上的地位。

但到了戰國時期，可就不是這樣了。不再有封建宗法架構提供戰爭終極底線，戰爭可以亡國，戰爭可以攫奪土地和人民，戰爭也可以徹底消滅對手的戰力。戰國前期，開始有了長達半年的持續戰爭；到戰國後期，秦和楚之間打了拖延五年之久的戰爭，每一場戰役的開頭與結束變得愈來愈不清楚。

春秋時期，「擂鼓而戰，鳴金收兵」，戰爭有清楚的開始與結束。戰國就不理會這套封建舊規矩了，空間是延續的，以搶占空間為主要目標的戰爭也就隨之延續。打下了這一塊還有前面一塊，戰爭要一直打到對方都城城下。

03 戰國的內地長城和邊地長城

戰事擴大，戰爭型態改變，防禦也就變得愈來愈重要。最主要、最有效的防禦，畢竟還是城，高高的城牆可以阻卻敵人的進攻。戰國時期不只是每座城的城牆愈蓋愈高，連城牆的概念也擴大改變了。戰國中期出現了「長城」，它不是繞著一塊生活區域修築的，而是會不斷延長的城牆。「長城」的用途，是作為國與國交界處的屏障，避免別國的軍隊闖過來。

這種「內地長城」有兩種基本型態。一種是沿著河川築成的。水利工程的進步，讓大家意識到要在河邊築堤以避免氾濫。堤防加高，高到一定程度，就不只可以抵擋洪水，還可以抵擋人馬，就從堤防轉型為「城」了。楚沿著沘水和瀙水築起長城，魏沿著洛水築長城阻擋秦，趙沿著漳水、滏水築長城阻擋魏。

長城的另一種型態是沿著山陵線築成的，也是利用自然的障礙使得敵人更難越過。在山陵最高處築城，居高臨下對付必須從山下攀爬而上的敵人，就能取得明顯的優勢。我們今天熟悉的「萬里長城」，也屬於這種型態。

現存的萬里長城是明長城，作用是防止游牧民族入侵。在農業民族生活區的邊界上選擇山陵線築城的做法，也是始於戰國時期，當時稱為「邊地長城」，和「內地長城」區別開來。在歷史中，邊地長城的作用一直存在，以至於後來的人講到長城就只想到邊地長城，遺忘了內地長城。實際上，內地長城不只起源較早，而且在戰國時期的規模也超過邊地長城。

所以在戰國時代，築長城不一定都在邊地，更重要的是作為整體戰爭中的一種防禦策略。於是除了有大量人力被動員上戰場之外，另外還有大量人力被動員去蓋城牆。戰爭影響的範圍愈來愈廣。

在春秋時期，庶人地位低、生活貧乏，但相對地，幾乎不受戰爭直接影響。戰爭中打來打去、有得有失的，是「士」以上的貴族。到了戰國時期就大大不同了，沒有人能夠逃於戰爭之外。戰爭隨時可能打到你家門口，而且你隨時會被動員去打仗，就算沒被徵上戰場，也還是有可能被拉去集體夯土築城。

戰國時期投入在戰爭的人力，和春秋時期相比不可以道里計。如此數量上的變化，有賴農業生產發達帶來的人口增長，也有賴在政治制度上，國君越過了分層封建，得以直接掌控庶民。

國君和庶民之間的距離愈來愈短，一方面給予國君巨大的動員權力，另一方面也促使庶民地位相對提高。從春秋到戰國，庶民的生活變得愈來愈不穩定，然而相應地，他們的機會也愈來愈多、愈來愈開闊。

04 和公輸盤鬥智的故事來認識墨子

庶民崛起的趨勢從春秋末年開始躍動，墨子與墨家就是在這樣的背景下出現的。

《韓非子．顯學》開篇第一句話：「世之顯學，儒、墨也。儒之所至，孔丘也；墨之所至，墨翟也。」一直到韓非的時代（戰國末年，西元前第三世紀中葉），離孔子去世已超過兩百年，儒家和墨家仍然被視為兩大「顯學」。

然而再過一百年左右，到了漢朝，司馬遷在《史記》中特別提高孔子的地位，寫〈孔子世家〉來記錄孔子的生平和言論，另有一卷〈仲尼弟子列傳〉和一卷〈孟子荀卿列傳〉。相對地，司馬遷沒有為墨子立傳，整本《史記》只有在〈孟子荀卿列傳〉後面附了一句話：「蓋墨翟，宋之大夫，善守禦，為節用。或曰並孔子時，或曰在其後。」總共二十四字，如此而已。

曾經和儒家並列為顯學超過百年的墨家，到了《史記》裡，卻幾乎不存在了，還是為了說明孟子強烈反對「楊」、「墨」的主張，才得以有這麼一小段的補充。司馬遷的父親司馬談曾經研究過諸子學，留有綜論諸子思想的〈論六家要旨〉，即便如此，司馬遷仍然表現得對墨子興趣缺缺。從韓非的時代到司馬遷的時代，孔子的地位和墨子的地位，明顯有了一上一下的戲劇性變化。

墨子的地位急遽下降，影響所及，關於他的各種訊息資料也就被忽略了。司馬遷極有可能不曾讀過《墨子》，連墨子的生卒年代他都沒有確切把握，只說有人主張和孔子同時，也有人認為晚於孔子。漢朝之後，墨子及墨家長期處於中國思想的邊緣地帶，關於墨子生平的史料也就益發渙散支離了。

我們今天只能利用《墨子》書中的內容，盡量還原墨子的時代背景。《墨子》中有〈公輸〉篇，說：「公輸盤為楚造雲梯之械，成，將以攻宋。子墨子聞之，起於魯，行十日十夜，而至於郢，見公輸盤。」公輸盤又叫公輸般，魯國人，所以也有人主張他就是魯班。公輸盤是名精巧的工匠，為楚國造了可以用來攻城的「雲梯」。這也就是我們今天消防雲梯名稱的來源。「雲梯」，顧名思義，形容梯之高，簡直能夠登到雲裡去。有了雲梯，軍隊就可以方便攻城。雲梯造成之後，楚國就要拿雲梯去攻打宋國。墨子聽到這個消息，連忙從魯國趕往楚國，花了十天十夜抵達楚國國都郢，見到了公輸盤。

墨子先用道理說服公輸盤，讓公輸盤同意不應該攻打宋國。然而公輸盤沒有辦法阻止楚國出兵，於是墨子又去見了楚王，告訴楚王攻打宋國「必傷義而不得」，既不符合正義道理，而且也打不贏。楚王回應：「你說得很好，但是公輸盤已經幫我造好雲梯了，一定可以把宋拿下來。」

「於是見公輸盤。子墨子解帶為城，以牒為械，公輸盤九設攻城之機變，子墨子九距之。公輸盤之攻械盡，子墨子守圉有餘。……」於是墨子在楚王面前再會公輸盤，解下衣帶代表城牆，用筷子代表攻城的雲梯，公輸盤反覆多次用雲梯進攻，都被墨子擋了下來。公輸盤使用雲梯的方法窮盡了，墨子防禦的手段還沒用完。

「公輸盤詘，而曰：『吾知所以距子矣，吾不言。』子墨子亦曰：『吾知子之所以距我，吾不言。』楚王問其故，子墨子曰：『公輸子之意，不過欲殺臣。殺臣，宋莫能守，乃可攻也。然臣之弟子禽滑釐等三百人，已持臣守圉之器，在宋城上而待楚寇矣。雖殺臣，不能絕也。』楚王曰：『善哉，吾請無攻宋矣。』」

公輸盤不得不屈服了，然而他補了一句：「我知道有什麼辦法對付你，只是我現在不講。」墨子也回他：「我知道你要用什麼辦法對付我，但我現在也不講。」這兩人都不講，一旁的楚王可急了。他問這到底是怎麼回事？墨子才解釋：「公輸先生想的，其實不是什麼了不起的辦法，不過就是把我殺了，以為這樣宋就無法抵抗楚的進攻。然而我的弟子禽滑釐等三百多人，已經帶著我設計的防禦器械，在宋城牆上等待楚軍來犯。殺了我，也無法消滅宋的防禦力量。」聽到這裡，楚王也認輸了：「真厲害啊，我決定不攻打宋了。」

這是個精彩的好故事，《戰國策》、《呂氏春秋》和《說苑》裡都有轉載。同時這個故事提供了我們判定墨子時代的重要線索。公輸盤曾經出現在其他東周文獻裡，蒐集這些史料，我們可以大致考訂公輸盤的年代，再用公輸盤的年代來推斷墨子的年代。

另外一條線索，是《墨子．魯問》中有一段「墨子見齊大王」的記錄。「齊大王」是齊太公田和，田和從世卿以至篡齊，這是東周時的大事，有很多相關記載，可以有更明確的時代年分供參考。

靠這些材料，經過反覆考索，墨子應該是生於西元前四八〇年左右，在西元前四〇〇年左右去世。也就是說，他比孔子稍晚，孔子去世前後，墨子才誕生。

05 從墨子出身看突破階級壁壘的現象

墨子究竟姓甚名誰，現在也不是很清楚，歷來有許多不同說法。比對史料，看起來較可信的，是他姓墨名翟。但「墨」字也有可能是他的稱號，來自他曾經受過「墨刑」，臉上留有因罪而刺青的永久痕跡。會受「墨刑」懲罰的，當然不太可能是貴族階層，作為下層平民，本來就沒有固定的姓、氏，於是被冠以「墨」字作為稱號，甚至進而以「墨」為姓。

《史記》說墨翟是「宋之大夫」，但在東周的文獻中，我們找不到任何證據顯示墨翟具備大夫貴族身分，也無法確認他是宋國人。前面所引的《墨子》書中內容，雖然說墨子特意前往楚國阻止楚軍伐宋，然而「兼愛」、「非攻」是墨子的核心主張，他鼓吹大家將別人的家視為自己的家，將別國視為自己的國，而且精研防禦之術，又是他落實「非攻」理想的手段，考慮這樣的背景，我們實在無法只憑這條記錄就認定他是宋國人。

春秋開始有了人民遷徙流動的現象，到戰國更加普遍。戰國時各國之間的競爭焦點之一，就是爭取甚至搶奪人民。沒有足夠的人民，就無法有足夠的生產勞動力，也無法有上戰場的兵力。原來的封建秩序對於貴族的牽制規範力量大於平民，封建秩序動搖瓦解過程中，平民也就比貴族更早脫離舊有的社會紐帶。

春秋時，顯然已經有了國籍身分流動的下民。卿士大夫有封地、有官職，所以有明確的國籍。但光是孔子及其弟子，就有很多出身在此國卻到彼國任職服務的例子。不具備貴族身分的下民，在動亂中從這國遷到那國，沒有太多身分牽絆，也沒有必要一定保留、主張原有的國籍。

史料上無法確認墨子的出身所屬，和他非貴族的背景是相符合的。他應該是春秋戰國之際社會流動的產物，沒有傳統的貴族身分，卻在動亂中學得了知識與技能，藉由知識技能，往上流動、穿梭遊走在各國貴族統治階層間。他到過魯、宋、齊、楚、衛等諸國，然而沒有任何一國可以確證是他的出生地。

《左傳．魯莊公十年》中有曹劌的故事，「曹劌請見。其鄉人曰：『肉食者謀之，又何間焉？』劌曰：『肉食者鄙，未能遠謀。』」為了準備和齊人打仗的事，曹劌請見魯莊公。曹劌是個什麼樣的人？後面這兩句話為我們解釋了。他同鄉里的人勸他不要去，理由是：「打仗是有地位的人的事，你去跟人家攪和什麼？」「肉食者」在當時原本並沒有輕蔑、貶抑的意思，是用來指稱大夫以上、有身分有地位、可以不用到七老八十就有資格吃肉的貴族。從這句話我們了解，曹劌甚至連大夫都不是，頂多是個士，地位很低，鄉人才會用這種話諷刺他，說你哪有那樣的地位去管這種大事啊！

曹劌沒地位，卻有自信。所以他說：「那些高高在上的人，眼光短淺，看近不看遠，能幹什麼用！」經他這麼一說，經《左傳》這樣記載，「肉食者鄙」才在後來變為成語，我們今天才會看到「肉食者」這個詞就覺得是有貶義的。

曹劌沒有大夫的地位，卻如此看不起大夫，這不是原來封建秩序的規矩。還有，他連大夫的地位都沒有，卻主動去求見國君，國君竟然也見了，這也是破壞封建秩序的醒目現象。我們在這裡看到了春秋時期突破階級壁壘、以能力取才的新傾向。

墨子比曹劌更進一步，他的遊說服務對象不限單一國家，而是和孔子一樣周遊列國，但他周遊列國的目的與立場和孔子恰恰相反。孔子要幫助各國國君回復封建禮儀秩序，墨子卻主張各國國君應該遠離封建習慣，改採新信仰、新做法。

06 墨家：揚棄封建，以夏禹為榜樣

對於封建體制，墨子明顯抱持著批判、敵意的態度。他和孔子面對同樣的時代困局，兩個人提出的因應之道卻截然不同。孔子崇尚西周，致力於挖掘周文化的底蘊精神，期待藉由回復這份人文價值精神來解救時局。墨子卻從來不屬於封建貴族階層，對孔子念茲在茲的西周文化，並無切身浸淫，更無感情，因而從外在於這套封建秩序的角度，察覺到封建秩序內在的缺點才是動亂的根源。對墨子來說，只有更激進地揚棄封建秩序，才能平息動亂。

封建秩序建立在「親親」的架構上，依照親屬關係遠近來決定人與人之間的對待之義，墨子就提出了與此徹底相反的「兼愛」，每個人愛人如己，愛鄰人如同愛家人。封建秩序藉由喪葬禮儀來確認、強化代與代之間的上下傳承關係，墨子就主張「節葬」，打破對於喪葬的重視。封建秩序利用音樂宴飲來強化彼此關係互動，墨子就要求「非樂」，視音樂為奢侈浪費。

出於這種反封建、反周文化的立場，墨子心目中的歷史榜樣，當然不會是孔子最崇敬的周公或文王、武王，而是特別標舉出夏禹來。一方面，夏的時代早於周，距離想像中的古代盛世更近；另一方面，夏禹最重要的功績是治水，是勞動，是三過家門而不入的刻苦精神。

《莊子．天下》如此描述墨家：「不侈於後世，不靡於萬物，不暉於數度，以繩墨自矯，而備世之急。古之道術有在於是者，墨翟、禽滑釐聞其風而說之。」不教後世奢侈，不浪費萬物，不受既有禮儀法度眩惑，以嚴格的規範不斷自我矯正，來救助世間的急難。古代有強調這方面的主張，墨翟、禽滑釐聽到了就心悅信服。

然後又說：「墨子稱道曰：『昔者禹之湮洪水，決江河而通四夷九州也。名川三百，支川三千，小者無數。禹親自操橐耜而九雜天下之川；腓無胈，脛無毛，沐甚雨，櫛疾風，置萬國。禹大聖也，而形勞天下也如此。』使後世之墨者，多以裘、褐為衣，以跂、蹻為服，日夜不休，以自苦為極。曰：『不能如此，非禹之道也，不足謂墨。』」

墨子將他的理想推源到禹，盛讚：「從前禹為了治洪水，掘開了長江黃河，讓水路能將四境邊遠地帶和中原九州彼此貫通。主要河川三百條，次要支流三千條，更小的不計其數。禹親自操持著畚箕鋤頭，反覆匯合疏通天下河流，勞苦到大腿無肉，小腿無毛，淋著大雨，頂著大風，開闢出眾多可以居住的土地。禹是個大聖人，都還為了天下人而如此辛苦。」

因而後來的墨者大都用最原始、最粗糙的原料做衣服，配上木屐草鞋，日夜不停地工作，以受苦為最高價值。他們說：「如果不勞動受苦，就不算遵行禹的原則，不配稱為墨者。」

墨子援引夏禹來壓過周文化，這是春秋開始的「崇古」潮流的另一個明顯例證。司馬談（司馬遷的父親，在司馬遷之前擔任過漢朝太史）的〈論六家要旨〉中，則如此描述墨家：「墨者亦尚堯舜道，言其德行曰：『堂高三尺，土階三等，茅茨不翦，采椽不刮；食土簋，啜土刑，糲粱之食，藜藿之羹；夏日葛衣，冬日鹿裘。其送死，桐棺三寸，舉音不盡其哀。教喪禮，必以此為萬民之率。』」

這裡說他們也崇尚堯、舜之道，只是對堯、舜美德的描述，都專注在節儉方面：「房屋只蓋三尺高，地基也只有三階，屋頂以茅覆蓋，不加修剪，梁柱也直接採用木頭，不加削刮。盛飯的簋和盛羹的刑，都是用陶土簡單燒成的。吃的是粗米，喝的是野菜羹。夏天穿麻布衣，冬天披鹿皮。人死了，只用三寸厚的木棺，也沒有繁複哀戚的喪禮。將這種簡樸的喪禮當作萬民的模範。」

按照司馬談的說法，墨者除了夏禹之外，還引用堯舜作為他們的權威。但他們看重堯舜的，不是聖君賢王的成就，而是因為堯舜比夏禹還更古遠，理論上生活更加古樸，沒有任何周人所重視的禮儀與裝飾，符合墨家節儉的主張。

我們在這裡隱約看到了春秋時期的一種歷史詮釋權的爭奪。儒家也推崇堯舜，為了和儒家抗衡，墨家不是去否定堯舜，而是用自己的價值立場，重建一套適合他們使用的堯舜形象。這種以不同歷史詮釋來進行自我理念的宣揚競爭，到了戰國更加普遍，為了現實需要，大家紛紛往上、往前堆疊各種歷史說法，造成中國古史上複雜的紛亂現象。

成於戰國後期的《莊子．天下》和成於漢初的〈論六家要旨〉，都還保留、凸顯了墨家主張和周代封建文化之間的緊張對立關係。

07 《墨子》直白又囉唆的行文風格

墨家從一開始就是一個組織，而且是帶有祕密性質的組織。祕密，一方面源於他們的出身，另一方面也源自他們的主張。墨子、墨家主張「非攻」，要取消戰爭，這是那個時代的國君很難接受的；更糟的是，他們還主張「兼愛」，對所有的人一視同仁對待，換句話說，要取消上下差異，這就更難讓國君及貴族接受了。

自覺其不同於國君及貴族的立場，墨家的目的——不同於孔子與儒家——不在說服國君與貴族，而在集結非貴族立場的人，以反抗貴族。他們建立了一個嚴密的組織，用實際的行動到各國去破壞戰爭、阻止戰爭。因而今天留下來的《墨子》，其性質也不同於其他各家著述，主要的訴說對象不是國君、貴族，而是組織內部的成員，要建立他們的信念，說服他們相信反對戰爭的正當性。

《墨子》不是一本單純、統一的書籍，而是混雜了好幾個不同的部分。若要探討、理解墨翟的思想與價值核心，一般認為從目錄上第八篇的〈尚賢上〉到第三十七篇的〈非命下〉是最重要的。這中間有七篇缺漏，所以總數是二十三篇，含括了墨子最重要的十個主張。

這三十個篇目在目錄上極為整齊，按照順序羅列了「尚賢」、「尚同」、「兼愛」、「非攻」、「節用」、「節葬」、「天志」、「明鬼」、「非樂」及「非命」共十個主題，每個主題又各分為上、中、下三篇。我們有理由相信，這部分是經過最嚴謹編輯過的，可能也是最早成書的。其他部分則很可能是之後才陸續前前後後增附上去的。

這三十篇同時也有著十分明顯、統一的風格，一眼就能辨識。其風格和此前的經典，如《詩》、《書》、《左傳》、《論語》都大異其趣。以〈兼愛上〉的開頭為例：「聖人以治天下為事者也，必知亂之所自起，焉能治之；不知亂之所自起，則不能治。譬之如醫之攻人之疾者然，必知疾之所自起，焉能攻之；不知疾之所自起，則弗能攻。治亂者何獨不然？必知亂之所自起，焉能治之；不知亂之所自起，則弗能治。」

這樣一段話，語法簡樸，而且充滿重複。話中的訊息只是：「聖人治天下，先要了解亂的原因。」我們用大白話講，都只需要這麼少少幾個字就講完了。《墨子》卻正面說一次，反面說一次，然後再用醫生治病為例，正面說一次，反面說一次。還沒完，接著又設問「治亂者何獨不然」，把完全一樣的話又正面說一次，反面說一次。

是的，我們還真的沒在此前的古文中，遇到這麼直白卻又這麼囉唆的寫法。《論語》很早就取得崇高的經典地位，歷來經過多次校正傳鈔和比對批注，所以相對地文本乾淨明晰，沒有太多錯簡竄亂造成的閱讀困擾。《墨子》從漢朝之後就落入邊緣地位，因而文本中有很多歧字錯字，也有竄亂的句子或段落，不過整體而言，我們還是不難讀懂書中大意，主要就靠這種既直白又囉唆的文體。

《墨子》書中不會有連續的奇字僻字，就算穿插出現一兩個，我們也有機會可以藉由上下文來解讀出其意義。《墨子》書中出現看不懂的句子，別擔心，幾乎毫無例外，其前後一定會有表達同樣意思的反覆句子，稍微比對後，我們也就了解那個看不懂的句子出了什麼問題、又在說些什麼。

08 墨子：中國大雄辯時代的先驅

我們可以從兩個角度看《墨子》的行文風格。一個角度是，這或許反映了墨子的出身及其言談的對象。墨子不是傳統王官學中受到「六藝」完整訓練的人，對周文化典籍沒有那麼充分的掌握，因而他少用引文典故，文字也沒有那麼複雜。他的理念宣說的對象，可能也不是像孔子心目中理所當然同樣受過王官學教育的國君與卿士大夫，而有不少新興往上流動、和墨子有類似背景的人。面對這些人，墨子的重點是將幾個重要的觀念盡量有效地傳遞給他們。

第二個角度是，《墨子》所要記錄的不只是墨子的理念，還要捕捉他說話論理的風格。緊緊把握一個核心觀念，鋪陳其因果，不隨便離題。這是墨子採用的論理策略。繞著核心觀念，不斷反覆舉例，並且從正反方向來回訴說，這是墨子採取的另一種論理策略。這除了是墨子說話論理的特色，很可能也是他刻意選擇的雄辯方法。

《墨子》書中有〈經上〉、〈經下〉、〈經說上〉、〈經說下〉、〈大取〉、〈小取〉六篇，一般通稱為〈墨辯〉。從時代上看，〈墨辯〉成文應該較遲，晚於墨子的時代；從內容看，〈墨辯〉是一套邏輯學、論理學，探討該如何推理、辯論才最有效。從〈墨辯〉看，我們有理由相信，墨子本身應該就對論辯有著自覺的興趣，所以才在後來的墨家中衍生出這樣一套說法。

〈墨辯〉六篇是方法論，重點不在主張什麼，而在於整理、教導如何呈現主張。這六篇雖然收在《墨子》書中，但和墨子、墨家的思想不是那麼關係密切，反而是和後來發展出的名家有更清楚、更明確的淵源。

〈小取〉篇中說：「夫辯者，將以明是非之分，審治亂之紀，明同異之處，察名實之理，處利害，決嫌疑。」這樣的語言、這樣的意思，我們可以在《公孫龍子》[3]書中一再看到。〈經上〉篇中討論了「同——重、體、合、類」、「異——二、不體、不和、不類」，也近似名家的種種詭辯邏輯。

墨子、墨家開始了對於「辯」的講求，試著歸納、整理「辯」的邏輯原則，這套方法論後來被獨立出來，成了名家；再後來，「明同異、察名實」的方法又被法家襲用來綜理「法」的規範，這是中國古代思想史上曲折變化的一條重要脈絡。

「辯」和「論」是有微妙差別的。我們可以藉由比對《論語》和《墨子》的風格來理解。《論語》是孔子針對各種事件、各種問題所給予的答案，直接表示是非善惡、對錯好壞的道理評斷，這是「論」。「論」的核心是評斷，孔子給了他的評斷結論，但沒有給推論過程或背景，因而讀《論語》，我們一方面要盡量設法重建那個過程與背景，另一方面要動用自己的生命經驗與觀察，來和孔子的評斷互相比對、互相沖激。然而「論」有其壞處，那就是這些評斷結論很容易挪用在與原本過程、背景大不相同的方向上，改造甚至扭曲了孔子的原意。

戰國時代的一大特徵是「辯」取代了「論」，成為人說話、表達的主流。「辯」來自於多元、衝突的意見和立場到處流竄，人與人互動對話時的共識基礎愈來愈薄弱。你說你的，我說我的，你有你的立場，我有我的立場。說話、表達時，我再也無法簡單假設，我們之間對於某些事、某些價值有著必然的共同看法，所以可以省略不說，只講出我所得到的智慧結論就好了。

尤其是意見的相左爭執，扣連上國與國之間的合縱連橫策略，縱橫家隨之興起，於是主張能否說服人，就牽涉到巨大的利益，也牽涉到國家的強弱存亡。現實的情勢造成「辯」的流行，更帶動了對於「辯」的種種講究。「辯」是一套說服的方法，要告訴人家你如此主張、為什麼如此主張，以及為什麼對方應該同意、接受你的主張，到後來，還要預先準備回答對方可能會有的質疑，動搖、推翻相反的主張。

舊有的王官學傳統中沒有「辯」。《尚書．盤庚》記錄了盤庚對族人說明應該遷徙的種種理由，不過盤庚的說法畢竟還是建立在強烈的威脅基礎上。其他《詩》、《易》、《禮》等文獻中，都是用明確口氣訴說、規範的，那是一種「真理言說」的模式。

《墨子．兼愛上》全篇內容，如果換作孔子，用《論語》中的形式來說，這樣一句就說完了：「子曰：『天下之亂，皆起不相愛；使天下兼相愛，治矣。』」但墨子不這樣說話，或者說

3 《公孫龍子》是戰國名家代表人物公孫龍的著作。《漢書．藝文志》記載《公孫龍子》有十四篇，現僅存六篇，其中最重要的兩篇為〈白馬論〉和〈堅白論〉，提出「白馬非馬」和「離堅白」等論點。

他沒有採取這種真理姿態說話，他用的是「辯」而非「論」的方式。

從這個角度看，墨子是之後波瀾壯闊展開的「中國大雄辯時代」的先驅者，最早開始試驗用鋪陳因果、反覆羅列例證的方式來說服別人。也就是《墨子．大取》中說的：「以故生，以理長，以類行也者。」「夫辭以類行者也，立辭而不明於其類，則必困矣。」前一句說明論辯的模式——要站在因果的基礎上，把道理衍生出去，並且提供例證。後一句更強調例證的重要——如果不能多方舉證，就無法讓自己的論理走得通。

09 在天志之下，追求兼愛，創造非攻

墨子主張，要停止戰爭，最徹底的解決方法是「兼愛」。依照墨子的論理，「兼」對應於「體」，「體」是部分，「兼」則是全部。「兼愛」就是「愛所有的人」，而只有無差別、一視同仁，才能夠愛所有的人。「無差別的愛」就是對待別人像對待自己，我們不會傷害自己，若一律愛人如己，我們也就不會傷害別人了。

戰爭始自於對外、對待他人的攻擊性。要「非攻」，抑制乃至取消攻擊性的最好也最徹底的

方法，便是讓每個人用對待自己、愛自己的方式去對待所有的人。如何能夠愛人如愛己？因為想清楚了你就會知道，這是最符合自利好處的狀況。你愛別人，別人也都愛你，這樣你既不必擔心被傷害、被侵奪，還能從每個人那裡得到保護與利益。

墨子說的「兼愛」，因而是一個巨大的命題。不是鼓吹任何一個人擴大善心去愛別人，而是一種烏托邦式的想像，在這樣的世界裡，每個人都愛人如愛己，於是每個人都同時獲得其他所有人的愛，是一種對所有人都最好、最理想的選擇。

但這樣的理想情況有可能實現嗎？和現實有什麼干係？在現實中，要如何保證我兼愛別人，別人也會兼愛我，因而不會是我單方面的付出卻無所獲呢？墨子說，「天」是終極保證，「天」是有意志的，「天」有好惡，而「天」的意志指向要人兼愛。兼愛不只是一種道德上的訴求，背後有「天志」，上天的意志與力量在支持。

墨子的「天志」並不是將「天」想像為意志神，像《舊約聖經》中的上帝那樣有意志，會干預人事，將其意志加諸在人身上。墨子的「天」承傳自周文化，和「天命」概念中的「天」基本上是一致的。只是他主張，「天」最重要的傾向、選擇就是兼愛，人無差等地互相對待，從兼愛中得到絕對的和平。也就是以「天」的超越地位來保障和平才是對的，戰爭是錯誤的。這是戰亂時代很容易產生的和平嚮往。

以天志來保證兼愛，就使得墨家不是一個單純的思想家派，而帶有高度的宗教信仰色彩。天志不是邏輯上的產物，毋寧必須訴諸於信仰；更重要的，要靠信仰才能將天志建立為不同懷疑的前提，阻卻論理上的追究。
例如，如果天志意欲兼愛，那為什麼這個世界的現實卻不是兼愛？出了什麼樣的問題，使得天志受到阻擋，沒有成為現實？要如何消除阻擋天志的因素，完成天志所意欲的兼愛？
墨家沒有解釋天志為何未能實現，為何受到阻擋。不過他們清楚指出妨害天志的主要力量──差別心，也就是封建制度賴以成立的那一套身分區別對待。換句話說，禮正是使得人不兼愛的元凶。墨子批判禮，而且「非樂」，禮、樂都是不必要的奢侈。這顯然反映了平民階層的素樸判斷，他們沒有那麼多資源可供在生活中運用，當然會優先將資源保留在維持生存方面，對於無關生存的花費都視為浪費。
然而墨子對禮、樂的批判，還有更深刻的一層意義。這種奢侈，而且是對外顯露、炫耀式的奢侈，來自於彰示不平等，進而強化了不平等、合理化了不平等。不平等，尤其是被合理化視為理所當然的不平等，正是兼愛最大的敵人。禮和樂凸顯了由身分而來的距離和等差。
墨子特別強調「尚賢」，也是特別針對反封建身分而來的原則。尚賢的前提是不考慮身分，拿掉身分的差別後，只看一個人的能力，將能力擺到身分之上。這也就聯繫到「尚同」的原則，既然要尚賢，也就意味著分別人有賢與不賢，不會全部一視同仁都當作一樣。因而「尚同」的「同」是有針對性的。從負面看，「同」是要取消來自封建身分，來自禮、樂的「分」，也就是取消原有的貴族階層待遇。正面地看，這「同」是要所有的人認同天志，沒有異議地統合在天志之下，追求兼愛，創造非攻的和平環境。

10 儒墨之爭和墨家的大敗冷落

墨子明確地將戰爭與貴族身分聯繫在一起。背後潛在卻清楚的邏輯是：你們這些貴族，為了自己的利益貪婪地爭奪，發動那麼多戰爭，將這麼多人拖下水；要終止戰爭，最有效、最徹底的辦法就是取消貴族，尤其是根本地取消源自身分上下劃分而產生的利益追求。當所有人都一樣、都對別人一視同仁時，你的就是我的，我又何必羨慕你、搶奪你的呢？倒過來，我有的你都有，你也就自然不會羨慕我、搶奪我的了。

這樣的想法，對身陷戰爭痛苦中的平民當然有很大的吸引力。其中一部分的人信奉墨子，加入這個團體，形成了「墨家」。而他們在論理上、在立場上最主要的對手，就是儒家。

儒家建立在對待封建秩序的態度上。儒家的核心價值就在維護封建秩序，致力於恢復封建秩序。自孔子以降的儒家，必然和傳統王官學有著密切關係，必然肯定王官學傳留下來的詩、書、禮、樂，必然強調身分帶來的行為規範。墨家不吃這一套，非貴族的背景使得他們不只對王官學陌生，甚至還帶著高度的敵意。他們不受封建制度與王官學囿限，獨立地設計、想像了一個解脫現實痛苦的烏托邦。因而，從形成到推廣這套烏托邦圖像，墨家一定要對儒家、對孔子提出尖銳批判。

其實不只是墨家反對、攻擊儒家，儒家也一路反對、攻擊墨家。雄辯滔滔的孟子以「闢楊墨」為其主要的雄辯戰場，不斷指名反駁、攻擊楊朱和墨家。墨家在推廣過程中遇到的最大阻力，也來自儒家。

延續了幾百年的儒墨之爭，最終當然是儒家爭贏了。比輸贏影響更大的，是儒墨之爭所留下的深刻印象。因而到漢代當儒家取得正統的思想地位，作為儒家主要大敵的墨家可就要倒大楣了。從司馬談到司馬遷，父子兩代的時間中，有了儒家在漢武帝政治力量庇護下大幅上升的變化。於是父親司馬談對墨家的認識，到了兒子司馬遷就快速散佚退化了。墨家在「獨尊儒術」的環境中大敗撤守，遭到最殘酷的冷落、遺忘。

有一千多年的時間，墨子、墨家在中國歷史上缺席了，徒留空名。沒有人讀《墨子》，更沒有人了解墨子的思想。一直到清代考據學興起，在普遍的崇古考據熱潮中，由「考經」而「考子」，墨子其書、其思想才作為「子學」的一支被重新挖掘出來。

清末孫詒讓的《墨子閒詁》是劃時代的作品，千載之下終於使得《墨子》重新成為一本可讀的書。最難得的是孫詒讓校注了《墨子》全書，包括〈墨經〉（即〈墨辯〉），還原了這部分的邏輯推論和部分的數學、物理知識，建立了比較全面的墨家知識體系。

11〈墨辯〉：複雜又嚴謹的邏輯學

墨子的生平大約跨過春秋和戰國時代，《墨子》一書顯然不是他自己書寫的。《墨子》書中提到墨子時，一貫稱之為「子墨子」，看起來應該出自門生後人的追記。墨子的思想應該先是在墨家的團體中流傳，到墨子死後才被正式記錄下來並對外流通。

《墨子》成書，應該和戰國中期的知識風氣相扣搭。第一，「百家爭鳴」的氣候已成，封建信念風雨飄搖，墨子打破貴族身分區分的主張，聽起來不再那麼離經叛道，沒有那麼激烈、那麼危險了。第二，戰國中期各種言論思想的彼此競爭更加激烈，雄辯大行其道，必須講究論辯表現方式，才能讓自家的想法壓倒別家，能夠說服更多人，獲致更多的支持與更大的影響。

在這樣的狀況下，墨子的思想從原本在墨家團體中祕密流傳，轉而對外公開。公開的好處是可以散布得更廣，可以贏來更多的信徒。不過，公開也必然會帶來更多更猛烈的批評、反駁、攻擊。由祕密而公開，墨家也就不得不捲入在那個時代最熱鬧的言論競爭中，進而不得不發展出自身的辯術。

《墨子》書中闡述墨子理念，以「子墨子曰」開頭的部分都很容易懂。但一翻到〈墨辯〉，就像打開天書一般，簡直不知該從何讀起。為什麼同一本書裡會有那麼不同的兩種風格？

〈墨辯〉不只是內容，就連形式都和《墨子》其他部分大不相同。〈墨辯〉中有〈經上〉、〈經下〉、〈經說上〉、〈經說下〉四篇，其命名採取了一種來自傳統經書的形式，通常只有幾個字、頂多一句話的「經」，以及稍微詳細解釋「經」的「說」。「經」與「說」是彼此配合的。將「經」和「說」對應起來，就會像是這樣：「(經)不能而不害，說在害。(說)舉不重不與箴，非力之任也；為握者之觭倍，非智之任也。若耳目異。」

這樣的行文風格、這樣的內容，和戰國名家很接近，一度有人主張〈墨辯〉根本就是後來名家文獻不小心被竄錄其中，不是墨家的東西。必須再花很大的考證與探求，才能還原〈墨辯〉的意義與定位。

〈墨辯〉是一套複雜且嚴謹的邏輯學，從嚴格定義經常用到的字詞出發，終至要能統合由這些字詞所代表的概念。例如〈經〉中說：「久，彌異時也。」這是對於「久」，也就是對於時間的定義。〈經說〉解釋：「久，合古今旦莫。」意思是「久」(時間)包納了古往今來所有的旦暮日夕變化。另外〈經〉中說：「宇，彌異所也。」〈經說〉解釋：「宇，蒙東西南北。」用同樣的方式定義「宇」，也就是空間。空間就是東西南北的總和。

然而〈墨辯〉的用意不僅止於給定義，更重要的是藉著用同樣方式描述「久」和「宇」，將時間和空間的概念統合起來。當我們從東邊去到西邊，進行空間的運動，感受到空間的存在，但別忘了，欲使這樣的空間移動成為可能，還需要時間。在空間中移動，必然同時牽涉到時間裡的移動，這是時間與空間最具體的連結。

要讓人們理解時間與空間的統合性，〈墨辯〉裡就用了「堅白」作為對照。這裡有一塊白石頭，當你運用視覺看到「白」時，其實你並不知道石頭是硬的，要用觸覺才能感受「堅」。這叫做「堅白異」。然而當你看著白石頭，那石頭的「堅」並不會因為你沒有摸到就消失，「堅」一直是石頭的特性，一直存在於石頭中；同樣地，當你閉起眼睛摸石頭時，你感受到石頭是硬的，卻感受不到「白」，但石頭的白色不會因為你沒看到就消失，也一直在那裡。從這個角度看，又成了「堅白同」。

「堅白異」或「堅白同」，要看你是從感官的角度看，還是從物性的角度看。時間與空間其實也是如此，從一個角度看，時間與空間是分開的；換另一個角度看，時間與空間總是在一起。

說到「堅白」，就讓人聯想到惠施、公孫龍一類的名家，因而有了〈墨辯〉是名家文獻竄入的主張。不過仔細考索分析，我們有理由相信〈墨辯〉內容早於名家，而且在根本用意上，〈墨辯〉之「辯」不同於名家之「辨」或「辯」。

12 白馬非馬，殺盜非殺人

〈墨辯〉裡一項重要之辯，在於討論「體」與「兼」。依照〈墨辯〉中的定義，體就是「部分」，兼就是「整體」、「全部」。從常識來看，「部分」屬於「整體」，如果將「部分」從「全部」中拿掉，那麼「全部」就有缺，也就不再是「全部」了。

然而〈墨辯〉卻指出，「體」和「兼」的關係遠比常識認定的複雜得多。例如說「火是熱的」，講的是所有的火都是熱的，那是火的「全部」，但我們怎麼可能去體驗所有的火呢？我們能夠體驗的，必定是火的「部分」，卻可藉由「部分」而得知「全部」，這是近似於「歸納法」的推論。

又例如「馬」是全部，「白馬」是「馬」的部分，全體的「馬」是由所有各種不同顏色的馬加在一起所構成的。但是換另一個角度看，「白馬」既然是「馬」的部分，那麼「白馬」就不等於「馬」，「馬」這個概念裡包括了許多不是「白馬」的部分，不能將「白馬」和「馬」——部分和全部——等同起來。也就是「白馬非馬」。

進行這樣的討論幹嘛？這不是語言和概念上的遊戲，故意混淆視聽嗎？對產生〈墨辯〉的墨家來說，這絕對不是遊戲，而是他們為了貫徹極端烏托邦理論不得不與常識進行的搏鬥。「白馬非馬」之論，目的不在馬，而在類推出「殺盜非殺人」。盜之於人，就像白馬之於馬，都是部分和全部的關係。既然「白馬非馬」，那麼「殺盜匪」也就和「殺人」不會是同一回事。

用這種論辯，墨家要回答別人對於「兼愛」所提出的質疑。要愛別人像愛自己，你不會殺自己，因而兼愛就不能殺別人。那有了盜匪怎麼辦？也不殺盜匪，坐視他們為非作歹嗎？墨家用這種「辯」推論出：殺盜匪並不違背兼愛，因為盜匪不等於人，殺盜匪也就不等於殺人，也就沒有觸犯不殺人的禁令。

仔細看就會明白，〈墨辯〉之所以熱衷討論「體」、「兼」，當然是為了在戰國愈形激烈的言論競爭中，衛護墨家最根本的主張——兼愛。甚至就連關於「堅白同」、「堅白異」的討論，都有詮釋、強化「兼愛」信念的作用。這整個人世就像一顆石頭一樣，是一個整體，各種不同的性質都包含在裡面，分不開的。只是因為訴諸於不同的感官，而讓人錯覺有「堅」、「白」的差異與分隔。石頭裡「堅」離不開「白」，「白」離不開「堅」，「堅白離」只是假象，就像人與人之間的身分等差別，那些使人不相愛而互相攻擊的原因，也是假象。

這些出於論辯需要而形成的討論，在墨家內部、在〈墨辯〉中是被極度認真對待的，絕無遊戲態度。然而這樣的論辯路數挑戰常識，很容易吸引人注意，帶著表演的潛力，於是到後來，名家就刻意加強這些討論的詭異之處，將之和實際的主張脫離開來，成為一套純粹的「名理之學」，尤其刻意凸顯種種乍看之下不合理的「詭論」，轉化為詭辯的遊戲了。

13 脫離庶民代言角色，墨家的奇特旅程

墨家原本起自庶民階層，其創立者甚至可能是個「刑餘之人」，因而墨家的想法與主張也最為素樸。相信最直接、最簡單的平等，訴諸「天志」的威脅，更重要的，和封建秩序的貴族觀念徹底區隔開來。然而到了戰國中期，以祕密組織開端的墨家進入熱鬧的公開言論場域，也就必須找出新的方式來表達他們的信念與主張。

新時代、新環境下，原來對於庶民有說服力的「天志」，很難進入激烈的公開辯論裡得到優勢，反而成為墨家思想中的弱點、別人的攻擊對象。於是墨家進行了調整，發展出新的概念來補充，甚至取代「天志」，不再強調「天」的意志是「兼愛」的保證，轉而論證萬物一體，時與空無法分開，堅與白也無法分開。這樣的想法和戰國時期興起的道家，尤其是《莊子》的思想有了近似之處。

同步進行的另一項調整，則是發展出細膩、複雜的邏輯推論法，回到根本語言定義上尋找「兼愛」主張的新基礎。如此開拓出來的新領域，後來由名家繼承，進而也在名家手裡丟掉了實質的人生與社會主張，變成單純的論理思辨，甚至帶上了不羈遊戲的色彩。

從最庶民、最現實的關懷出發，要求打破所有不切實際的禮與樂，經過一兩百年的變化過

程，這樣的墨家竟然發展出表面上看起來最不切實際、一直在語言與邏輯中打轉的〈墨辯〉，還從這裡引導出戰國「諸子百家」中最遠離現實、最少有現實關照的名家。

這是墨家經歷的奇特旅程。維持不了庶民素樸的本性，墨家參與在戰國的言論混戰中，對於「辯」有了具體、突破的貢獻，卻也在這過程中離開了為庶民代言的原始角色。從祕密團體轉型為一個家派，墨家也就失去了行動的活力，種下了之後兩千年沒落到被遺忘的因子。

第四講

《楚辭》與楚文化

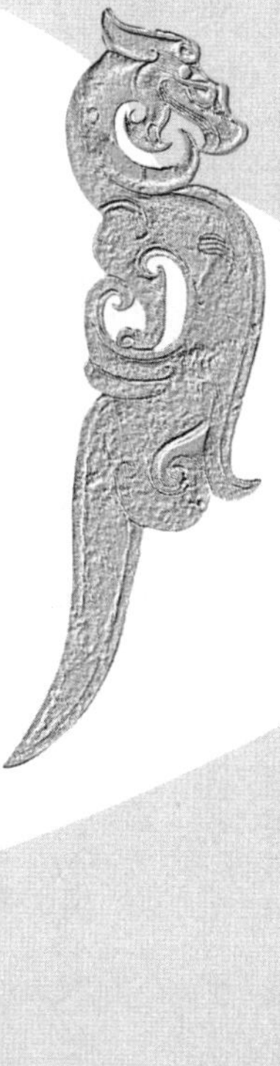

01 國：封建制度下的基本單位

中國文字延續使用兩三千年，在歷史的理解上往往帶來難以察覺的問題。例如，看到「國」這個字，我們都認為自己認得，知道其意義，並以我們知道的意義投射回出現這個字的古文獻上，以至於忘掉了這樣一個字在時間中有些變化，不同時代的「國」，可以有很不一樣的內容。

今天想到「國」，我們想的是中國、美國、英國、俄國……，是有一大片疆土、有很多人口、還有複雜政治體制的地方。國是世界秩序中的主要單位，有其內政和外交關係。源於這樣的現實認知，看到古文獻裡的「國」，我們經常不自覺地將之想得太大。

西周封建制度剛建立時，一個國基本上就是一座城，城的周圍約一公里到十公里長，加上圍著城的一片稱為「野」的農林區域，如此而已。「國」這個字的關鍵重點，就在象徵著圍牆的外面那一方圈。裡面的「或」，我們今天一音之轉唸作ㄏㄨㄛˋ，標示「國」這個字的發音。「國」是封建制度下的一個基本單位，每多分封一次，就多建一座城、多一個國。一直到春秋時期，究竟存在多少國是絕對數不清的，因為對於什麼是國、什麼不是國，沒有一個明確的標準。國只是一個鬆散的統稱，諸侯所在處稱為國，有時世卿與大夫所在的封域也稱為國。

事實上，也是在春秋時期，才逐漸縮小確立「國」的層級，將世卿和大夫的封域排除在外，單用來指稱諸侯所在之處，也才有了「國君」的說法。再進一步看，從西周末年到秦統一六國，這五、六百年的時間中，「國」的內容與意義發生了巨大變化，幾乎沒有任何時刻「國」是固定的，這正是春秋戰國歷史中最重要的現象。

簡單複習一下，周代封建包括三項必要條件——賜姓、胙土和命氏。「賜姓」是分配一群人作為封建的班底，讓受封的人領導；「胙土」是指定一塊特定的區域為封地，從此之後那塊地就屬於受封的人；「命氏」是給一個新的集體名稱，用來稱呼在那裡形成新天新地的人們，後來也就同時變成那塊地方的地名。

關於這樣的程序，後世產生的嚴重誤會是，認定周天子的「分封」是將已在周人控制之下的領土，分給不同的人去治理。然而周初的情況絕非如此。之所以在「三監之亂」後開始「大封天下」，周公的用意就是要讓這些宗親、盟友積極占領東方區域，用這種方式有效控制周人原本陌生的廣大地方。受封的人不是獲得天子土地賜予，毋寧是接受了帶有高度不確定性的任務，帶著一群人進入指定的地方，負責在那裡建立起有效的統治。

封建使得周人的勢力快速、有效地往東推進。從中國歷史的較寬視角來看，封建的另一項作用，是將原本新石器時代「滿天星斗」般在各地分布的獨立文明據點，統合進一個系統裡，整合為一種共同的文化。

02 從宗法脫離的國，有了明確的個性

成立之初，國很小，而且國嵌在龐大的封建宗法體制裡，必須在封建的親族關係、親族紐帶中才能彰顯其意義，任何單一的國都沒那麼重要，重要的是國與國依照宗法所建構的關係。

這樣的情況，在春秋戰國時期有了劇烈的變化。進入戰國，歷經幾百年的衝突、征伐，國變得愈來愈少，僅存的少數之國相對也就變得愈來愈大。「國」和字面原意所指涉的一座城相去愈來愈遠，國控有的不再只是一座城，而是幾十座城，同時也就控有城與城之間的地區。於是國轉為地理疆域式的概念，一國占有一塊疆域，國與國之間接著有了疆域與疆域的交界。

國從量變到質變，勢力範圍愈來愈大，也就愈來愈形成了認同的中心，影響到愈來愈多人。封建之初，國只和涉及封建過程的少數人有關，或許可以簡化地說，只和貴族有關。從天子到諸侯到世卿到大夫，這些人有國，他們彼此之間有什麼樣的宗法親族身分關係，他們所建立、所擁有的國就形成相應的關係網絡。但這些都和一般平民無涉，國與國之間的禮儀往來，甚至國與國之間的衝突打仗，他們都不參與，也沒有資格參與。

但到了戰國時期，國愈來愈大，國的統治也就愈來愈往下層擴張。在生產上，尤其在戰爭上，動員的範圍愈來愈廣，於是平民（一般人）逐漸被納入國的體系裡了。平民（一般人）被要

求認同這個國，為國付出勞動力，甚至付出生命，國的權威朝著又廣、又高的方向發展。

在建立眾人認同的過程中，每一個國也就有了愈來愈明確的個性。離開了原本封建關係網絡，國有了自身所具備的特色與特質，用現代語言說，就是「一國的立國精神」。對外，在新的列國形式中需要凸顯自身的地位；對內，也需要藉以凝聚眾人的認同向心力。於是這個時期的國，明確地從宗法網絡中脫離出來，成為獨立的、有個性的實體（entity）。

國的特性和特質，與其他國的差異，原本就存在。但到了戰國時期，這樣的特性與差異被刻意記錄下來，也凸顯出來。

國與國的激烈競爭，導致各國的分別化，凸顯各自的特色，這是戰國的一大趨勢。這個趨勢產生的地域區分，有些到後來逐漸模糊了，有些卻從此在中國歷史中存留下來。影響最深遠的區分，首推南北差異。

戰國時期也有過強烈的東西差異區分。最東邊的齊和最西邊的秦都是大國，也都發展出高度的特色意識。然而東西區分在後世有了多種變形，沒有固定下來，在重要性上就遠遠不如南北差異。

戰國競爭到最後，出現了三強鼎立的局面，秦、齊、楚是強中之強，也是一直還站著沒有倒下的。這三國，秦和齊一東一西，楚則位於南方。大家過去對中國地理的了解，應該有一項是七百五十公釐等雨線，而這條氣候上的分界線，又剛好大致和秦嶺、淮河自然地形重疊。雨量多寡直接影響植物生長，自然景觀及農作型態都必然隨雨量而改變。這是造成南北差異的根本原因。相對地，東邊的華北平原和西邊的渭水平原緯度相近，雨量差別不大，在風土及物產上就沒有那麼必然的區別。

不過自然地理因素無法解釋歷史上所有的現象，一定還有人文的作用摻雜其中。從人文的角度，我們不得不注意楚國在中國南北差異形成的過程中所發揮的作用。

03 楚國「我蠻夷也」的異類心態

清初王夫之的《讀通鑑論》中，曾經特別討論邊陲區域的歷史作用。依照王夫之的看法，中國歷史之所以呈現一治一亂的循環，有一部分來自中原與邊陲的相互作用。長治久安會使得繁榮的中原地帶失去活力，變得停滯、衰敗，於是四周邊陲力量就相對變強，入侵中原，帶來新的活力，終止了衰世，帶來新的向上刺激。受到邊陲刺激的中原再度興起，到了一定程度進入高原期，又開始了停滯、衰敗的階段，一路走下坡到再也壓制不住邊陲的力量，再由邊陲吹進新鮮的風勢來。

戰國時期撐到最後的三國，恰好分居中原的外圍三邊，而且其中兩國——秦和楚——一直到戰國開端時，都還帶有高度的蠻荒性質，被中原諸國投以異樣的眼光。都地處邊陲，介於中原與化外異境交界之處，秦和楚卻有不太一樣的發展路線。

秦的做法是盡量模仿中原，努力爭取中原各國的承認；相對地，楚就比較強調自身與中原諸國間的差異。

《史記．楚世家》中提到熊渠，是楚早期的重要領導者，他的重要作為包括了拒絕採用王死後的「諡號」制度，而且他的理由很直白：「我蠻夷也，不與中國之號諡。」楚出兵攻打隋國時，隋國喊冤說：「我無罪！」意思是我又沒得罪你，你幹嘛出兵打我？楚的回應呢？「我蠻夷也。」

放回那個時代的背景看，隋顯然訴諸於封建的規矩，出兵征伐是要有特殊理由的。但楚擺明了不理這一套，他說：「我不在你們這套封建規矩裡，我有我自己的道理，依照我的道理，要打你就打你，不用給你們那種封建規矩中的理由。」

這很蠻橫啊！中原諸國用一種歧視的眼光看待楚，到了熊渠，他乾脆以這樣的情況作為自己的發展優勢，你們把我們當蠻夷，那好，我們索性就蠻到底，不承認、不遵守你們的規矩，取得了不受拘束的行動自由。

前面提過，「春秋五霸」原來不叫「霸」，而是「伯」，意思是年長有權威、可以協調糾紛的人。這五人分別是齊桓公、晉文公、宋襄公、秦穆公和楚莊王。光看名字就知道，五人中有一人跟別人不一樣，人家的稱號都是「公」，也就是周代五爵制中的最高頭銜，只有楚莊王稱

「王」。「王」不在爵制中，本來是天子的謚號才稱王，楚國僭用了周天子的名號。

這又是「我蠻夷也」的做法。其他人雖然權力很大，有「霸」者之實，足以做當時天下的共主，然而在名義上都還是守著封建禮法，只承認自己是所有諸侯中較大、較有分量的一個，名分上仍然和所有諸侯平起平坐。但楚直接擺脫這個系統的約束，給自己不屬於諸侯位階的名號。

楚一直抱持著這種「異類心態」。楚的異類心態可能是從商代的商人那裡繼承而來。周代建立之初經過兩度東征，都沒能消滅商人原有的勢力。周人採取的辦法，是將一大批商遺民搬離原來的地盤，讓他們往南去建立宋，再將宋納入封建中的一個諸侯封國。宋保留了許多商文化、習俗與思想，和周文化很不一樣。周文化專注於現實人世，重視宗法親族關係；相對地，商人有濃厚的鬼神信仰，還有對於現實以外超越世界的恣意想像。宋的地理位置接近楚，其文化性質也比較接近南方，而和周文化有所區隔。

04 〈離騷〉：特殊文化與特殊人格的結晶

對讀《詩經》和《楚辭》，光是從表面的文字運用形式，就很容易感受到其間的差別。字句的長短、排列，加上用韻的方法，《楚辭》都顯然比《詩經》來得活潑且複雜多變。

《楚辭》的形式與風格來自南方的語言。西漢劉向編的《說苑》裡有這樣一段故事，說有一個人在河中泛舟，幫他打槳的人唱起歌來，唱了半天這個人都聽不懂，只好請別人幫他解釋翻譯。打槳的人唱的是〈越人歌〉，用的是南方越人的語言，難怪他聽不懂。

這〈越人歌〉唱的是：「今夕何夕兮，搴舟中流。／今日何日兮，得與王子同舟。／蒙羞被好兮，不訾詬恥。／心幾煩而不絕兮，得知王子。／山有木兮木有枝，心悅君兮君不知。」這樣看，句法句型就跟《楚辭》很像。

《楚辭》比《詩經》自由，不管在每句的字數或用韻上，有了襯字，也有了變化更大的長短句。大量穿插「兮」，讓句子從四字加長為五字，或從五字加長到六字，對中國古代詩歌由《詩經》的四言朝向更長的五言、七言發展有極大影響。像「滄浪之水清兮，可以濯我纓；滄浪之水濁兮，可以濯我足。」這樣的寫法，就開創了《詩經》沒有的新聲音構造。

更大的差別還在於用文字所要描述的現象與所要傳遞的感情。《詩經》中記錄的或許是男女相思，或許是兄弟情感，或許是賓客雅集，或許是廟堂之上追溯祖先來歷，三百首的內容基本上不脫人事。《詩經》作品的主要構成，包含了對於自然現象的描述，但自然在此是「興」或「比」的作用，也就是用來連結、比擬、隱喻人世的種種波濤起伏。

《楚辭》的內容大異其趣。楚人和我們在卜辭與青銅器上看到的商文化一樣，對於人事以外的神鬼超越現象高度好奇也高度親近。《楚辭》中清楚顯現著，人所活著、所經驗的這個世界，不是唯一的世界，在此之外，有和人不一樣的存在，在我們看不到或只能依稀揣測的時空裡，有不一樣的其他世界。世界是多數而非單數的，現實的人世只是多數中的一個。

孔子說：「未知生，焉知死？」又說：「未能事人，焉能事鬼？」也說：「祭神如神在。」基本態度是人世以外，就算不否認其存在，也不多費力去追究。單是要將人世弄明白已經太辛苦了，沒有道理還要想像神鬼的領域。和神、和祖先有關係，也是來自於人間禮儀與秩序所需，不是真正要和神、和祖先有什麼瓜葛。

我們的生命來自先祖，代代傳承；人世的主要秩序依據來自先祖所構成的親族系統，因為這樣，我們有了和死去的先祖的關係，不能因為他們死去就中斷。「慎終追遠」，要用儀式與文字保留祖先的記憶，也就是保留我們的生命來源。懷念祖先，保留記憶的分量，這是孔子的態度，也是周人和周文化的普遍態度。

屈原的〈離騷〉表達了挫折與悲憤，那當然和他在楚國的政治遭遇有關。然而〈離騷〉真正重要、真正特別的，不在於表達了這種政治經歷，以及連帶產生的痛苦悲鬱，而在於這種經驗與情感是用什麼形式顯現的。〈離騷〉的「離」就是「罹」，是「遭遇」的意思；「騷」呢，則是「憂愁」的意思。題目就表明了，這是因為遭遇憂愁而寫下的作品。

關鍵在於屈原用了大量的比喻與象徵，以極其緩慢的節奏，逐段鋪陳延展來描述其憂愁，而且找了許多大自然的物件來陪襯或代表其憂愁。上天下地，先是從歷史來追索憂愁的來源，繼而擴充到神話的領域，進而混淆了歷史與神話。屈原所使用的語言，也是綿延跌宕、長短錯落、迴盪吟詠，讓人留下非常強烈的印象。

〈離騷〉的篇幅、架構、節奏都和《詩經》大不相同，也都是《詩經》所無法容納的。《詩經》中也有表現悲鬱痛苦的篇章，然而篇幅都短，而且說得很直接，不會有〈離騷〉那樣的迂曲迴繞效果。

楚文化中有著大量的祭典儀式，祭品、擺設以及神、巫的服飾，都和「香草」——美麗且有香味的植物——關係密切，於是「香草」也就沾染了祭典的神聖性。當屈原要凸顯自身的德行，標舉出自己的憂愁主要源自比一般世人來得清醒清高時，很自然地便用上大量的「香草」作為比擬，那是從他熟悉的祭典中脫化而來的。可以這樣說：〈離騷〉是楚國特殊文化與屈原特殊人格的結晶。屈原的成就不只在表達了自己豐富的感情，也在於能夠從楚文化特色中汲取資源，成為自身人格的一部分。

05 〈九歌〉：熱情對待萬物神的想像

沒有特殊的楚文化，就不會有屈原的成就。《楚辭》與其說是屈原的創作，毋寧說是包括屈原在內的楚文化的代表性精華。楚文化不像周文化那麼清醒，有著高度的巫祝性質，生活裡充滿了各種對於感官的強烈刺激，最強烈的會將人帶進一種恍惚的狀態，似乎暫時離開了這個現實環境，陷入狂喜狂歌或激動高叫的 trance 裡。

《楚辭》的來歷很複雜，絕對不可能是屈原一個人創作的。〈離騷〉中說：「啟九辯與九歌兮，夏康娛以自縱。」很明顯是將〈九歌〉視為遠古傳留下來的樂曲。《楚辭・九歌》共有十一段，除了最後的〈國殤〉和〈禮魂〉外，其他九段都是以神（或鬼）命名的，包括〈東皇太一〉、〈雲中君〉、〈湘君〉、〈湘夫人〉、〈大司命〉、〈少司命〉、〈東君〉、〈河伯〉和〈山鬼〉，逐一講述這位神（或鬼）的來歷或故事或形貌。這是不折不扣的「神話」，想像並呈現在人間以外的另類存在樣態。

南方和北方的巨大差異之一，在於看待萬物神的態度。抬頭看天上的雲，幻變擾動彷彿有神祇的動靜，而覺得有「雲神」；臨大江（如湘江）便感覺到江中應該有統管一切的「江神」，這是普遍的反應。然而在周文化的籠罩影響下，這種反應長久停留在一種模糊感受的狀態中，缺乏熱情的投入與追索。人主要還是關心自身的現實問題，視物為物，和萬物背後的精靈保持一定的距離。

南方不一樣。不管是來自宋的《莊子》或來自楚的《楚辭》，都以更熱情、更有興趣的態度對待萬物神的想像。楚人想像的「雲中君」是「龍駕兮帝服，聊翺遊兮周章。靈皇皇兮既降，猋遠舉兮雲中」，充滿具體形象。楚人想像的江神不只有「湘君」，還有「湘夫人」，湘君是「美要眇兮宜修，沛吾乘兮桂舟。令沅湘兮無波，使江水兮安流」，湘夫人則是「九嶷繽兮並迎，靈之來兮如雲」。而且不管是湘君或湘夫人，都在詩中逗引出人們高度的愛戀盼望，絕對不是抽象的、空洞的名稱而已。

《莊子．秋水》的開頭是：「秋水時至，百川灌河，涇流之大，兩涘渚崖之間，不辨牛馬。於是焉河伯欣然自喜，以天下之美為盡在己。順流而東行，至於北海，東面而視，不見水端。於是焉河伯始旋其面目，望洋向若而嘆曰：『野語有之曰：聞道百，以為莫己若者，我之謂也。……』」

這裡的主角是「河伯」，也就是黃河之神，當秋天來時，黃河河水大漲，河面寬廣氣派，河伯為之洋洋得意。一路往東，到了海邊，一看北海，目之所及只有無盡的海面，完全看不到對岸，於是感慨自己還是視野太狹窄，竟然以為自己就是最了不起的，接著展開一段河伯與北海的精彩對話。

《楚辭》和《莊子》的視野中，隨時都有人世以外的範疇存在，而且他們意識到有人、有方法可以來回進出人世與那些超人世的領域。巫的功能之一就是傳遞、交換不同領域的訊息，而巫的特異能力，也就來自穿越這些不同領域接收到的訊息。有巫的社會裡，人們對現實以外的存在型態自然多了許多想像，這些想像也融入他們的日常生活中。

06〈天問〉：多重立體世界的大哉問

在專注於關心現實人事的周文化裡，歷史再重要不過。因為當人有所困惑時，包括困惑為何會遭遇災厄、為何挫折纏身時，只能從過往的人事經驗裡尋找答案。但在楚文化裡，他們有更多的資源可供追索答案。他們可以也需要上天下地看看，是不是有什麼樣的神鬼在作用。

因而，〈離騷〉、〈哀郢〉、〈涉江〉、〈懷沙〉這幾篇，不能只視為表達懷才不遇、未受國君信任的作品。幹嘛反反覆覆抱怨國君呢？為什麼不能看開一點，明白人世、尤其是政治上的現實就是如此呢？不，關鍵在於屈原並不是將這件事單純看作現實困頓，他反覆在文中表達的是真正的疑惑。他的「為什麼」不是 rhetoric question（不求回答的反問），不是以問題來發洩憤怒或感慨，而是真正的不解，所以要用不同的篇章持續追究。他的問題那麼大，因為他的世界不像周文化習慣的那樣單一現實導向，他活在多重立體、神話與異界交織的環境中，所以他想得更多、更複雜。這是屈原和《楚辭》的特殊意義。

以人事現實為主的周文化，很少去追問現實如何來、為什麼是這樣的現實、現實以外有什麼……。那是周文化的前提，提供了周文化一個沉穩的基礎。但在《楚辭》裡，我們明顯看到楚文化並沒有理所當然接受這樣的前提。《楚辭》中有一篇驚人的奇文〈天問〉，全篇由一百七十二個問題構成，通通是問題，從頭問到尾，沒有答案。

一百七十二個問題中，有問開天闢地的，有問天文和自然現象的，有問天地間的奇異事物的，也有問神話、傳說和歷史的。洋洋灑灑排列下來，戲劇性地顯現了高度的好奇心與無法輕易平息的探究衝動。

傳統上將〈天問〉也視為屈原的作品，主張這是屈原被放逐之後，因為心中充滿忿忿不平，於是藉著這許多問題來發洩。朱熹《楚辭集注》裡對〈天問〉的解釋，基本上不一一看待每個問題所疑惑、所追究的，而是把一百多個問題看作同一個問題的反覆堆疊。那個問題才是屈原真正要問的：「為什麼這個世界上會有這麼多莫名其妙、沒有道理的事啊？」

這樣的說法很難真正對應〈天問〉中詭奇又富麗的內容，而且把這麼龐大的一套自然、神話、人文問題資料庫只當作是屈原的發洩與感慨，未免太浪費了。〈天問〉毋寧是楚人從他們的多重立體世界觀看出去，所看到的眾多需要解釋或不可解釋的現象。從〈天問〉裡，我們得以著實地察知楚文化和周文化的差異，許多被周文化拿來當作答案、當作固定知識的現象或事物，對不那麼觀照現實、不斷想像超越、穿越異領域經驗的楚人來說都是問題。甚至可以進一步說，對周人和周文化而言，文字是用來顯現、傳遞答案的，答案是重點；然而在楚人不同的文化態度中，問題和答案一樣重要，甚至比答案更重要，將問題、疑惑羅列下來，和排比一連串不容懷疑的答案，具有同等重要的意義。

〈天問〉是真正的「大哉問」。周文化中的提問，有問必有答。然而楚文化〈天問〉中的提問，問題沒有必然要被回答。問題本身形成了接近外在世界的方式，世界充滿了神祕的、不可解的現象與事物，這才更接近楚人所感知、所領受的世界。在這個世界中，有一塊區域是有答案的，然而在此之外，更廣大的區域由問題組構而成。後者不只比前者廣且大，而且或許比前者更重要、更有意義。

07 楚狂人和孔子的思想歧異是什麼？

從春秋到戰國的文獻中，提到宋，最常出現的刻板印象是愚人。守株待兔的是宋人，刻舟求劍的是宋人，發明了冬天手可以不凍裂的藥卻賺不到錢的也是宋人。提到楚呢？最常出現的刻板印象是狂人。

《論語》中孔子就遇到好幾個南方的狂人。對於孔子，他們一貫抱持著不以為然或嘲諷、甚至不屑的態度。他們和孔子之間最主要的歧異何在？

孔子堅持封建宗法規矩，人應該在這套關係網絡裡認清自己的位置，按照特定位置所要求的規範立身行事。孔子特別增添、強調的是人不只要遵從規範，更要掌握規範背後的精神與原則，發自內心信奉這樣的精神與原則。對孔子來說，人活著就是為了實現、落實禮的精神與原則，將自己活成一個理想的生命。精神、原則高於現實，要以精神、原則來克服並改造現實。

「楚狂人」有著完全不同的選擇。首先，他們不接受封建秩序的前提，不認為人的封建身分是固定的，具備這個身分就注定要有怎樣的行為。他們更不贊同因為過去封建用這種方式規定了身分，就應該配合這曾有的身分去恢復改變了、傾頹了的封建秩序。

子路遇見的荷蓧老人就諷刺孔子，說他「四體不勤，五穀不分」，從一個農夫進行生產養活自己的立場看，孔子是不及格的。為什麼你還要堅持「大夫之後」的身分？明明原本支持這個身分的那套社會秩序早就瓦解了啊！封建秩序中的貴族，理所當然是「四體不勤，五穀不分」的，憑藉其身分接受農人供給，但時代改變了，那就別再活在對於過去的想像中，認清現實，順應改變吧！

再者，楚狂人之所以被稱為「狂人」，一部分也是因為這些楚人，包括屈原，以孔子的標準來看，都是瘋瘋癲癲的。他們拒絕封建秩序，他們自己的生活也不是純然現實的。在他們的精神世界裡，真實和幻想之間沒有絕對的分界線。孔子在這一點上卻清清楚楚，即使是他如此看重的禮，禮之中最鄭重的祭禮，他的態度都是「祭神如神在」，不會輕易混淆認定就是「有神在」，而是「如神在」，人為了現實生活的秩序而假定有神在、好像有神在。

這也就是儒家是一套信仰，卻絕非一個宗教的根本原因。要當宗教的教主，那麼讓人相信「神在」，相信有神，而且神可以介入人世的活動、改變人世的因果，是最有效的方式。孔子不是這樣，他是最早的現實心理學派，從心理的立場，而不是信仰的立場來看待「祭神」這件事。祭禮重要的不是碰觸神、賄賂神或感動神，讓神動用超越力量使得現實對我有利。對孔子來說，關鍵在祭禮中所產生的敬意，對於祖先或我們無法掌握的某種力量，我們應抱持著敬畏之心。敬畏之心使人謙卑，同時也使人離開自我利益考量，變得更高貴。到了宋明理學中，就衍生出「主敬」的信條，大幅討論、開發「敬」在人生與社會上的意義。

孔子看重人身上、心理上的現實，相對輕忽看不見、聽不到的想像事物。這樣的態度又和楚文化有著衝突齟齬。對楚人來說，東皇太一、湘君、大司命、少司命……是他們生活中的一部分，是他們賴以解釋自己生命情境不可或缺的元素，他們活在這裡面。從單一現實世界的角度看，這樣的楚人當然就近乎瘋狂了。

第三個巨大差異在於楚文化裡強烈的個人浪漫好惡，對比於孔子強調的自我節制修養。到了宋明理學，自我節制就變成另一個「靜」字。除了「主敬」之外，也要「主靜」，反對「動」，凸顯節制、安定的重要。孔子沒有要人變成一塊木頭，也沒有像宋明理學那樣要人冥想觀察「氣」發動之前的純靜狀態，但他的確認定禮的作用，就在於約束、馴服人的激烈情感反應。極端的喜怒哀樂都不是好事，會對個人和社會產生傷害、破壞，必須藉禮的修養來壓制、管控。

禮追求合宜的行為，換句話說，也就是將自己內在強烈的愛恨好惡進行一定程度的收斂與修飾。但在南方，尤其在楚文化中，他們有比較強烈的情感反應，個性表達的空間更大些。他們沒有在禮中浸潤得那麼深，也不認為個體應該屈從於集體之下。因而孔子會在南方遇到說他「鳳兮鳳兮」的人，意思是嘲笑也惋惜他竟然放棄自己的個性，在汙濁的現實中打滾，不值得啊！孔子其實也是個性強烈的人，被這樣批評時也難免心動，生出想要離世獨居發揮個性的念頭，但畢竟他放不掉身上的禮，放不掉恢復封建秩序的使命感。

中國不是鐵板一塊，中國持續在改變，因而才需要理解中國歷史；還有，中國隨時都有著內在差異，絕非同質的。南方文化的異質特色及自我認同其實一直都在，在春秋戰國封建分崩離析的時代，這樣的異質性特別被凸顯出來，也相應地在創造一套新的「後封建」文化上產生巨大的作用。秦末大亂，兩個最重要的領導人物——項羽和劉邦——都來自楚文化範圍的南方，就是不容輕忽的明證。

08 屈原：中國史上第一位文學作者

目前我們看到的《楚辭》，是漢代時編輯傳留下來的版本。在漢景帝、武帝時，對於《楚辭》的研究和探討一度是熱門顯學。在這段時間中，《楚辭》的內容有所擴張，此外也固定了《楚辭》大部分篇章是屈原作品的看法。

從南方和楚文化的角度看，《楚辭》中有兩篇特別重要，一篇是〈九歌〉，一篇是〈天問〉，而這兩篇恐怕都不是屈原的創作，比較像是楚地區久遠流傳的集體文本。

〈九歌〉可能是大型宮廷神話劇的記錄，文字中保留了強烈的戲劇性，從字句間看得出和貴族文化、儀式性表演有著密切關係。〈九歌〉的最後一章是〈國殤〉，所以另外一個合理的聯想猜測是，這樣的神話劇演出，和戰爭、出征或戰爭引發的認同情緒有關。

〈九歌〉搬演了楚人想像、相信乃至深浸其中的神話世界。開頭的「東皇太一」是位階最高的主宰神，接著是擔任神界與人界交通使者任務的「雲中君」，再下來是源自湘江的「湘君」和「湘夫人」。或許是因為河川在日常生活中和人共存親近，不像天空或雲朵那般遙遠，〈九歌〉中的這兩段出現了像是「人神戀」的主題。和神談戀愛、和神彼此思念等待的，可能不是一般人，而是有著特異能力的巫，從文字中傳來極其強烈的浪漫情緒，尤其是放在神話的架構裡，更增添宿命的悲劇色彩。

再來是分頭掌管命運的「大司命」、「少司命」，探觸到楚人的命運觀。又有「東君」、「山鬼」，那是來自另一個世界，死後的、陰晦的、躲藏的世界的閃現，代表了楚人將自然神鬼化的基本習慣。

戰爭帶來死亡，令人不得不思考和解釋生死、宿命、無常等問題；戰爭又建立在絕對你死我活的競爭心態上，逼迫人建立起能夠壓倒別人的價值信念。在〈國殤〉的陰影中，楚人整理了〈九歌〉，以歌舞表演呈現文化上的認同與信念。

雖然將〈九歌〉、〈天問〉排除在屈原的創作之外，但我們仍然必須給予屈原「中國歷史上第一位文學作者」的堂皇地位。在他之前有《詩經》，但《詩經》裡有作品卻沒有作者；在他之前有《莊子》、《孟子》、《荀子》等，但那些是論述，而且不是以韻文方式寫成的。

王官學沒落後，諸子學興起，因而有了各家的論著。但這些百家爭鳴的著作，基本上是表達理念、提出公共主張的，他們用文字記錄自己所相信的，或記錄雄辯的論理，不是寫自己個人的經歷與感受。而且他們通常都有弟子，寫下來的是一個家派的意見。

寫自我經歷與感受的，始自屈原。屈原寫的，就是強烈的個人經驗和激動的個人情緒。他的文字沒有要建立一個「屈家」或「屈派」。屈原的出現，一方面反映了戰國時期個人主義的興起，另一方面也要在楚文化高度浪漫好惡的傾向中才成為可能。他就是一個有著特殊遭遇、有著獨特情感的個人。為個人而發抒，為個人而寫。

09 召喚極端情緒，近乎瘋狂的執迷

在現實中，屈原出身楚貴族，十七歲就少年得志，為楚懷王所賞識，升為「左徒」，也因此

早早便捲入楚宮廷的鬥爭。楚國當時最嚴重的政爭，源自於兩個不相容的策略路線，一邊是親秦派，另一邊是親齊派。這種狀況在戰國很普遍，僅存的幾個大國間，要如何選擇拉攏誰、對抗誰，是個不可能有完美答案的大難題。

屈原屬於親齊派。國內親秦派得勢時，他就成了人家的眼中釘，因而遭到放逐。親秦派的至高策略目標，是要說服楚懷王到秦國去，表現和秦國不容動搖的親善合作態度。親齊派當然就用盡一切辦法阻止楚懷王去秦國。結果，親齊派徹底潰敗，楚懷王真的去了秦國，然後就被秦國扣押，最終竟死在秦國。

楚懷王去世後，楚襄王繼位。對於屈原這樣的親齊派來說，楚懷王死於秦這件事，足以證明親秦派路線的絕對錯誤，新王一定會扭轉過來，看清楚親齊才是對的。然而事實不同於他們的預期，關鍵在齊國的態度。就算楚國要改走親齊路線，齊國卻不認為和楚聯合起來符合他們本身的利益。秦國已經壯大到令人害怕的程度，齊國不想挑激秦國的反感，只想利用自己和秦國遠遠隔絕的地理優勢自保。

齊國不和楚國聯合，楚國別無選擇，只好又回到親秦的態度上，親齊的屈原再度失勢被放逐。這一次，他真的崩潰了。曾經提拔自己的楚懷王死於秦，楚國卻還繼續卑屈地朝秦國傾斜，於是他投江自殺了。

屈原留下的作品中，將個人感受展現得最清晰而強烈的，有〈離騷〉，有〈哀郢〉，有〈思美人〉。這幾篇也同時具備高度的南方風格，凸顯了南方式的精神內容。屈原文中動用大量的象徵，在象徵架構中明確聯繫了楚文化，成為戰國楚文化的精彩代表。而透過這些象徵，他所要傳遞的是一種接近遺囑般的悲憤衝動。用現代語言說，那是憂鬱的表現，憂鬱症患者式的憂鬱。懷才不遇與政治上的失敗，在他身上化為「執迷」（obsession），糾纏著他，永遠無法擺脫。

楚懷王之死和即將降臨楚國的終極災難，屈原視之為自身的災難，甚至是自己的失敗。在這種狀態中，浮現了很不一樣的戰國心靈，個人精神發展到最高峰，因而將集體遭遇、命運予以個人化，成為個人執迷的極端表現。

屈原一方面繼承了南方的「狂人」風格，他的文章帶著狂暴、不受節制的好惡，縱放上天下地的想像力，更重要的，是反覆回到失敗、憂憤主題的執迷。他放不掉，不管他的感受、思考如何上天下地，天地終究還是以失敗與憂憤為中心旋轉。

另一方面，他也和孔子一樣，遇到了別的南方「狂人」。《楚辭》中有〈漁父〉一篇，不論是或不是屈原寫的，所記錄的明明白白是一個對世界冷眼疏離的人，用既惋惜同情又不屑嘲弄的態度來對待屈原近乎瘋狂的執迷。

《詩經》、《左傳》、《論語》裡不會有這樣的情緒。《左傳》裡有很多戲劇性的故事，春秋時代的人有我們今天看來極端的行為，但他們沒有極端的情緒。即使是生死以之的事件，至少在記錄中都輕描淡寫，視之為當然，沒有呼天搶地，沒有狂亂嚎叫。屈原的行文卻構成了強烈對比，不斷地召喚極端的情緒，一直無法自拔地沉溺在憂鬱與死亡的陰暗中。

〈離騷〉徘徊在死亡邊緣，〈招魂〉則根本就是與死亡共處的描述。〈招魂〉也不一定是屈原的作品，但那樣的文章表現方式，可以讓我們清楚看出楚文化中生與死沒有截然界線的思考、感受方式，如何影響了屈原。

10 屈原擁抱黑暗，儒法擁抱新時代氣氛

前面提過，橫亙於我們和春秋時期歷史之間的一道障礙，是那個時代的人對於更高原則的強烈信仰，忠於原則的強度甚至超越了保存生命的本能。這樣的信仰信念，必然和封建制度、封建下的貴族教育有關。封建制度的瓦解，貴族教育的高度變形，也必然使得這樣的心態動搖了。

戰國時期的孟子仍然對於人的自我控制、自我完成、自我盡善其角色，有著樂觀的期待。這是他的「性善論」的主張基礎。他相信人可以回來認知「本性」，做好「本性」賦予你的道德角色。

然而到了比孟子稍晚的荀子，以及那個時代氣勢愈來愈高漲的法家，他們在這方面的看法就不再如此樂觀了。他們看到的是人性的失敗，是人性發揮所帶來的災難。愈來愈難找到人的高貴性，愈來愈少見到人的自我信念所帶來的高貴行為。由現實裡，產生了荀子和法家的「性惡論」

主張。

在這樣的變化過程中，屈原也有其特殊歷史意義。屈原戲劇性地顯現了那個時代的悲觀和黑暗氣氛。人是黑暗的，世界是注定要失敗的，夢想和期待只會引來憂鬱與悲憤。在這一點上，屈原的感性心情和荀子、法家的理性陳述是一體兩面。屈原被動、消極地指向光明希望的破滅，荀子、法家則積極擁抱不再抱持光明希望的新時代氣氛，並以此為前提，試圖創造出不一樣的社會構成方法。

第五講

重讀《孟子》

01 楊朱為何「拔一毛而利天下不為也」？

從春秋末年到戰國中期，墨家一度大盛，深具影響力。也就在這個時期，墨家和儒家形成了明確的對抗關係。這樣的競爭角力，最後是以儒家在漢代大獲全勝收場，於是大約自漢武帝時代開始，作為儒家大敵的墨家也就被推入中國集體意識的陰暗角落，噤聲、沉默、被遺忘了。

然而因為那樣的一段激烈競爭狀況，墨家對於儒家在戰國時期的發展，其實有著極大的作用。戰國時期的兩位大儒——孟子和荀子，都清楚意識到墨家的存在與挑戰，他們兩人思想中的同與異，也往往是來自和墨家交鋒的結果。

要證明戰國時期墨家的影響力，最明白的一句話來自《孟子．滕文公下》：「楊朱、墨翟之言盈天下。天下之言，不歸楊則歸墨。」孟子是個善辯者，善用誇張修辭，我們對他說的話當然不能百分之百接受，但就算打個折，也還是顯現了墨家在當時的實力。這句話另外還為我們保留了一點關於楊朱的材料。在後世，楊朱比墨家被遺忘得更徹底。

孟子簡要地批評楊、墨：「楊氏為我，是無君也；墨氏兼愛，是無父也。」孟子的著作留了下來，得到很高的地位，於是很長一段時間，「楊朱為我」、「墨子兼愛」就成了許多人對這兩家主張最明確的印象，而且理所當然從「無君」、「無父」的負面批判立場來看待楊朱和墨子。

仔細析讀《墨子》原書，我們知道墨家的主張有其內在理路，有其複雜之處，更重要的，有其對應當時戰爭實境人民苦痛的焦點，才會產生那麼大的影響力。同樣地，我們恐怕也得用不同心態、不同假設來看待楊朱。如果真如孟子所說，楊朱就是主張「拔一毛而利天下不為也」（《孟子・盡心上》），怎麼會一度風靡，成為顯學？

「拔一毛而利天下不為也」應該是楊朱說的沒錯，孟子沒有冤枉他，但楊朱會說出這種看似荒謬的話，有其背景與邏輯理路。楊朱的極端說法，有一部分是針對墨子、墨家的「兼愛」而來的。兼愛要求平等地愛所有的人，怎麼愛自己就怎麼愛別人，怎麼愛父母兄弟就怎麼愛其他非父母兄弟的人，這樣就能夠達到「非攻」、不打仗的目的。

然而「兼愛」主張中有個根本的矛盾，那就是到底要愛自己還是不要？用對待自己的方式對待別人，換個方向看，也就是用對待別人的方式對待自己，那明顯是不愛自己。可是又要推己及人，那不也就是用不愛自己的方式來對待別人、不愛別人了嗎？從邏輯上看，我們不可能又愛自己又兼愛天下，只能既不愛自己又不愛別人，才有可能在對待上平等。愛本來就帶有分別心，為什麼說我們愛自己？不就是因為我們看重自己遠超過別人，總是保護自己、追求自己的利益嗎？真正平等對待自己和別人，從定義上看，我們就不再愛自己了嘛！

於是楊朱提出相反的主張，真正要讓這個世界沒有爭戰，絕對不是像墨家說的那樣大家愛在一起，而是每個人只愛自己，真正徹底的自私，除了自己，不考慮別的。你只求自己活得好，別管什麼家庭、親族，除了自身以外都不干你的事。

「拔一毛而利天下不為也」是這種態度的絕對說法，人只「為我」，不去管別人，不侵犯侵奪別人，甚至也不關心幫助別人。要關心要幫助，你的心就超越了自己，要善待父母、要照顧子女、要效忠國君，那麼你的分別態度必然就對非父母、子女、國君的人產生了歧視傷害。都別想這些，只想自己，只管自己，每個人都以這種方式活著，就不會有戰爭了。戰爭帶來生命與財產的巨大損失，如果只管自己，追求讓自己繼續好好活下去，誰會願意打仗？沒有人願意冒著生命與財產的危險去打仗，戰爭豈不就打不起來了嗎？

02 從格言式真理，到口號式論辯

表面上看，「兼愛」和「為我」極端相反，但深入些看，孟子所指的這兩大顯學，內在其實緊密關聯。論理上的關聯，在楊朱凸顯了墨家主張的弔詭——兼愛只能使人都不愛。不可能「視路人如兄弟」，現實上只會變成「視兄弟如路人」，甚至「視自己如路人」。人人不珍惜自己，輕視自己的生命與利益，戰爭非但不會終止，還將打得更厲害、更不可收拾。

另一項關聯在於用心。墨家和楊朱的前提是同樣的——如何終止戰爭？他們都是針對戰爭型態改變、戰爭規模擴大、戰爭發生頻率升高帶來的慌亂、痛苦感受而來的。他們都試圖找出徹底的、一勞永逸式的辦法，來解決戰爭、終止戰爭。

換句話說，他們針對的是同樣的社會集體現象，同樣地要尋找一個可以用簡單的標語彰顯的徹底解決方案。墨家說：只要我們都愛別人，就可以不再打仗了！楊朱說：錯了，倒過來，只要我們都堅決只愛自己，就可以不再打仗了！

從這個角度看，我們就比較容易了解：為什麼這兩家的主張會在當時帶來席捲式的號召效果？為什麼這兩家會被相提並論？因為他們切中了當時一般人最大的困擾與痛苦，也因為他們提出了簡單的、標語口號式的答案。簡單，所以不需什麼知識，不需複雜思考，很多人都聽得懂；又有標語口號，所以也就可以快速傳播，蔚為流行。

到了戰國中期，百家爭鳴的激烈競爭不只刺激出更多的想法與主張，而且刺激出如何更有效推銷想法與主張的試驗。試驗的結果，就是「辯」的風格出現。前面說明過墨家如何從一個庶民樸實的起源，到戰國轉而重視、開發「辯」的方法。墨家和楊朱擅長的「辯」法，至少由孟子的整理來看，就是找到一個統納的概念、標語，將盡可能多的議題擺放進去，形成對應時代問題的萬靈丹。

如此呈現意見的風格前所未見。《論語》中沒有太多「辯」，《論語》的基本表現形式是格言式的，直接說出答案，告訴你什麼是什麼、什麼是對的、什麼是應該做的。格言的特性就是再沒有太多說明，當然也就沒打算要辯論。例如「一日之計在於晨，一年之計在於春，一生之計在於勤」，這就是典型的格言，簡單、直接、整齊，不多解釋，沒得商量。

《論語》裡孔子的發言仍然帶著強烈的封建秩序下的真理姿態。但這樣的姿態一到戰國就維持不了，人們不再單純接受這些簡單的語言，馴服地視之為真理。格言式語言的真理權威跟隨著封建秩序崩壞、瓦解了。

現實中，我們可以清楚體會這種變化如何發生。在我們這一代人有限的生命經驗中，就留下了格言失效的清楚印象。小時候理所當然接受「一日之計在於晨，一年之計在於春，一生之計在於勤」，早上稍微晚起就有罪惡感，一年開頭一定要寫下一份密密麻麻的計畫；或者是理所當然接受「做一個活活潑潑的好學生，做一個堂堂正正的中國人」，對於「堂堂正正」四個字有著強烈的感受；或者是每天進出教室就看到牆上大字寫的「青年守則」：「忠勇為愛國之本，服從為負責之本，孝順為齊家之本……」一直到「助人為快樂之本」。

現在誰還理這些啊！誰還會因為一句簡單的話寫在黑板上、牆上，就認定那應該是有道理的。現在的孩子要問各種問題：為什麼一定要早起？為什麼春天比夏天或秋天重要？勤勞就是做事情最好的方法，就能保證成功嗎？

多出來的，是一個潛在的基本假設：要我聽什麼、接受什麼，你不能光是告訴我，你得說服我。不能只說「就是這樣」，要說出理由與原因。從春秋到戰國，不只是言論主張改變了，更基礎的，表達主張的形式也改變了。內容與形式，兩者牽連變化，互相影響拉扯。

一旦進入「論辯」的時代，就要講究論辯的有效性。墨家和楊朱之所以能一時橫掃天下，是因為他們找到一種能夠與更多人溝通、說服更多人的言論風格。孟子對他們的主張極不同意，因此對他們的言論能有那麼大的影響力忿忿不平。那怎麼辦？孟子也得樹立起自己的論辯風格，才能和楊、墨對抗。

03 孟子：言語和信念的鬥士

放在歷史的脈絡下，容我提醒：孟子如何說（他呈現道理的風格、形式）和他到底說了什麼同樣重要。戰國時代是個「雄辯時代」，蘇秦、張儀那些縱橫家當然是靠著一張嘴善言雄辯，穿梭於各國之間興風作浪，但雄辯絕對不是縱橫家的專利，甚至不是縱橫家發明的。我們應該倒過來看：一個傳統信念快速瓦解的社會，迫切需要尋找新的處世行為原則，一時之間湧現眾多不同的主張，嘈雜紛亂地爭著要說服迷惘困惑的世人。在那樣的多元言論環境中，主張要被聽到，需要特殊的技巧；主張要被接受，更需要特殊的技巧。

雄辯就是在這種時代背景中產生的說話技巧。墨家早早意識到說話、論辯技巧的重要性，在他們的家派知識中有了〈墨辯〉，那是一套很講究的說話、論辯方法論。進入戰國時期，言論更加熱鬧混亂，進而出現了專門探索語言規則、玩弄論辯盲點的名家。說話，不再是一件直覺、自然的事，正式成為一門技術、一份本事。

縱橫家是將這份技術、本事特別用在國與國外交策略上的人。與縱橫家約莫同時代的孟子、莊子，則將同樣的技術、本事用來溝通和傳遞價值判斷。莊子向一般人傳遞超越人世的廣大精神宇宙，孟子溝通的主要對象則是國君，傳遞的價值信念是儒家的人道主義。

傳統閱讀《孟子》的方式，很可惜地，沒能讓我們欣賞、領略孟子的雄辯本領。《孟子》精彩之處不在他提出的想法，而在他如何處於一個對儒家信念極為不利的境遇下，頑強不懈地堅持找到方式凸顯這套信念的優點，毫不讓步地和其他更流行、更迎合君王心意的學說纏鬥。

孟子是個言語和信念上的鬥士。他的信念有很大一部分承襲自孔子，也就是承襲自孔子信奉的周代王官學傳統，那絕非什麼新鮮刺激的東西。相反地，那是被當時許多人認定應該丟入時光垃圾桶的陳舊概念，但看看孟子如何以雄辯姿態，將這些東西說得活潑靈動、強悍生猛，相較於他人提出的怪奇之論，絲毫不顯疲態！

《孟子》和《荀子》形成清楚的對比，不只是傳統上認知的「性善論」和「性惡論」的對比而已。更重要的是文風，是說話方式的對比。孟、荀同屬儒家，兩人有許多同樣的基本信念，兩人的書中也說了許多類似的道理，然而不管再怎麼類似、接近的道理，由孟子說來和由荀子說來，就是給我們很不一樣的感受。

不是來自內容的差異，毋寧是風格乃至人格的差異。孟子的雄辯風格，一部分來自於時代影響。孟子出生於西元前三七二年，荀子出生於西元前三一三年，雖然只相去六十年左右，但所處的時代氣氛已有根本的變化。孟子的時代仍然是百家爭鳴、言論互激、一切處於未定的情況，從國君到小民，大家都焦慮地尋訪對於現實戰亂不安的解決之道。到了荀子的時代，前面的長期多元激盪開始收束整合。荀子本身整合了儒家和法家，他的學生韓非更進一步整合了法家和道家。

換句話說，孟子身在言論的戰場上，強敵環伺，必須隨時打起精神不斷戰鬥；到荀子時，戰場已經初步清理，只剩下幾個還站著的強者，不再必然戰鬥，轉而想著如何重整彼此關係，找出停戰的辦法來。

04 孟子的雄辯現場：王何必曰利？

從一個角度看，《孟子》比較接近《論語》，而遠離《荀子》。因為這本書不只記錄了孟子說什麼，還將孟子在什麼狀況下、對誰說這些話的外在條件，都交代得清清楚楚。千載之後，我們都還能透過這些記錄，想像還原孟子當年的論辯實境。

莊子也是個了不起的雄辯家，然而《莊子》書中呈現的，是一種紙上的、想像的雄辯。書中沒有給我們現實的辯論場景，少數如莊子和惠施的對話，讀起來總是比較像寓言，而非現場記錄。《莊子》傳遞的比較像是一個有劇本、操控好的舞台，那些質疑、挑戰莊子的人，仍然是劇本裡本來就安排好的角色，按照他們的腳本說話，製造出應有的舞台效果。

我們當然不能天真地將《孟子》所記錄的一切，都當作事實看待。重點在於，《孟子》的寫法就是企圖讓我們感覺這是真實發生過的一場論辯，真正的君王、真正的問題、真正的往來論難，用這種方式傳達出再強烈不過的現實感。書中浮現出來的，是一位不怕面對現實問題、不談抽象理想理念的人，活在和別人的熱鬧互動中，不是在自己內在的思考與想像中。

採取如此具現實感的書寫策略是有道理的。正因為從王官學到儒家的信念，在孟子的時代是古舊的，很容易被視為只適用於一個單純的逝去年代的道理，缺乏現實意義，於是要讓人們願意聽儒家信念，就先得想辦法把現實擺進來。

《孟子》第一篇是〈梁惠王〉，開篇第一件事就是給了一位真實的國君——梁惠王，給了讀者看來像是現場記錄的對話。

「孟子見梁惠王。王曰：『叟不遠千里而來，亦將有以利吾國乎？』……」孟子是個游士，沒有固定的官職與身分，不斷從這國跑到那國，對國君提供國政上的分析與建議。因此梁惠王見面的問候客套話，理所當然就是：「啊呀，老先生千里迢迢來到我們這裡，想必會給我們帶來很有用、可以帶來利益的協助吧？」

像孟子這種人，是國君的流動幕僚，到任何一個地方，最主要的目標一定是說服國君接受他們的主張，進一步任用他們協助處理國政，所以梁惠王的問候很普通、很正常。「利吾國」，是國君判斷要不要接受游士意見天經地義的標準。

孟子來到梁國之前，已經有了一定的名氣，才能直接見到梁惠王。這件事發生在西元前三三八年，那年孟子四十四歲，梁惠王開口稱「叟」，顯然不完全針對孟子的實際年齡，有衝著孟子名聲而來的尊敬之意。

梁惠王絕對沒料到，初次見面如此平常的招呼語，竟然引來孟子的否定，外加一大段訓誡。「孟子對曰：『王何必曰利？亦有仁義而已矣。……』」孟子的回應是：「王幹嘛要提利益呢？難道你不知道比利益更重要的是仁和義嗎？」

梁惠王顯然來不及弄清楚狀況，孟子已經滔滔不絕地鋪陳其道理：「『王曰：「何以利吾國？」大夫曰：「何以利吾家？」士庶人曰：「何以利吾身？」上下交征利，而國危矣。……』」譯成白話就是：「國君問：『如何對我的國有利？』大夫問：『如何對我的家有利？』沒有封地的士和庶民就問：『如何對我自己有利？』上上下下都求利，互相爭奪利益，這個國可就危險了。」

國君考慮國的利益，擁有封地的大夫就會相應考慮自己封地的利益，同樣地，士和庶民就會考慮自身的利益。從上到下，想的都是從自己出發的利益，然而上下的利益彼此交錯，這方的利益增加了，很可能就損傷了那方的利益，因而考慮利益必然產生利益衝突與爭奪，這是「危」的來源。

《史記．太史公自序》中有一段話說：「《春秋》之中，弒君三十六，亡國五十二，諸侯奔走不得保其社稷者不可勝數。」《春秋》經文記錄的兩百多年間，就發生了三十六次弒君事件，正式被滅亡併吞的國高達五十二個，平均六年多就有一位國君被殺，平均四年多就有一個國滅亡。這種狀況進入戰國之後，只會更加嚴重、激烈，所以孟子直接在梁惠王面前說：「『萬乘之國，弒其君者，必千乘之家；千乘之國，弒其君者，必百乘之家。萬取千焉，千取百焉，不為不多矣。……』」

譯成白話就是：「具備萬乘實力的大國中，弒君的一定是具備千乘實力的大夫；具備千乘實力的中等國家中，弒君的一定是具備百乘實力的大夫。這些大夫的實力都已經達到國君的十分之一——萬中有千，千中有百——了，難道還算少嗎？」意思是自己已經擁有那麼多了，為什麼還要弒君呢？

因為「『苟為後義而先利，不奪不饜。……』」孟子的解釋是：「如果大家都只想到怎樣是有利的，不考慮也不在乎怎樣是對的、正當的（義），那就會產生這種不論自己已經擁有多少，都一定要爭奪更多，不去爭、不去搶就無法滿足的現象。」

孟子前面說：「上下交征利，而國危矣。」到這裡他傳遞的訊息更直接、更迫切了，實際上是：「上下交征利，而國君危矣！」如果國君不希望遭遇這種弒君爭奪的危險，那就應該聽下面的建議：「『未有仁而遺其親者也，未有義而後其君者也。王亦曰仁義而已矣，何必曰利？』」

譯成白話就是：「應該趕緊停止強調利、追求利，轉而提倡仁義，仁義反而才對國君最有好處。相信仁、行仁的人，絕對不會忽略、遺棄他的親人；相信義、遵義的人，也絕對不會輕蔑、傷害他的君王。」

這裡孟子給了「仁」與「義」最簡單的行為定義。「仁」就是遵從倫理，看重親人；「義」就是有一種堅持正當行為、不做不該做的事的信念，規矩上國君在前，那麼實踐上就不會將國君放到個人考量之後。然後孟子將前面說過的話，當作總結再說一次：「王，你應該說仁義才對，不要再說利了。」

05 孟子的雄辯現場：賢者而後樂此

《孟子》開頭第一篇，就展現了孟子複雜的雄辯思維。他毫不留情地給梁惠王當頭棒喝，抓住梁惠王見面客套話中的「利」字大做文章。但我們不必替孟子擔心，梁惠王聽了這番話會發怒翻桌，因為雖然明白地說「不必曰利」，但只要梁惠王仔細聽進孟子說的，立刻會推論出孟子話中有話的主張：其實從國君的角度看，仁義才是大利，提倡仁義才真正符合國君的利益。「曰利」，把利掛在嘴上、放在心上，讓國中臣民都嘴上說利、心頭想利，反而是對國君最不利的。

孟子不是個傳統主義者。他對梁惠王主張「仁義」，理由不是因為仁義就是對的，或仁義是古聖教誨的、幾百年流傳下來的，或堯舜先聖都奉行仁義，所以今天的國君也應該效法。不，他其實是順著梁惠王對「利」的重視，否定梁惠王原本認為的「利」，教他若真要有利於自己，「仁義」才是正確的答案。

孟子沒有直接用「利者非利」一類「正言若反」的表達方式，但他的推論實質上仍屬於弔詭悖論。他的雄辯以指出對方的想法「似是而非」來展開——你以為追求「利」就必然有利，不，這個想法錯了，追求「利」反而會帶來「危」，帶來禍害；追求「仁義」才能真正帶來利。

貫徹《孟子》書中雄辯的主軸，就在於將當時一般人，尤其是國君視為落伍、無用的人倫和仁義等周文化傳統價值，表現為最適合、最能應對當時環境的觀念。在這點上，孟子和孔子很不一樣。孔子夢想的是取消春秋時代變動、破壞的力量，回歸西周原始狀態，那麼舊有的倫理條目、人格常規就都能恢復並發揮其作用了。孟子卻主張，不必回撥時鐘，不可能退回周初情境，就在戰國的現實中，仁義為首的這些倫理條目、人格常規都還有用武之地，甚至都還是最好用、最有用的。

《孟子．梁惠王上》再度示範、顯現了這種悖論雄辯的風格。「孟子見梁惠王。王立於沼上，顧鴻雁麋鹿，曰：『賢者亦樂此乎？』……」孟子又見到梁惠王，但這次不在宮中，而是在園林水池邊。梁惠王環顧欣賞園中養的禽鳥和走獸，對孟子說：「賢者也喜歡這樣的享受嗎？」「賢者」既是對孟子的敬稱，也是梁惠王帶點不好意思的疑惑。梁惠王喜歡園林動物，但又意識到這種享受似乎不符合傳統賢君的形象，所以問孟子怎麼看。

「孟子對曰：『賢者而後樂此，不賢者雖有此，不樂也。……』」又是逆反了梁惠王的預期，孟子的回答是：「只有賢者才能享受這種樂趣；不是賢者，就算有了同樣的環境、同樣的條件，都無法真正擁有如此享受。」

孟子顯然立刻明瞭梁惠王對於在他面前表現喜愛園林動物感到尷尬，甚至罪咎。一位賢者，尤其是擔任國君的賢者，依照傳統的道理，不應該追求這種樂趣，應該將心力放在照顧人民、管理國政上，公眾福祉重於私人娛樂。梁惠王此問，就是有了會被孟子批評教訓的準備，預期孟子會說：「不賢者而後樂此。」只有那些不像樣的國君才會將時間精力耗費在遊園賞鳥上！

但孟子偏不批評教訓。雄辯的一種手法就是故意違背聽者的預期，由此激發聽者的好奇、乃至震驚，於是對說者所言留下深刻印象。梁惠王不會想到簡單的招呼問候語會惹來最嚴厲的威脅，聽到孟子「弒君者」那一段話，一時片刻絕對忘不掉。同樣地，梁惠王怎麼想都想不到，孟子非但不批評他的個人園林享受，反而用贊成、稱許的口氣說：「賢者而後樂此。」

孟子接著解釋：「『《詩》云：「經始靈臺，經之營之，庶民攻之，不日成之。經始勿亟，庶民子來。王在靈囿，麀鹿攸伏，麀鹿濯濯，白鳥鶴鶴。王在靈沼，於牣魚躍。」……』」天啊，孟子竟然還正經八百引用了《詩經．大雅．靈臺》的句子，這是詠周文王的。我們可以想見梁惠王聽到時更強烈的驚訝反應：「我以為我在做一件賢者不該做的事，這位老先生卻不只嘉獎我享樂，還把我和周代開國的大賢君文王相提並論?!」

詩的內容描述了文王如何興建「靈臺」。先度量規劃，然後準備材料，因為民眾都來一起參與建造，所以靈臺一下子（「不日」）就蓋好了。原來規劃準備時，將進度訂得很鬆，打算慢慢來（「不亟」），沒想到民眾卻像是幫自己的父母做事一般賣力，很快就完成了。文王在靈臺周圍的園子裡，母鹿安詳不怕人地伏臥著（「攸伏」），細看那鹿長得很好，毛色光潤（「濯濯」），旁邊還圍著羽毛潔淨漂亮（「鶴鶴」）的白鳥。文王在靈臺邊的水池畔，觀賞水中魚兒擁擠跳躍。

然後孟子點出這首詩的重點：「『文王以民力為臺為沼，而民歡樂之，謂其臺曰靈臺，謂其沼曰靈沼，樂其有麋鹿魚鱉。古之人與民偕樂，故能樂也。……』」

孟子說的是：「文王運用眾人的力量來興建臺閣庭園，而人民是高高興興來做的。甚至這座樓臺稱為『靈臺』，這塘水池稱為『靈沼』，都不是文王自己取名的，是人民取的，用來顯示他們的心意。像文王這樣的古賢君，和人民同樂，所以能享受園林之樂。」

最後，孟子再用反例來強調：「『〈湯誓〉曰：「時日害喪？予及女偕亡！」民欲與之偕亡，雖有臺池鳥獸，豈能獨樂哉？』」

譯成白話就是：「反過來看，《尚書．湯誓》中，人民對著夏桀憤怒呼喊：『這個太陽啊（指高高在上的王），你什麼時候滅亡呢？我願意和你同歸於盡！』想想看，人民不惜和他同歸於盡，這種君王就算擁有園林動物，有辦法自己享樂嗎？」

關鍵不在園林動物，而在國君和人民之間的關係，在國君如何對待人民。繞了一圈，孟子其實還是回到這個主題上。但對於國君的享受，孟子把它從梁惠王要問的「該不該」，從邏輯上轉換為「能不能」。不該問賢者（好的國君）該不該如此享受，而該弄明白，如果不是賢者，不能好好治民，獲得人民的擁戴，那麼他根本就沒有辦法如此享受。人民擁戴國君，國君就能過得自在快樂；人民和國君對立，國君坐立難安，哪有任何享受可言？

06 好辯時代中不得已的大辯論家

「予豈好辯哉？予不得已也。」（《孟子．滕文公下》）這是孟子的真心話，他不能不辯。不只因為那是一個大家都好辯的時代，不辯、不會辯就無法將自己的主張傳遞出去。還有，孟子所要傳達的主張是違背時代潮流的，必須更費力氣才能說服別人，尤其是說服像梁惠王這樣的國君。

墨家或楊朱的出發點都是否定傳統制度，提出建立一個新的烏托邦的方式：大家都彼此互愛，或每個人只需要自私對待自己的世界。這些主張很迷人，因為那是和現實不一樣的。這樣的未來圖像相對也容易推銷，因為那是出於純粹的想像，從來不曾存在過。

孟子卻屬儒家，不論怎麼辯，他的儒家立場沒有動搖過。儒家的立場就是堅守封建秩序中的禮——人與人之間的身分規範與責任，做國君的要像個國君，當人民的也要依照人民的方式行為。孟子要「拒楊墨」，就必須說服別人，明明看起來那麼糟、也已經破破爛爛的舊傳統，仍然有價值，仍然有現實上解決問題的力量。

在論辯的大時代風潮中，孟子吸收了別人的技巧，又發展出許多自己的方法，他要追求的「辯」的效果，比楊、墨都要困難些。他要論辯並證明舊有的禮不該被拋棄，人不能擺脫禮去想像、建構「無父無君」的新天地。

《孟子．盡心上》：「人之所不學而能者，其良能也；所不慮而知者，其良知也。」人先天帶著特殊的能力與知識，不是後天學來的，那叫做「良能」、「良知」。稱之為「良」，因為那不只是天生的，而且還必然是好的。這是孟子「性善論」的基礎。

我們有怎樣的良能、良知呢？孟子說：「孩提之童，無不知愛其親也；及其長也，無不知敬其兄也。親親，仁也；敬長，義也。無他，達之天下也。」有人教你要愛自己的父母嗎？有人教你如何敬重兄長嗎？孩子那麼小的時候，很自然地就有「親親」和「敬長」的行為，顯見那是天生的，而不是學來的。「親親」就是仁的基礎，「敬長」就是義的基礎，由此可見，仁與義是天生的，是良能、良知。

由此推演：如果有人主張不要愛父母、只愛自己，那是違背人的天性的；如果有人主張不要特別親愛父母、敬重兄長，對待他們要和對待別人一樣，你別聽，因為兩者都是違背天性的。這是孟子用來「拒楊墨」的論辯利器。

07 性善：人天生就「識好歹」

「性善論」的主要目的，在於將傳統封建所提倡的「仁」、「義」建立在天性基礎上。然而孟子絕對沒有天真地主張「人天生就是好的」。「人性本善」指的是人天生帶著一些好的素質，不能被拋棄，更不應該被拋棄。這樣的善性是普遍的，每個人身上都有，所以將社會秩序建立在大家都有的善性素質上，是最合理、也最穩固的。

「可欲之謂善」，意思是我們如何知道「善」是普遍的？又如何知道「善」有什麼內容？在論辯上，孟子有個簡單的答案——看看有什麼東西是大家共通喜歡的、欲求的。

我們每個人都喜愛好吃的東西，都喜歡漂亮的東西，好吃的、漂亮的就是「善」。同理，我們每個人也都喜歡秩序、條理，所以秩序、條理也是「善」。牆上的畫看起來掛歪了，沒人要求，我們也會忍不住去把畫擺正。一堆椅子放著，我們自然就會忍不住擺成前後左右對齊的一排排。店裡兩座鐘，一座鐘面是圓的，一座是不規則形的，我們自然會選完美圓形的那座。這就是人的秩序天性，內在的「善」。

依照孟子所說，我們人天生就「識好歹」，與生俱來擁有分辨各種好壞的能力。精確些說，「惻隱之心，人皆有之；羞惡之心，人皆有之；恭敬之心，人皆有之；是非之心，人皆有之」，人天生具備有這四種善。「惻隱之心，仁也；羞惡之心，義也；恭敬之心，禮也；是非之心，智也。」（《孟子・告子上》）所以，「仁義禮智」都是人天生的善。所謂「性善」，指的就是每個人都具備這樣的善。

人性不是一張白紙，高興在上面塗畫什麼都可以。孟子「拒楊墨」的其中一種方式，就是指出楊、墨極端為己或極端無私的主張，都是違背人性的。更進一步，孟子訴諸於「性善」解釋禮的來源，以及禮為何那麼重要，不能被廢棄。

古代（文明誕生之前）有人不懂或不行葬禮的，父母死了，就將屍體丟在溝裡。過了幾天經過那裡，發現父母的屍體被狐狸啃食了，上面爬滿蒼蠅小蟲群聚嚙咬。突然之間，他額頭上冒出汗來，只敢用眼角偷瞄，不敢正視。額頭出汗，不是為了給別人看，那是從內心發出的自然感情，直接表現在臉上。於是他回家拿了鋤頭等工具將父母的屍體埋了。埋了才是對的，孝子仁人好好埋葬親人，是有道理的。

對於禮的起源，過去從王官學延續到儒家，採取的是「聖人制禮」的說法。禮是聖人發明的，為了讓人可以離開動物性，變得更好、更文明。孟子沒有推翻「聖人制禮」，但改寫了聖人的作用。在「仁義禮智」的良能良知上，聖人和一般人沒有兩樣，聖人只是比一般人更早並更清楚自覺這樣的內在善性，將之落實律定為禮。禮是依照每個人內在善的本能而訂定的。

《孟子・萬章下》有一句話：「天之生斯民也，使先知覺後知，使先覺覺後覺。」意思是聖人就是「先知先覺」，先認識了人內在的善，察覺了善的道理，因而訂定禮來讓其他人也能知、也能覺。守禮，不是乖乖聽聖人的話，按照聖人規定的來改變我們自己，而是藉由聖人的先知先覺，喚醒並強化我們心中本來就有的「仁義禮智」。

後代宋明理學中，王陽明就進一步推擴孟子這個說法，用「成色分兩」來比喻我們和聖人之間的異同。我們和聖人所擁有的善性都是一樣的，就好像所有的「九九純金」有一樣的「成色」。我們和聖人不同、差別的，不是「成色」而是「分兩」，聖人的善性是比較大塊的「九九純金」，我們一般人比較小塊。良知良能的本體，所有人都有，而且都一樣純美，會有差別的是擁有多少分量。分量多的，能成就更大更多的善事；分量少的，善常常會被掩蔽而無法發揮，所以需要「先知先覺」予以啟發、協助。

08 依照直覺選擇對的、善的去做

孟子用他自己的觀念，重講了舜的故事。舜住在深山裡，過著一種野人的生活，他和同樣環境中的其他野人基本上都一樣，只有一點小小的差別，那就是「及其聞一善言，見一善行，若決江河，沛然莫之能禦也。」（《孟子．盡心上》）他特別受善言、善行所吸引，聽到善言、見到善行，便有如同排山倒海而來的力量將他拉過去，擋都擋不住。於是別人的善言就成為他的善言，別人的善行也就是他必然模仿複製的對象。

「善與人同，舍己從人，樂取於人以為善。」（《孟子．公孫丑上》）於是舜就藉由這一點差別而成了聖人。他內在評斷是非好壞的良能良知格外強大，大到使得他立即直覺地模仿善言善行，快速拋棄自身的不善或不夠善的部分。但請記得，舜所賴以成為聖人的，不是什麼神啟或天縱英明，而是大量吸收「眾人之所同」，大家都會有的善言、善行。

舜成了聖人，靠的是開發、擴大良知良能，也就是靠「習」，不斷吸收、調整、改造自己，一直讓自己變得更好。這就回到《論語》開篇第一段所說的：「學而時習之，不亦說乎？」「學」只是「知道」，「習」則讓「學」內化成為人生命中的一部分。後來童蒙教材《三字經》也簡單地歸納為「性相近，習相遠」——在本性上，我們和堯舜聖人都很接近、很類似，是「習」（後天的鍛鍊、修養）使我們變得不一樣。

孟子說：「堯舜，性者也；湯武，反之也。」（《孟子．盡心下》）意思是堯、舜本性就是聖人，他們按照自己的本性發揮了，理所當然就成為聖人；成湯、周武王則是以本性中的善，克服了其他不善的部分，努力使自己成為聖人。借用王陽明的比喻，堯、舜整個人格都是純金；湯、武還有一部分不是純金，但可以藉由後天的「習」來開發、擴大純金的部分，臻至盡善。

宋明理學有「程朱」、「陸王」之爭，兩派的差異可以用對於孟子一句話的各自詮釋來分判。孟子說：「萬物皆備於我矣。反身而誠，樂莫大焉。」（《孟子．盡心上》）程朱派將這句話中的「萬物」理解為「萬物的道理」，並和《大學》中所說的「格物」聯繫在一起，因而認定其意義為要下功夫格天下之物，讓萬物的道理都能夠儲存在自己的腦袋裡，於是人就可以不假外求，在做人做事上自給自足，這是最大的快樂。

程朱派將「萬物皆備於我」讀為祈使句，教人應該要這樣去追求；陸王派卻將「萬物皆備於我」讀成敘述句，意指人本來就具備萬物之理，並不是說你天生就知道這些東西如何構造、如何成長，而是說你天生就知道如何判斷所有東西的好壞、是非。東西長得正不正，不需要學，我們早有直覺評判；事情對不對，我們也早有直覺掌握。對陸王派而言，這才叫「萬物皆備於我」，忠於這種天生的是非善惡判斷，人就無入而不自得了。

必須說，從完整義理上看，陸王派要比程朱派更接近孟子的本意。天生具備對於事物是非善惡的判斷標準，這就是性善。只要不自欺，不要蒙蔽直覺的好壞判斷，依照直覺選擇對的、善的去做，我們當然就會成為好人。這是孟子最重要的主張。

09 以「本性」作為不容質疑的前提

在那個大雄辯時代，孟子的性善主張當然招來許多質疑和挑戰。《孟子》書中有一篇〈告子〉，就記錄了一個主要的挑戰者告子的主張。告子認為「性無善惡」，「性，猶湍水也，決諸東方則東流，決諸西方則西流。人性之無分於善不善也，猶水之無分於東西也。」人的天性像水一樣，可能流向東，也可能流向西，沒有一定，端看地勢高低，人也同樣受到環境影響，由環境決定了變成好人或壞人。

告子顯然是「環境決定論者」，相信「近朱者赤，近墨者黑」，人是由環境影響所塑造的，沒有或善或惡的本性。

善辯的孟子卻抓住告子用的比喻，發動反擊：「水信無分於東西，無分於上下乎？人性之善也，猶水之就下也。今夫水，搏而躍之，可使過顙；激而行之，可使在山。是豈水之性哉？」水之所以會東流西流，沒有一定的方向，不就是因為水總是往低處流嗎？水偶爾可以沖激向上，但那不是水的本性，終究水還是要往下流。水有往下流的本性，如同人有善的本性；水偶爾會違背本性往上沖激，就像人也會違背善的本性為惡。人性的確像水，但絕對不是如告子認定的那樣無善無惡。

人當然會做壞事，然而孟子看重、強調的是：人做壞事時，內在明白自己做的是壞事。對於善惡是非標準的敏感是天生的、不變的。孟子說：「舜何人也？予何人也？有為者亦若是。」（《孟子・滕文公上》）「人皆可以為堯舜。」（《孟子・告子下》）聖人和我們沒有絕對的差異，我們每個人都擁有成為聖人的先天條件，端看我們如何運用、發揮自己內在天生的善性。

孟子將自己的論理建立在「本性」上，也就是一個不能改變、不容質疑的前提上。這是論辯的策略，也是那個時代的潮流。社會太亂了，現實太亂了，接著連解釋現實的說法也各行其是、亂成一團，使人莫衷一是。在這種狀況下，很自然地刺激出一種想要找到可掌握源頭的衝動，希望能有固定的、不變的基礎讓人可以站立，不要什麼都在變，什麼都不確定。

莊子探索「自然」，同時代的孟子、告子則討論「本性」，都是要找出不變的、確定的基礎。建立了「本性」的主張，孟子也就有了「拒楊墨」的簡單立場：楊朱和墨家的主張都是違背人性的。進而，孟子用「本性」的論理給予「禮」新的定義。

為什麼封建秩序明明已經崩壞瓦解，還要維持禮？孟子給的答案是：因為禮源自人性，是普遍的，而不是依附於封建制度上的。禮固然是聖人制定的，卻不是聖人獨斷發明的。聖人的角色是發現你我內在都有的基本天性、善惡是非標準，以此訂定出一套相應的行為法則。不管現實怎麼變，人性不會變，那麼禮也就不會過時，始終有其權威與價值。

用這種方式，孟子重振了儒家，將儒家由一個枯燥地要求保留既有舊規範的立場，翻造為可以和其他諸子百家並立辯論的立場。他的性善論是在這樣一個戰鬥條件下浮現的，也是在這樣一個紛亂環境中發揮作用的。

孟子和所有的戰國諸子都不是悠閒、寧靜、致力於思考的哲學家，他們的首要身分是有攻有守的論辯者，他們的先決考量是如何吸引注意、如何說服聽者讀者。將戰國諸子放回熱鬧、嘈雜的歷史背景中，我們才能比較公允、貼切地理解並衡量他們的思想與主張。

第六講

重讀《荀子》

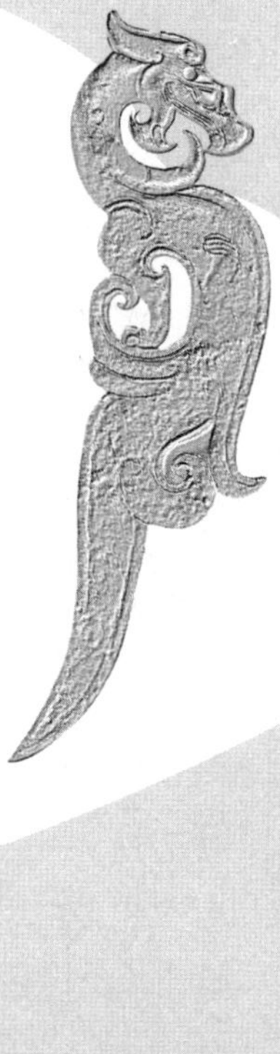

01 反對莊子：不求知天，應求知人

孟子最重要的敵人，是楊朱和墨家。荀子也有他的敵人，在《荀子．解蔽》中，他清清楚楚列出了名單：「墨子蔽於用而不知文，……惠子蔽於辭而不知實，莊子蔽於天而不知人。故由用謂之道，盡利矣；……由辭謂之道，盡論矣；由天謂之道，盡因矣。」墨子或墨家也在他的名單上，但楊朱不見了，取而代之的是惠子與莊子。

從孟子（西元前三七二年—前二八九年）到荀子（約西元前三一三年—前二三八年）的時代，曾經風光一時的楊朱很快就沒落消失，不過相應地，名家和莊子所代表的道家卻有著龐大的影響勢力。不只是各家言論的此消彼長變化，受到重視的焦點也有了微妙的不同。孟子攻擊墨家，焦點放在「兼愛」；荀子反對墨家，強調的卻是「蔽於用而不知文」，換句話說，是墨家「交相利」的功利主義立場。

這很可能反映了戰國時期墨家在論辯上的調整。他們特別凸顯「有用」、「有好處」、「對大多數人有好處」來加強主張的說服力。在眾多紛亂的主張中，如何判斷哪個比較好？墨家提出的答案是：看哪種主張能帶來最大利益，就是最好的、最值得信服的主張。

荀子集中攻擊墨家這個態度。有用、有利，不應該是全面的、絕對的標準。只重視有用、有利，就看不到其他更高的價值。除了有用、有利之外，人更有其他的需求，用今天的語言說，就是文化的、精神層面的需求。

荀子批評惠施所代表的名家是「蔽於辭而不知實」，說了很多話，一直在語言上打轉，但語言和現實之間的連結卻斷開了，只剩下沒有具體現實對應的一大堆語言。人為什麼說話？為了表達意念或道理。也就是說，先有意念、道理，才以語言為工具來傳達，意念、道理是本，語言是末。但名家將「名」，也就是語言，拿到最前面，反覆討論語言，講了一大套如何說話、如何表達的規律，裡頭卻沒有實質要說、要表達的意念和道理。名家沒有現實主張，沒有關於人生、關於社會、關於時代的看法，只繞著討論如何表達看法。

對於莊子，荀子的批評是「蔽於天而不知人」。莊子只知道自然，要人回返自然、模仿自然，卻不知道有人在自然之上所增益的事物。於是荀子說：「不為而成，不求而得，夫是之謂天職。如是者，雖深，其人不加慮焉。」（《荀子．天論》）那些不必努力求索就能得到的自然，幹嘛多想、多討論呢？「夫是之謂不與天爭職」，自然的就交給「天」去處理，不干我們的事，我們想再多、做再多也改變不了「天」。關鍵在於分清楚「自然」和「人」，「天有其時，地有其財，人有其治，夫是之謂能參。」人的任務在如何好好運用天地自然所給予的條件。

人不能違背自然，更不要去搶自然的職能，順從自然的道理是對的。但人要在自然給予的條件中努力創造出人的環境、人的成就，不能只是被動地自然活著。從這個角度看，莊子最大的錯誤在拚命地討論「天」，想要「知天」，去整理自然的規律，那是浪費精力。「聖人不求知天」，

「天」、「自然」是不可改變的前提，知道了也沒有用。

我們該做的是「知人」，也就是以「天」、「自然」為前提認真思考：人要做什麼、可以做什麼？人當然可以用「天」所提供的種種條件、資源創造出屬於人的秩序，做出「天」所沒有的人文成就。不需要也不應該一直去鑽研「天」的道理，妄想模仿「天」。「天」和「人」是分開的，「人」有人的道理、有人的責任。

所以荀子說：「大天而思之，孰與物畜而制之。」將「天」看得那麼大，時時刻刻思考、探究「天」，還不如盡到人的責任，好好利用「天」所提供的「物」，創造人為的、為人而安排的環境與秩序。

從孟子到荀子，儒家對於「天」和「自然」的立場有了巨大的改變。孟子將禮的根本追究到「性」上，也就是要給禮一個自然的來源基礎，主張禮是自然的、天生的，所以有其不可被取消的地位。孟子看待天性、自然的態度，和大約同時代的莊子相近，都認為「天」是理所當然的，依循「天」、依循本性也是理所當然對的事。

但到了荀子，「天」或「自然」不再那麼重要，至少不再那麼有說服力。自然只是背景，但若只看自然、只依循自然，就失去了人的立場。「人」的角色被抬高了，人應該要有在自然基礎上進一步運用自然的主動作為。莊子所主張的融入自然、順應自然，對荀子來說，那是放棄了人的作為，喪失了人的立場。人之所以為人，對荀子來說，就在於人能「物畜而制之」，控制自然所給予的條件，創造出人為的事物。

02 孟子的禮：人的內在感情有所本

荀子晚於孟子，而且他很自覺地凸顯自己和孟子之間的差異。雖然都屬於儒家，兩人所繼承、發展的理念方向卻很不一樣。

孔子出生於西元前五五一年，到前四七九年去世，活躍於春秋後期。延續西周封建王官學的傳統，孔子特別強調禮的重要性，而且明確地將「禮」和「法」視為既相關又對立的兩股力量。《論語．為政》：「子曰：『道之以政，齊之以刑，民免而無恥；道之以德，齊之以禮，有恥且格。』」用法（使用刑罰）只能讓人民因為害怕而避免犯罪，然而其心中沒有羞恥感，也就沒有自發的克己行為。相對地，以禮予以規範，人會發自內心遵從正當的行為法則。顯然，禮比法根本，禮比法更重要。

法是外在的威脅和強迫手段，是一種紀律、一種規定，背後含藏著讓人害怕的懲罰。孔子沒有否定這種手段的正當性甚至必要性，但這畢竟是次要的手段。在次要手段之上，有禮。依照孔子的看法，禮是一種由內而外、發自內心的合宜人際行為。禮的特殊之處就在內外的交融，內在情感和外在行為互動配合，彼此加強印證。

一所學校規定學生要有禮貌，看見老師、校長要大聲問好，不然就要記警告處分、罰跑操場，於是每個學生儘管心中不情不願、暗自咒罵，還是違背本心對著老師、校長大聲問好。依照孔子的概念，這種情況絕對不合禮，不是禮的實踐。

禮貌是外在的，然而禮貌的作用是在讓人執行外在動作時，體會、認知如此動作的內在道理。由外而內，啟發他內在一種尊重長輩的天性，於是他明白了禮背後的精神，不再是出於害怕受罰，也不是出於無意識習慣，而是出於一份真實敬長的心意，自然地跟老師、校長問好。這才是禮。

為了不使人誤以為禮不過就是一些固定的行為規範，經由反覆訓練後植入並管轄人的行為，孟子特別提出了一套完整的「性善」解釋。為什麼「人性本善」？因為人內在天生具備如何正確處理人際關係、與人良好互動的直覺，禮不過是將這些直覺系統化的結果。如此，「禮之本」就在我們內心，根源於我們的真實感情，禮也就絕對不是外來強加在我們身上的。禮不是一套訓練，不是反射動作，禮喚醒我們內在的共通情感，找出給予這些情感秩序的方式。

強調禮，強調禮之本，禮在人的內在感情上有所本，顯然就不能不假設「性善」——禮及秩序是從人的本性、本能而來。這是孟子學說和孔子思想最密切相關之處。

但荀子反對孟子的說法，尤其反對孟子的「性善論」，並針鋒相對地提出了「性惡論」。我們由此知道，荀子對於禮的看法，以及禮在他的學說中的地位，必定和孔子、孟子大不相同。

03 孟子的禮與法：禮是根本，法是衍生

春秋戰國時的諸子百家中，儒家占有特殊且曖昧的地位。從一個角度看，儒家是西周王官學的繼承者，其基礎信念、尊崇的典籍，乃至奉行的規約，都來自王官學。從另一個角度看，孔子卻將這套王官學教育內容從原來的貴族身分系統中抽離，改造成「有教無類」的普遍教育，去除了其中的貴族性質。再換另一個角度看，東周劇變環境下，隨著封建崩壞，舊有的王官學快速喪失了原本的權威地位，因而主張保存舊價值、舊秩序的儒家，也就必須和其他許多新興的學說激烈角力，爭取信從。

憑藉著個人能力與魅力，憑藉著龐大的弟子團體，自西元前五世紀以降，孔子掌握了封建貴族王官學的解釋權。原本屬於封建貴族的王官學，脫胎換骨變成了儒家的內容。脫胎換骨的過程中，有些部分被忽略了，有些部分受到強調。禮就是被特別拿出來強調的部分，尤其是禮之所以為禮（內在精神）的探討，是孔子格外在意的。

正因為禮是孔子思想的核心部分，所以在孔子死後，弟子們對於禮的解釋特別容易產生分歧，進而由思想上的分歧發展為不同的門派。《韓非子．顯學》說：「自孔子之死也，有子張之儒，有子思之儒，有顏氏之儒，有孟氏之儒，有漆雕氏之儒，有仲良氏之儒，有孫氏之儒，有樂

正氏之儒。」

後世將「孔孟」並稱，然而孔子和孟子不是同時代的人，孟子出生於西元前三七二年，距離孔子去世已經超過百年。孟子活躍的時代，儒家早已分為好幾派，孟子師承前面列舉的「子思」一派。子思是孔子之孫，受業於曾子，所以是沿著「孔子—曾子—子思—孟子」的系譜傳承的。

曾子、子思這派格外強調人的內在，尤其是修養上的誠心真意。順著這條思想脈絡，到了孟子，就更在意區分禮和法。禮和法不是兩套行為規範，禮和法不能放在同一個層次上來討論。禮是根本，法是衍生的、第二序的，只能看作是實現禮的一種手段，甚至是一種不得已、能少用就盡量少用的手段。

孟子主張每個人都有相近的天賦，那就是「性」。這項天賦讓每個人都「不教而能」，天生就有共通的喜好，喜歡吃的美味一樣、喜歡的舒服享受一樣、喜歡的人際秩序也一樣。看到好的東西，每個人都覺得好；看到危險的現象，每個人都覺得危險；看到對的行為，每個人都覺得對。這種直覺判斷能力既是我們「性」（自然天賦）內的「善」，也是人能夠集合起來建立一個「善」的社會的基礎。

禮不是特別聰明、特別有道德的人發明的，禮不過就是人人共有的「善」的反映，或者說，人人共有的是非好壞判斷累積起來的結果。喪禮、葬禮是怎麼來的？依照孟子的解釋，喪禮、葬禮不是聖人發明了交給大家來遵守、執行的，而是許多人從實踐中總結出來的，比如前面（參頁一六二）提過一個人將父母屍體埋了之後才覺得心安的例證。

禮源自天性和本能，守禮讓人強化、深化天性和本能上的這份「善」，因此人要用對的方式活著。從孟子的觀點看，這一點都不難，不假外求，相信、聽從自己的道德直覺，去除掉遮蔽、阻礙這份直覺的種種干擾，回歸本性就是了。

因為「性善」，所以只要回歸本性，就能做個對的人，過對的生活。有時我們迷失了，有時我們缺乏足夠的資源轉回本性，那麼孟子主張：我們可以藉由觀察、體會和我們具備同樣本性的其他人的善行，也可以透過遵行依照這種本性而訂定的禮來得到協助。禮的作用便是如此，重點不在禮本身，而在禮對我們內在真誠原意本心的啟發。

法的作用就更有限了。針對少數無法回歸本性、找不到內在可供依循善良判斷的人，法才會以外在強迫、懲罰的方式逼他們就範，讓他們不至於傷害別人、傷害自己。法當然是次級的，照道理說，絕大部分的人只需要禮，可以不跟法扯上關係。古代封建貴族的「刑不上大夫」，原是對身分的尊重，在孟子那裡就被理解為：有地位、懂得自尊自重的人，依靠禮就能自發地表現善行，不需要法的強迫紀律。

以「性善」為前提，孟子整理了禮和法的關係，還建立了一套完整的政治哲學，引誘、教導、督促國君保護人民，提供條件讓人民發揮本心，形成自主的社會秩序，那就是最好、最高明的統治作為。「不奪民時」、「保民而王」是孟子給國君的基本政治守則。

04 從「處士橫議」到雄辯風潮沒落

孟子的時代和莊子極為接近。西元前四世紀末到前三世紀初，這是個「處士橫議」[4]的時代，沒有了標準答案，沒有了固定的上下框架，誰都能發表意見，誰都在迷惘地奔走尋找答案。言論膨脹，但相對地，接受這些言論的對象卻沒有增加得那麼快、那麼多。這些言論訴求的對象，主要還是擁有權力的人。有權力的人才有辦法改變社會，這還是當時的普遍信念。於是不同的言論之間，就產生了愈來愈激烈的競爭。

從春秋到戰國，國與國之間的關係愈來愈緊張，兼併、亡國的事件發生得愈來愈頻繁，做一位國君也就愈來愈不容易、壓力愈來愈大。做錯一個決定就可能喪失好幾座城池，甚至可能從此失去國君的位子。而且必須要做的決定不斷增加，但用來考慮計畫和決策的時間卻不斷緊縮。

小國有小國的痛苦，夾在大國之間，武力不足以自保，不小心得罪了大國，兵臨城下立即就有亡國的危險。大國也有大國的困擾，不只是大國與大國之間彼此虎視眈眈地牽制，而且國中的其他大夫也可能不斷坐大，大到足以威脅國君，甚至僭越高位，取而代之。那樣的時代，當國君還真不是什麼好事，必須接受內外交迫的重重考驗。封建宗法規定讓你不能不做世子，然而破敗傾頹的封建宗法卻無法保證你不會被其他覬覦世子位子的人陷害、暗殺。同樣地，你不能不當國君，當上了卻無從知道自家的大夫在背後如何算計你，也無從知道鄰國接下來會有怎樣對你不利的舉措。

國君迫切需要協助，他們沒有餘裕可以忽視任何好意見、好主張。治理國家的工作中很重要的一項，就是不錯過、不放過任何新興有效的辦法，隨時積極掌握這些可能提供好意見、好主張的人才。處士橫議，「議」給誰聽呢？給這些身處內外壓力的國君聽。就算聽到覺得刺耳或荒謬的意見，那個時代的國君也必須學會容忍，因為若是得到「不聽」、「不能兼聽」的名聲，可能提供好意見、好主張的人就不願到他的王廷，這會給他帶來強烈的不安全感和危機感。

大家都有機會到各國國君前面表達意見，那就看你如何「議」，如何將自己的主張說得最有利、最有道理，也看你如何把別人的不同意見比下去，讓國君從這麼多「橫議」中選中你，按照你的意見行事，同時給你高位和權力。

如此產生了「雄辯」的風潮。「雄辯」成了那個時代共同的標誌、印記。

不過，也就在孟子、莊子活躍的時代，雄辯風潮有了下一波的重大變化。荀子出生於西元前三一三年，比孟子、莊子晚了六十年。到荀子去世的西元前二三八年，已經是戰國末年，再過十多年，秦始皇就完成統一，建立起新的帝國。

4 「處士橫議」一詞出自《孟子．滕文公下》：「聖王不作，諸侯放恣，處士橫議。」處士指有才學而不做官的人。

這六十年的差距饒富意義。等到荀子崛起時，雄辯風潮已經到了尾聲，處士橫議的現象也大幅收斂，不再熱鬧了。這種變化的背景，是這幾十年間國與國之間的爭戰局面，有了愈來愈明顯的強弱分野。

處士橫議成立的條件是列國競爭，人人有機會、個個沒把握。從春秋到戰國，幾十個國消失了，只留下「戰國七雄」加上零星幾個小國。在孟子的時代，這「七雄」之間又逐漸分出等級，韓、趙、魏、燕這幾國在實力上和齊、楚有一定差距，而這六國又都在實力上，愈來愈追趕不上西方快速強大的秦國。

到荀子的時代，已經不是「七雄」的平行競爭了。秦國已經確立了在列國中最強大、最可怕的地位。相應地，關於秦國崛起也就有了愈來愈確定的說法——秦國強大的關鍵，是秦孝公任用商鞅進行「變法」。而「商鞅變法」的關鍵意義，不在於訂定了怎樣的法，而在於將法的地位抬高到凌駕封建宗法規範，也就是「王子犯法與庶民同罪」這句話所代表的精神。

秦國靠著「變法」，得以由中原大國不看在眼裡的西方邊陲小國崛起壯大，威脅每一個傳統中原大國，不也就驗證出如何在戰國情境下治國最好的答案了嗎？處士橫議的現象消退了，因為能夠「議」、需要「議」的空間快速萎縮。有秦國壯大成功的現實在眼前，其他意見、主張能夠和法家平起平坐來「議」嗎？

這時候的言論狀況從原本雄辯的開放擴張，轉而朝向以法家為中心的收束合攏。梁惠王當國君見孟子時，他必須聽取幾十種不同意見，試圖從中找出最適合當時梁國的方針；然而等到秦昭襄王即位時，他不需要考慮那麼多主張，因為君臣早有共識，國家也有了基本的治理方向——富國強兵，以便凌駕於剩下的其他幾國之上。

追求富國強兵，一定得管得住人民。把人民管住，首先要讓他們盡量依附在土地上，不隨便搬遷。和平時期，他們是可靠的生產來源；遇到戰爭動員，他們是可靠的兵力來源。要可靠，當然就不能遷徙變動，不能今天在你這國，明天就搬到隔壁你的敵國去。

要打勝仗，就必須有嚴格的軍事組織與紀律。紀律的基礎是整齊劃一，減少差異，每個人都一樣，聽從命令做一樣的動作。

處士橫議的時代，面對身上可能帶有治國、救國祕方的游士，國君相對謙虛，因為沒有把握哪個主張真正有用、哪個又最有效，就不願也不敢錯過任何一個。到了荀子形成其學說的時代，這種狀態不存在了。對於富國強兵的國政，國君心底有了基本方案，不再是惶然的無頭蒼蠅。他們沒打算聽那麼多意見，他們需要的只是在大方向上的仔細規劃、調整。

王權不斷升高，不只對應於游士，而是在每個面向，國君和其他人之間的權力差距都在快速擴大。事實上，這也成了富國強兵方案中的一部分。國君的權力愈大、愈集中，就愈能夠有效動員進行生產和戰鬥，愈能夠提升國力打敗鄰國，進而將其併吞。現實的教訓看起來是：權力分散帶來組織鬆散，組織鬆散的國不論在生產或戰鬥上，都抵不過組織嚴密的國。

王權升高，像蘇秦、張儀或孟子那樣直接在國君面前侃侃而談，運用雄辯技巧驚嚇、甚至激怒國君，來讓國君留下深刻印象的做法也就不可能了。於是直接的、面對面的口語雄辯風格沒落了，取而代之的是間接的文章表達，游士對文理、邏輯和修辭的重視程度愈來愈高。問答對話不再流行，取而代之的是小心謹慎的嚴密說理。

05 荀子的禮與法：禮用學習，法用逼迫

荀子所處的時代，大不同於孟子的時代。那是大一統的前夕，那是大一統的思想與文化氣氛開始籠罩的時代。

荀子的中心思想和孔、孟大不相同，他主張禮是人為的，不是出於自然、共通的天性。孟子筆下的「聖人」智慧，在於整理、統合了人人皆有的內在禮的精神秩序，使其外在制度化。荀子筆下的「聖人」和一般人之間有不可跨越的差距，禮是靠聖人的聖性、超越的智慧創造出來的。聖人見到一般人見不到的，想到一般人想不到的，尤其是見到、想到了如何才能讓大家有秩序地一起過團體、社會生活。

依照荀子的說法，聖人創造的禮非但不是從一般人的天性而來，反而就是為了對治、矯正一般人的天性才設計的。禮是違背一般人的天性的，因為一般人的天性在沒有受到禮的約束、訓練

情況下是「惡」的，只有違背、限制這種「性惡」，才有可能創建好的、有秩序的禮的環境。禮是聖人造出來的，一般人則是透過「學」才變得有禮，進而接近聖人，成為合格的社會成員。

荀子和孟子很不一樣，而且是出於學說理論的根本差異，無法調和，也無法並容。孟子的思想中，禮和法分屬兩個不同層次的範疇，禮是源自人性的根本道理，法卻是不得已才設計、採用的補助手段。

相對地，在荀子的思想中，禮和法就沒有這樣的截然差別。禮和法同樣都是人為設計的外來秩序，與人的內在本性無關。禮是用教的、是學來的；法則是用逼迫的，出於避免懲罰而遵從的。換句話說，禮和法的區分不是本質性的，而是程度上的。禮管轄的範圍廣些，相對強制性沒那麼強；法的範圍較窄，相對強制性比較強。

人若是「受教」，那就學會了禮，遵守禮而成為合格公民。但要是「不受教」，那就由法予以強迫就範，仍然要回到行為框架中不得逾越。禮和法成了連續性的，最嚴格的禮，就進入了法的領域；最寬鬆的法，也就和禮的範圍重疊了。兩者之間沒有一條明確的界線。

人在「學」的過程中內化了規矩，以至於不再意識到規矩條文，那就是禮；沒有徹底內化，而讓我們感覺到應該遵守，若不遵守就會受到有形或無形的懲罰壓力，那就是法。也就是說，對一些人來說是禮的行為，對另外一些人卻可能是法，這因人而異，因「學」的成果而異，兩者之間仍然沒有一條明確的界線。

禮與法都是外鑠的，只是禮的外鑠作用較深入，到達內心；法的外鑠作用較淺，維持著恐懼威脅的因素。

有時代的變化因素，也有個性與信仰傾向的影響，孟子思想帶有高度的理想主義色彩。因為相信禮來自「性」，相信每個人身體中都具備構成禮的基本善性，孟子的思想也就對個人抱有較高的信任，主張每個人可以發掘自我內在善性，這就符合了禮的要求，也提升了自己的人格地位。孟子看重個人自我醒覺、自我意志，相對不那麼喜歡外來的強迫力量。外鑠力量只是讓人更有效地找回內在善性的協助而已。這是最簡單、當然也是最理想的方法，孟子要我們了解：「只要成為原來的、真實的自我，你就能同時成為好人，成為道德人格上高尚的人。」

06 荀子的影響作用和名聲地位的落差

由孟、荀差異還原孟子思想的大綱大本，我們就能看得清楚，孟子這種強調個人內在自主醒覺力量的看法，在中國傳統中從來都不曾是真正的主流。宋明理學中有「程朱」和「陸王」之爭，程朱派強調的是「格物致知」，是「學」；陸王派主張的則是「明心見性」。取徑上，程朱派接近荀子，陸王派接近孟子，兩派相持，勢力較大的明顯是程朱一派。而且程朱派還攻擊陸王派「流於狂禪」，不是中國孔孟的正統，是受到佛教、尤其是禪宗影響的產物。

事實上，理學運動就是在佛教的刺激下產生的，程朱一派說「性」、說「理」、說「氣」，何嘗不是從禪宗那裡得到了許多啟發？程朱派攻擊陸王派的理由，與其說顯示了「儒」和「佛」的差異，還不如說反映了人們長期以來不了解孟子、不能接受孟子理論的態度。

從政治上看，孟子更是邊緣。我們幾乎找不到哪個皇帝是真正相信孟子學說，遵從、實踐孟子政治理論的。雖然語言文字上都說「孔孟」，但若細究其內容，我們找到最明確的往往是荀子的主張和教導。「性善」的啟發，明顯沒有外鑠的教誨、訓誡來得重要。當然，對必須統治龐大帝國的皇帝來說，藉由「學」讓人民行為統一乖順，也要比保護人民、讓人民回歸自我本心來得容易又有利得多。

許多被視為中國文化長處的思想，傳統上歸於「孔孟」，實際上功勞應該追溯到荀子才對。同樣地，中國文化中許多被強烈批判攻擊的缺點，傳統上也習慣怪罪於「孔孟」，其實「孔孟」往往是替荀子背黑鍋的。

明明來自荀子的思想、學說，為什麼後來都不提荀子的名字呢？歷史上一個重要的理由是：荀子去除了禮和法之間的截然劃分，同時也去除了原本儒家和法家之間最清楚的區別。孔子、孟子的思想絕對不可能和法家有所混同。荀子的「性惡論」實質上將禮往法的方向推了一大步，也就使得自己的立場朝向當時日益壯大的法家靠近了一大步。

荀子教出了一個有名的學生，就是後來在秦始皇統一六國時發揮極大作用的李斯。荀子思想還強烈影響了一位同時代的論著者，就是韓非。李斯、韓非都不是儒家，而是不折不扣的法家。從秦王政到秦始皇，從秦國到秦朝，荀子的聲望、地位一直很高。但也因為如此，到了秦滅亡之後，荀子的聲望、地位也就隨著秦和法家的傾頹而快速崩落。

漢朝成立之後，花了六十年時間不斷摸索統治的方式。這六十年可以用太史公司馬遷的一句話統括，就是「漢承秦弊」。這六十年唯一不變的政治價值是：秦朝是個鮮明的錯誤示範，如果秦朝不是那麼糟，不是錯得那麼厲害，那也輪不到沛中無賴劉邦取得天下。漢朝新立，第一件要做的事就是檢討秦的錯誤，無論如何不能重蹈秦的覆轍。

漢文帝時形成的「與民休息」原則，就是檢討中產生的初步答案。秦之所以滅亡，就是使民過度，讓人民受不了，紛紛揭竿而起。反其道而行，那就盡量不要擾動，盡量安靜，盡量少做。

漢武帝時終於建立起漢朝自身的帝國統治法則，那是一套名為「儒術」、實質上摻雜了許多陰陽概念的「天人感應論」，但既然名義上「獨尊儒術」，當然還是把孔子抬了出來。孔子一時間幾乎被神化了，然而相對地，曾經和秦朝、法家有過密切關係的荀子，在這種氣氛下就不可能沾邊而得到什麼好名聲、好地位。

漢朝以降，雖然荀子思想的影響極大極深，卻因為和法家的歷史糾纏，使得他無法在儒家傳統中得到太多肯定。荀子的影響作用和名聲地位之間，一直有著很大落差。

07 用分類論理：民、士、君子、聖人

荀子主張，聖人有和大家都一樣的部分，那就是「性」。但聖人之所以為聖人，是因為聖人比較聰明，看出了「性」是惡的，如果放任人依照本性，那就會爭，就會彼此傷害。因而聖人以人為的設計，去彌補天性給予人的缺失。

禮是「偽」的。「偽」字在荀子的用法中不是偽造、虛偽的意思，他用的是這個字的本意，即「人為的」，和自然、天性相反的意思。禮是由聖人造出來的。聖人和一般人最大的差距，在於看到了一般人看不到的、找出了一般人找不出來的困境出路。

荀子論述道理時，高度依賴「分類」。他的基本論理模式，就是將紛紜複雜的現象先進行分類，然後再依類別推演。荀子論理時，很少談普遍的人，很少假定對所有人都有效的普遍真理。《荀子．儒效》中從「儒」的角度，將人進一步區分為聖人、君子、勁士、雅儒、小儒、俗儒、俗人、眾人、鄙夫等這麼多類。荀子很少概括地談「人」，他的視野中看到的不是「人」，而是複數的、差別性的類別。

在荀子的思想中，最基本的分類是將人分為聖人、君子、士和民四種。

荀子和孟子一樣，都相信並主張「人皆可以為堯舜」。堯、舜等聖人不是歷史上的某個非

凡、偉大人物，在特定的歷史時空條件下完成不可複製的功業，戰國儒家不是這樣看待堯、舜的。堯、舜代表的是人能想像的最了不起的成就，內在具備了仁義德性，外在又有充分權力可以實踐仁義，造福天下。然而關鍵在於，即使是堯、舜，即使是完成最了不起成就的人，和我們都沒有截然不可跨越的界線。我們和他們之間，有著明確可以由此至彼、從這裡到那裡的聯繫。

對孟子而言，從凡人到聖人的聯繫是共同的善性；對荀子而言，則是「學」。只要你願意學，知道怎麼學，人人都可以由士而君子而聖人，沒有先天命定的限制將你和聖人隔絕開來。

「學」有三個高下不同的層次：懂得學、實踐學的，能成為士；誠心嚮慕學的，能成為君子；徹底掌握學的，能成為聖人。靠著學，最高可以成為聖人，至少也能成為士，全都靠自己的決心與努力，誰能阻止我呢？

因為儒家強調學，尤其強調學一來不受限於他人，自己就能決定與實踐；二來可以突破既有的現實限制，使人「賤而貴，愚而智，貧而富」。做儒家的君子，收穫和效果可大了！不需要別人給你官位，你就有高貴、受尊重的地位；不需要別人給的俸祿，你就已經很富有；話還沒說出口，已經取得別人的信任；不必發脾氣就有威嚴；困窮時仍有名聲上的光榮；沒有人擁護支持時也能自得其樂。這些最尊貴、最富有、最莊重、最威嚴的資產，不都是從「學」累積而來的嗎？

荀子的理想社會，重點在於秩序，而秩序的關鍵又在於一個安排「分」的權力者、上位者。權力的根本作用，就是安排「分」——運用觀察與智慧，判斷什麼樣的人應該在什麼位置上做什麼事、承擔什麼責任。「分」安排對了，其他人只需依照自己分配到的位置與責任行事就好。換句話說，這個社會裡絕大部分的人是被動的，主動權握在上位安排「分」的人手中。

不一樣的人有不一樣的能力，該放在不一樣的位子上。安排「分」，有根本的層級法則。最低一層，是「民」。民的基本性質是隨俗，覺得別人怎麼做，自己也應該跟著做，追求物質上的富裕，認為把自己照顧好、妥善養生就是責任的極致，不會去想其他更廣更高的目標。

比民高一層的，是「士」。「行法至堅，不以私欲亂所聞。如是，則可謂勁士矣。」嚴格遵奉法令，自覺地節制私欲，不會「利令智昏」，被欲望沖昏頭而喪失基本智能，扭曲所聞所見。做得到這樣，可以算是剛強有原則的士了。

比士高一層的，是「君子」。「行法至堅，好脩正其所聞，以橋飾其情性。其言多當矣，而未諭也；其行多當矣，而未安也；其知慮多當矣，而未周密也。上則能大其所隆，下則能開道不已若者。如是，則可謂篤厚君子矣。」和士一樣，君子也必定嚴格遵奉法令，不過比士更進一步，君子還會以法令原則來修正自己，依照法令調整自己看什麼、聽什麼（類似「非禮勿視，非禮勿聽」的修養），依照法令矯正自己的本性。

君子說的話大多正確，只是他知其然而不知其所以然。他的行為大多正確，只是還未將行為法則徹底內化。他的思想大多正確，只是還未完整周密。君子對上能夠讓他推崇尊重的人擴展影響力，對下能夠指引領導不如自己的人。君子的主要德性，是「篤厚」。

比君子再高一層的，是「聖人」。「脩百王之法，若辨白黑。應當時之變，若數一二。行禮要節而安之，若運四枝。要時立功之巧，若詔四時。平正和民之善，億萬之眾而摶若一人。如是，則可謂聖人矣。」遵循經過百王反覆試驗的法則，像辨別黑白一樣容易；有了法則又能應對現實的變化，像數一二三同樣容易；行為合理入節不會踰矩，像運用四肢一樣自然；準確把握時間有所成就，像掌握四時季節一樣自然。而且有充分能力穩定政治、調和人民，使億萬人團結如同一個人般。做得到這樣，那就是聖人了。

聖人和君子的差異，在於成就規模大小，更在於成就的難度。君子必須透過自覺努力才能有如此成就，聖人做起來卻很容易、很自然。也唯有內化了這些原則價值，不費力就能依循，才有辦法完成大規模的功業。

08 和齊百姓，創造人為的和平秩序

聖人的特性是創立禮義規範，抑制人的本性。士和君子比聖人低一層，他們無緣參與制定禮義規範，但他們看得出禮義是好的、是對的，所以自覺地遵守禮義、衛護禮義。再低一等是「民」或「小人」，他們不懂禮義，他們的行為有時符合禮義、有時違背禮義，他們無法靠自覺合於禮義，必須經由外在的力量來約束。

荀子還劃分出比小人還低、還糟糕的一類人，那是「役夫」或「鄙夫」，這種人不遵從禮義，而且會淆亂禮義、顛倒是非。這個分類，明顯是為荀子的論敵們而設的，那些他反對、不同意的人，就被歸入比小人還差的「役夫」、「鄙夫」中。

雖然藉由學，荀子設想了各種不同分類之間的流動可能性，然而他的聖人帶有兩種不完全一致的性質。「法先王」的聖人，可以藉由學而臻至聖人的地位；但更重要的還有「先王」，那些首先人為地創立禮來矯正人性之惡的原始聖人。「先王」的聰明洞見不可能來自學，只能來自某種神祕的特質。孟子的「性善論」可以解釋聖人的來歷——只要向內挖掘本性，就能找到善性；相對地，荀子的「性惡論」無可避免使得聖人帶著與一般人不一樣的特質。

在論理上，荀子的主張經常游移於「分類」究竟是固定的還是可流動的。例如談到「役夫」時，荀子形容他們是「聽其言，則辭辯而無統。用其身，則多詐而無功。上不足以順明王，下不足以和齊百姓。」（《荀子・非相》）很會說話，說得天花亂墜，卻沒有系統，沒有真正的道理；讓他做事，狡猾而無效率；對上不服從，對下沒有領導能力，這種人是「姦人之雄」。那要如何對付「姦人之雄」呢？荀子的主張不是教化改造他們，而是「聖王起，所以先誅也，然後盜賊次之。盜賊得變，此不得變也。」把他們抓起來殺了再說，而且要優先抓、優先殺，比抓盜賊、殺盜賊還要迫切。

荀子不認為「姦人之雄」有可能改變，因而他主張的治理方式是先辨識、歸類，被歸入為像「役夫」這種有害類別的人，就將他們消滅掉吧！在這個態度上，我們可以明白看出荀子和法家相接近之處。

在根柢精神上，荀子仍然是儒家，因為他重視禮。對荀子來說，禮的起點是「分」，給每個人確定的位置、身分，同時給予和這個位置、身分相應的規矩。禮是聖人以超越的智慧制定下來的，因而什麼人該在什麼分類有什麼位置，也是由聖人超越的智慧所決定的。

孔子、孟子的禮帶給人內在自我修養，最重要的作用在於教導、引導人做對的事，成為更好的人。但荀子思想中禮的作用，明顯偏向於外在的、集體的一面，而非內在的、個人的。荀子的禮主要作用是「和齊百姓」，讓每個人按照自己的身分齊一行動，壓抑、去除本性中的亂與爭，創造一種人為的和平秩序。集體的和平秩序才是至高的目的，其位階高於任何個別的人。

荀子教出兩名學生，一位是法家理論的集大成者，一位是法家統治最重要的實踐者，這樣的結果顯然不是偶然，也並非意外。在荀子的時代，戰亂拖得更久了，帶來的破壞與傷害更深了，人們對於新秩序的渴望也就連帶更高了。高到幾乎願意付出任何代價來換取和平，換取一套可實現的秩序。同時，封建舊觀念對人們的牽制和約束，到這時也已蕩然無存。

墨子、楊朱所提出的激烈、極端主張，雖然流傳一時，卻因為和遺留的舊秩序、舊觀念嚴重牴觸，畢竟無法真正落實，只能以空想的理論形式存在。但社會狀況持續惡化，終至連封建殘餘信念都維繫不住了，原先的人與人關係徹底消失，於是有了重新從根柢上設想新關係的空間，可以在其中提出建立和平的具體主張。和平的需要超越了一切，集體秩序的需要超越了任何個人考量，在這點上，荀子和法家的態度是一致的。

第七講

法家與秦的興起

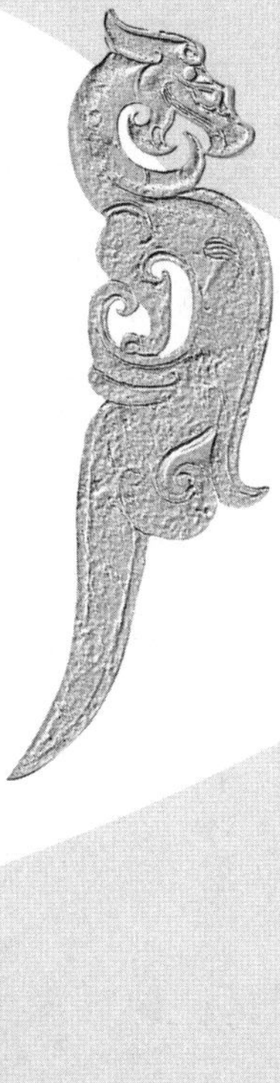

01 將問題意識從天下縮小到君王

諸子百家針對周代封建瓦解後提出了種種對策和主張，各家的思考、答案紛紜歧異，然而這些思考、答案應付的是同樣的現實環境。

儒家的根本主張是復古，堅持原有的封建秩序是好的。復古的方式則是找出封建的核心價值，那就是「禮」。藉由「禮」的教化，使得人人守禮來重建秩序，終結戰爭與亂局。

道家反對保留封建舊制，主張尋找比封建更古老、更普遍也更恆常的「道」，以永遠的「道」來建構新秩序。《莊子》有〈齊物論〉，「齊物」是個弔詭的論辯，主軸其實是承認、肯定「物之不齊」，萬物各有其性、各有其理，所謂「齊物」是平等地尊重萬物自性自理，不用任何一物來壓迫、改造另一物。對莊子來說，「齊物」和「逍遙」是同一回事、同一種境界，都是取消人為的偏見，取消主觀的大小、高下分別，回歸自然的多樣差異。主觀的、統一的標準會帶來種種的齟齬、衝突，重此輕彼，非但無助於建立和平秩序，而且是自然條理的最大破壞力量。讓每一樣東西、每一種現象都依照自我本性得到自己的位置，不相干涉、干擾，那就是「相忘於江湖」，是至高的和平境界。

老子對於「道」的看法和莊子一致，但解決方案不一樣。老子教人掌握自然之理，然後以自然之理進行自我調整，順應自然之道，找出最有利的策略。莊子說的是全面的情況，提出的是以「天下」為範圍的思考與解決之道；相對地，老子卻將範圍大幅縮小到個人層面，考慮個人如何聰明地運用自然之理來處世。莊子解釋世界，主張讓整個世界都回復到原來的「自然」狀態；老子則著眼在個人如何運用對世界的理解來獲取好處、取得權位、保有權位。

從莊子到老子，我們看到了戰國思想的變化趨勢，也說明了相對於其他家派，法家最重要的長處是什麼。

儒家、墨家、莊子，都是以天下為範圍來思考，提出的方案都是要解決天下戰亂與騷動痛苦的。他們想的是天下該變成什麼樣子，又如何從現實變出理想中的未來狀況。這些主張吸引人之處，在於其全面性的觀照，但這些主張的問題，也在於其全面觀照而無法解決任何特定人在特定處境下的困難。

老子轉而將全面的道理當作背景和前提，專注教導個人如何處世，在問題意識的尺度上大幅縮小。法家也是如此。雖然也有對於時局的普遍性說明，但法家真正關心的，不是整個世界、整個時代該怎麼辦，而是設定明確的針對性，認真地回答：「在這樣的時局中，做一個君王該怎麼辦？」

02 從現實出發，解決特定國境內的難題

處理戰國時代史料時，遇到與「家」相關的，有時要稍微提防小心。在諸子百家的大架構下，後世研究者很容易習慣性地將許多材料分類放進「家」底下，好像這些「家」原來就整齊地存在著，如此一方面忽略了各家複雜的來源發展，另一方面也混淆了被放入同一「家」裡的內容差異。

例如農家，也是諸子百家中的一家，但那個時代從來不曾有一個統合的、明確的農家存在。被歸入農家的內容，有一部分是記錄實際的農業相關知識，源自前面描述過的戰國農業技術的精進改良，其中包括中國最早的水利工程探索與試驗。由此聯繫到對天時、氣候的觀察與利用，講究四時變化與萬物消長，這一部分農家和陰陽家是彼此交錯發展的。更複雜的是，到了戰國後期，這套四時陰陽理論又和儒家產生了密切關係，儒家的《禮記》、《易・繫辭》等後起的文獻都帶有強烈的陰陽色彩。

農家的另外一部分內容，則是「農業本位」的人生或社會主張。如同《孟子》書中所記載的許行，強調如果人人都是農夫，如果這個世界上除了農夫以外的行業都消失了，那麼戰爭就會結束，大家都能過太平日子。這是極端的平等主義，重點除了農業外，還有取消國君、貴族、商業

買賣的激烈社會革命主張。這套思想流行的時期，和秦國藉由強調「農戰」的興起重疊。在戰爭態度上，這派農家和秦國的態度相反；然而在抬高農民地位、將農業與農民視為「本」、相對貶抑商業活動的態度上，兩者又是相同的。

處理法家材料時，我們也要有同樣的警覺，法家不是先天就存在的「家」，後來被併入法家的內容，其實有不一樣的來源。

法家的特徵是抬高「法」的作用，提倡「法」高於一切。不像儒家有孔子、墨家有墨子、道家有莊子，法家並沒有一個理論上的始祖源頭。傳統上，法家的系譜可以追溯到管仲、吳起、商鞅和魏文侯時的李克（一說李悝），但一來這個系譜的建立相對較晚，二來這些人都不是著書立說的人，而是實際承擔政局統治責任、輔佐君王的人。

顯然，到這個法家系譜成立時，法家的基本性格已經很明確，那就是法家主要是現實、實踐的，而不是思考、理論的。法家的出發點和儒家、道家很不一樣，不是要講道理，不是要提供解釋，而是要解決問題。法家的出發點和墨家一樣現實、功利，卻又絕對不同於墨家，法家要解決的不是一般人的痛苦、一般人的處境問題，而是少數國君面臨的問題。

前面說過，從春秋到戰國，國君愈來愈難做。每位國君在有限的一生中，目睹了多少其他封國消失，有的被篡奪，有的遭併吞。國內世卿坐大的情況威脅他，國與國之間愈來愈激烈的競爭壓迫他。稍有鬆懈疏忽，他自己的地位、生命以及整個國的處境，就可能落入危險中。

他需要的，是立竿見影能夠讓國家強大、讓自己安全，不會在競爭中脫隊、不會遭到併吞淪亡的實際辦法。有意思的是，被拉來作為前期法家代表性人物的，管仲在東、吳起在南、商鞅在西、李克在北，環繞著中原核心，東西南北各一位。讓他們發揮法家治術、得到突出成就的，都是相對邊陲的國家。這些非核心地區受到的封建傳統拘束沒有那麼深，因而能更現實地接受超越原有封建制度的想法與做法。

這幾個人都不是思想家，也不是論辯之士，理論對他們來說沒有那麼重要，他們是現實主義者，這點讓法家和其他各家明確地區別開來。他們的出發點就是已經分崩離析、彼此競爭的新列國型態，不考慮也不討論列國形成前的舊制度。和儒家、墨家、道家都不一樣，法家從現實出發，想的是特定國境之內的問題，吳起設計、推行的辦法是基於楚國的立場，為了解決楚國的問題；同樣地，商鞅設計、推行的辦法是因應當時秦國的情況而來，不是要建立一套放諸四海皆準的道理。

法家的眼光比其他各家有限得多。其他各家基本上都由「周文疲敝」的時代大問題出發，試圖要振衰起敝。他們提出的方案基本上也都是超越國境國界的，因而需要訴諸自然、天性來證明這些主張的普遍有效性。法家卻擺明了，法本來就是人為、人造的，是人想出來收拾混亂、消除混亂的一套秩序。

03 廢除世卿，所有人直接服務國君

法家的發展大致可以分成前期和後期，前期最重要的代表性人物，也是對法家現實治術方案做出最大貢獻的，就是商鞅。商鞅在輔佐秦孝公時進行了一連串的改革，改革的核心概念有一部分承襲自李克，而商鞅將之執行得更為徹底。

商鞅的核心概念，或說一個新的視野，就是要以一套通貫的「法」來取代依隨不同身分而變化的封建成規。而且商鞅塑造的成就，加快了封建秩序的瓦解。商鞅出身衛國公子，卻在秦國掌握大權，因為客觀情勢上，秦地處邊陲，發展較慢，一直到戰國初期，都還被中原國家認定為野蠻、淫亂的地方。也就是說，秦的封建根柢相較而言沒有那麼深、那麼穩固。

在一個封建傳統不深厚的國家，才有可能進行從量變到質變的巨大跳躍。在封建規矩依然管轄、提供人與人之間互動基礎的地方，很難採納一種完全不一樣的新制度。商鞅的激烈態度就是否定封建的合法性，直接表明現實問題不在於如何恢復理想的封建秩序，或改進封建秩序，而在於封建制度本身是落伍的，是綁手綁腳的阻礙，必須先揚棄封建制度，然後另起爐灶。

由商鞅啟動，秦花了大約五十年的時間，廢除了「世卿」和「世祿」。這群地位最高、對國政最有影響力的大夫，獲有豐厚的封國待遇，不只他們的封國可以一代傳一代，父死子繼，就連國政上的權力都可以父傳子。而且這些世卿還依循著封建大小宗邏輯，子孫蔓延，一支一支分出去，形成龐大的勢力。國君只能透過世卿來管理國政，也就是說，儘管表面看國那麼大，實際上國君真正能直接掌控的卻只有少數幾位世卿。

而且，國君經常連對世卿的掌控都不見得那麼有把握。世卿擁有世祿，代代傳襲，那是國君動不了、拿不走的靠山。有時候，單一的世卿坐大，資源和實力超越了國君；更常見的是幾位世卿聯合起來，很容易就架空了國君。這是春秋戰國時期最普遍的國政傾覆原因。

商鞅從根本上推翻世卿和世祿，卿和卿所具有的權力及俸祿不再能夠世襲，改成「及身而終」。再了不起的卿一旦死了，他的權力和俸祿就會被國君收回，另外交付給其他人。如此卿就失去了一部分獨立性，朝向為國君服務的功能角色挪移。

將世卿身分、俸祿改為「及身而終」，商鞅實質上連帶簡化並改變了原有的封建層級。沒有了世俸，不能傳給兒子，卿當然也就不可能再用以前的方式，將自己握有的資源往下分封給其他大夫。說得直白些，這一做法斷絕了卿培養大夫、控有自己封國的路徑，不只大幅削弱了卿對國君的威脅，同時改造了所有人和國君之間的關係。

以往的封建層層堆疊，士忠於大夫，大夫忠於世卿，世卿才直接服務國君。而且在幾百年的分封綿延下，層疊關係遠遠多過概念中的「士—大夫—卿」，有更多的複雜劃分。總的效果，是使得國君和國中最多數的庶民在身分距離上愈來愈遠，國君要動員庶民、動員國中資源，也就愈來愈困難。

由卿抓起，商鞅要創造一個新的原點，讓所有人都直接服務國君，國君可以直接統治所有人。原先秦王真正的權力，只有在世卿中如何選擇，給他們或高或低的位置。改革之後，如果有一位卿去世了，就開放出一個可能性，讓國君可以任用新的人。既然可以將原本不具備世卿身分的人拔擢上來接替，那麼國君進一步也就能夠任用其他大夫，把他不喜歡、不滿意的卿推到權力邊緣去。再進一步，逐漸也就沒有力量能夠阻止國君任用地位更低的士或庶人了。商鞅變法從制度上解除了原來世卿、少數人對於國政的壟斷，迫使每個人都必須爭取國君的青睞，才能得到權力與俸祿，不再能依恃與生俱來的身分和地位。

在湖北雲夢縣出土的「睡虎地秦簡」中有兩份重要的文獻，一份是〈置吏律〉，另一份是〈除吏律〉。這就是從廢世卿世祿開始，國君取得任命官僚體制人員的權力，一路發展到最極致的表現。出生身分所帶來的保障消失了，要在國政上占有一個位置，即使是最基本的權力位子，都必須符合國君所訂定的行為及能力標準。國君可以「置吏」，也可以「除吏」，國政人事組構不再和原有的貴族身分有關。

04 改革爵制，以軍功換取向上流動機會

廢除世卿世祿的同時，商鞅相應地改革了「爵制」，也就是分別人的上下等級身分的制度。封建的爵是貴族專屬的，而且是世襲的，換句話說，一名貴族子弟的爵來自他父親、祖父的封建地位。然而商鞅大大擴張了爵所適用分布的對象，還訂定一套管理爵的上下變動的辦法。

商鞅所訂的新爵制，細節很難還原了，不過我們清楚看到，這套制度從秦沿用到漢代，在漢朝發展為嚴密的「二十爵制」。也就是說，爵所賦予的身分區分為二十個等級。[5] 實質上，是將國中所有的人依照高下分成二十二個類別。在二十爵制之下，連最低的爵都沒有的人叫「士伍」，在二十爵制之上的是國君或皇帝，其他所有人都統納在二十個爵級裡。

新爵制的關鍵重點在於新的「晉爵」辦法，每個人的爵位是可上可下的，依照商鞅的設計，要晉爵就要靠「軍功」。這也說明了為什麼要大幅擴張周代封建原先基於身分而設的「五爵制」，在等級上放大了好幾倍。那麼多的爵級，可以持續提供誘因，讓人民願意為了晉爵而努力配合國家的政策。

有了新爵制，大部分人民身上都有了可變動、可上升的爵級，又規定必須以「軍功」來換取向上流動的機會，實質上產生的效果是將整個秦國高度軍事化。舊的封建體制基本上是不流動

的，出生的身分決定了人的社會位置，人只能在那個位置上固定過一輩子。新的爵級卻清楚打開了社會流動的空間，而且訂定了向上流動的遊戲規則。

規則很簡單，就是乖乖按照國家所設定的目標，積極合作並投入努力，那麼國家就會以晉爵作為獎勵，讓你取得愈來愈高的地位。當下，國家以戰場上的勝利為首要考慮，而且追求得到能有效削弱敵國戰力的長遠勝利，於是規定以在戰場上取敵人首級的數量作為晉爵的條件。如此就能刺激出人民的動力，不只願意上戰場，而且會在戰場上武勇殺敵，以換取更高的爵級。

爵級有對應的明確好處。國家徭役是按爵級安排，爵級愈高，負擔就愈輕，相對爵級愈低，就必須承受愈重的勞役，這是最直接的好處。另外，配合取消世卿世祿所產生的官僚體系改革，讓國君有了愈來愈多官僚的任命權，也就能夠將官位、官俸的取得資格和爵級搭配在一起。爵級愈高的人，可以得到官僚體系上愈高職位的任用資格；還有，爵級愈高的人，任職時也可以獲得愈好的待遇。

到漢代，發展完整的「二十爵制」有兩個重要等階。一個是第七級，從第七級以上是官爵，七級以下有爵無位，七級以上有爵就有位。另外一個是第四級，第四級叫做「不更」，「更」字

5 二十爵制的二十個爵級，分別為：公士、上造、簪褭、不更、大夫、官大夫、公大夫、公乘、五大夫、左庶長、右庶長、左更、中更、右更、少上造、大良造（漢改為大上造）、駟車庶長、大庶長、關內侯、徹侯（漢改為通侯）。

是徵用打仗的意思，「不更」意味著到達這個等級，就可以從徵兵名單上除名，不會被強制動員上戰場。

這裡我們看到的，是從商鞅開始的另一項大變革。以往依照封建的效忠關係，只有士以上身分的人有責任被召喚去打仗。要打仗，國君得叫世卿動員，世卿叫大夫動員，大夫去動員自己所屬的武士，這樣層層安排下去。廢除世卿世祿的同時，商鞅正式將軍隊的動員系統收納到國君身上，建立了全面徵兵制的雛型。

這樣的徵兵制在後世發展得愈來愈龐大、也愈來愈嚴格。要爬到第四級的爵位，才能成為「不更」，意味著國內大部分的男子都要「更」。從商鞅開始，秦的徵兵頻率甚高，一名男子從二十三歲到四十五歲間平均要「兩更」，也就是被徵用兩次。而兩度被徵上戰場去打仗後，十人之中大約有六個人再也回不了家。如此徵用而來的龐大兵力，是秦強大的基礎，也是商鞅留給秦的重要遺產。

05 土地私有與信賞必罰

商鞅變法的另一項，是讓秦的土地明確私有化。秦簡公時，西元前四〇八年，秦國「初租禾」，意思是第一次開始按畝徵收禾稼作為租稅，這是稅制與土地制度上的巨大變革。這件事早於商鞅執政。商鞅的貢獻是在「初租禾」的基礎上，進一步「制爰田，開阡陌」。

「開阡陌」是將原來劃分土地的界線剷除，讓農人自由選擇能夠耕種、願意耕種的田畝。「制爰田」呢？是建立「三年一爰」的制度，由公家保留休耕的「來田」——「來」字是象形字，本意是雜草，「來田」就是長滿雜草的土田——讓農人可以每三年換一次土地，讓已經耕種過度的土地休息，轉而在上一批「來田」上耕種。

如此一來，大有助於土地私有，因為用公家的力量協助解決了土地私有面積不足以休耕的問題。即便是私有土地都能得到輪休，也保障了農業生產的品質。

農人的稅賦基本上以兩種形式支付，一種是「穀粟」，另一種是「芻秣」。「穀粟」是人吃的，「芻秣」則是用來餵馬的。也就是人民有責任要協助養戰馬，如此一來，秦國在戰馬的供應上也快速成長，明顯領先東方各國。

商鞅的變革以法為基礎，訂定了全國上下全體徹底遵守的法，以法來推動變法，於是法一立，就能很快且大規模地收到效果。徒法不足以自行，要讓法發揮作用，先決條件是要「信賞必罰」。

在信賞方面，商鞅的做法是：在國都南門立一根三丈長的大木頭，聲明若有人願意將木頭搬到北門去，就能得到高額的「十金」獎賞。搬根木頭就能發財？這樣的命令看起來不太合理，大家都覺得奇怪，不敢去搬。於是商鞅再加碼，把獎賞提高五倍，到更誇張、更不可思議的「五十金」，終於有人接受這巨資的誘惑，鼓起勇氣將木頭搬到了北門，結果真的得到五十金的報酬。用這樣戲劇性的方式，商鞅要秦國人民留下強烈印象——別懷疑國家法令，公布了就一定做到。

至於「必罰」呢？商鞅就逮住機會拿秦太子開刀。太子犯了法，商鞅一樣追究，而且特別強調，法之所以無法執行，就因為地位高的人不守法，不將法當一回事。不過，太子畢竟是太子，犯了法還是不能刑也不能殺，於是妥協的處理是處罰負責教導太子的「傅」與「師」。

雖說「王子犯法與庶民同罪」，但庶民可沒有「傅」和「師」來代替受罰啊！這裡藏著法與法家的根本問題——不管將法的地位提到多高，法畢竟還是低於王，法無法真正超過王權、牴觸王權。

這裡也埋下商鞅後來遭到「車裂」的禍根。秦孝公死了之後，太子即位為王，當然就報復地拿商鞅開刀了。

06 如何處理國君高於法的問題？

法家提出用「法」來解決世亂，打掉封建的身分差異，以「法」一律平等對待。然而這套主張無法處理「法」的來源，或說「法」的根本權威效力來源的問題。法怎麼來的？法要如何讓所有人都遵守？法是商鞅訂的，但法的權威不是來自商鞅，而是出於秦孝公，出於國君。國君的權力才是法的保障，如此一來，很明顯的，國君高於法，法限制不了、管轄不了國君。

有一本記錄毛澤東晚年權力與生活的書，叫《毛澤東私人醫生回憶錄》，作者是長期在毛身邊、擔任毛的私人醫生的李志綏。李志綏回憶，那個年代，中國最重要的節日如五一勞動節、十一國慶日，所有高幹都要出席盛大儀式，但誰都沒有把握毛會不會參加典禮。有時候毛睡晚了，他就不去參加了。

這是毛澤東超越其他人所享有的最高權力，他高過那些別人都要遵行、配合的黨與國家的儀式。那個年代，毛搭火車出行，不只所有火車都要讓毛的車先走，如果毛要在火車上睡覺，他搭的車要停下來，會從他火車旁邊經過的班車也通通都要停下來。整個系統停擺，只等他睡個覺，沒人知道什麼時候火車可以再開，只能看他什麼時候睡醒。

典禮他不配合，鐵路時刻表他不管，甚至連自己訂定的法令他也不遵守。在中國「一面倒」

向蘇聯傾斜、冷戰中敵視美國的時代，國家政策規定所有人要學俄語時，毛在做什麼？他積極地在學英文、讀英文書啊！

為什麼他要這樣做？最簡單、最直接的解釋就是，他在享受自己高於政策、高於法律的特殊地位、唯一地位。就連他自己訂下的制度、法令，可以約束限制所有人，卻不能約束他。他的主觀意志高於這些固定形成的制度、法令，用這種方式凸顯制度、法令來自他。

當規則、法令的權威來自一個人，要如何將這個人也納入規範裡？他要證明他是法背後的權威來源時，最清楚的做法就是讓自己成為例外。管你們的管不到我，因為是我來決定怎麼管你們，不能倒過來用我管你們的辦法來限制我、管我。權力者往往是法的例外，藉由破壞法、不遵守法來彰顯自己的權力地位。

因應這個根本的問題，而有了後期法家理論的重要發展。後期法家的代表人物包括慎到、申不害和韓非。一般傳統的說法，商鞅是「重法派」，慎到是「重勢派」，申不害是「重術派」，而韓非子是「集大成派」。放回歷史變化的脈絡中，這幾派其實不適合這樣平行並列，各派間有彼此牽連對照的更複雜關係。

比商鞅晚起的「重勢派」和「重術派」，其論理主要落在處理法的權威和國君權力之間的關係。甚至可以說，他們的出發點就在於如何避免再度發生因為侵犯國君王權，導致立法者商鞅被秦惠文君誅殺的慘劇。對待國君和法這兩種權力，「重勢派」和「重術派」所強調的其實是徹底相反的。

慎到提出的解決方案是站在法的這一邊。慎到主張，國君想要最有效地運用法來統治，就應該將自己的「勢」高高撐起，「勢」抬得愈高愈好。用「勢」將國君和所有人區分開來，表明了國君就是法的至高無上權威來源，國君的「勢」愈高，法的權威相應也愈高。而國君的「勢」要高到什麼程度？怎樣才是理想上「重勢」統治的方法？國君要高到和所有人都不一樣，不能有一點一樣的地方，國君還要取消自己主觀干預法、以個人意志進行統治的欲望。

在這裡，慎到的重勢派和《老子》的主張有了微妙的交集。慎到也主張國君應該「靜默無為」，而他的理由是，一來國君「靜默無為」才能「任法自為」；二來國君有作為就有可能犯錯，國君主觀決定所產生的錯誤，都會傷害原本高高在上的「勢」，連帶破壞了法的權威。

國君應該就坐在由各種「勢」抬到超越至高的地位上，單純扮演法的權威來源就好。要做任何事都得透過法，如此取消了個人主觀自我意志，也就避開了個人犯錯的可能性，使得別人無法反對你、侵犯你。說得更明白些，慎到主張，對國君最好、最有利的選擇，是將自己徹底「非人化」，變成一個接受崇拜、膜拜的神像，從至高的地位上立法，透過法來統治，就沒有人能反對你了。

在國君的角色，尤其國君和法的關係上，申不害的主張和慎到的形成強烈對比。申不害講的「術」，關鍵在「莫測」。法是固定的，君王的統治術卻要刻意維持不確定。慎到要以「勢」讓國君和臣子之間拉開無法親近的距離，目的是不以國君的私人主觀意志干預法，「任法自為」，臣子只要依照法行事，也只能依照法行事。申不害也主張國君不要輕易讓臣子親近，但目的完全不一樣，是為了使臣子捉摸不定國君的好惡習慣，必須隨時戰戰兢兢地揣測、討好。

重術派強調的是國君作為法的來源的權威，將這種權威絕對化。有固定的法，人人依法行事，就不需要害怕國君，反正我不犯法就好，如此國君的權威就下降了。要維持國君的權威，連帶維持法的權威，那就要以「術」將所有人保持在惴惴不安的狀態中，隨時警覺害怕。

重術派動用的一種「術」，和法家起源的原則剛好相反。國君手上最大的權力是賞罰。商鞅努力建立「信賞必罰」的原則，慎到把國君抬得高高的，高到不會去干預、改變法所規定的賞罰；申不害卻教國君要「賞罰難測」。國君的賞罰沒有固定模式，臣子就無從依照模式測探、掌握國君，國君擁有近乎絕對的自由，相對地，臣子被國君完全控制，沒有任何一點自由。

德國哲學家黑格爾（G.W.F. Hegel, 1770-1831）對東方專制的批評，根本上就是重術派主張造成的結果。「術」到後來成為中國傳統政治中很重要的一部分，使得中國政治長期籠罩在人為的任意性中，無法制度化。潛藏著真正決定了中國傳統政治性格的，其實既不是儒家，也不是法家，而是這樣的重術派，將「術」加入法中，因而破壞了法的客觀性主張。

漢繼承秦，也就繼承了一個以法為主軸的帝國體制。漢代新的皇帝不了解法，也沒有一套管理帝國的新方法，於是選擇對秦體制概括接受，也就是後世所說的「漢承秦弊」，在「無為」中保留了秦代的制度。因而漢代的內在基本精神其實是法家的，一直到漢武帝時，才找出新的儒家加上陰陽的道理附麗其上，而有了「外儒內法」的局面。這種骨子裡的法家，對中國歷史影響極其深遠。牟宗三先生喜歡誇張地說：中國歷來所有的皇帝都是法家的，不管身邊用了多少位儒家宰相，都改不了皇帝法家權力的本質。這話雖然誇張，但點出了不容忽略的部分事實。

需要稍加分疏的是，中國帝王的這種法家個性來自後期法家，尤其是經過了重術派衝擊、補充後的法家，而非前期法家。

07 秦王守法，看前後期法家之別

前期法家是從統治實踐中琢磨出來的，後期法家才從這些現實經驗中統理出邏輯、論理，使得原本鬆散、實際的種種做法成為「家」。一般說韓非是法家的集大成者，然而若嚴格從「家」的角度看，韓非應該是法家的創建者。

前期法家直接在統治上開發、試驗「法」，他們是實踐者，而非理論的思考者。後期法家才整理了「法」的道理。慎到講了一套道理，申不害也講了一套道理，到了韓非才將累積的眾多現實方法和不同道理做了總整理，讓法家可以和儒家、道家一樣，成為一套帶有明確特色的學問。

後世對法家的理解和討論，一般集中在後期法家。因為後期法家有現成的著作，讀《韓非子》就能清楚他們的主張。相對地，管仲、吳起、李克、商鞅做了什麼，分散在不同的歷史記錄裡。《管子》、《商君書》並不是管仲、商鞅自己的著作，其內容的廣度、深度當然比不上《韓非子》。

秦的崛起，商鞅變法是個關鍵，儘管商鞅被「車裂」身亡，他創造的制度卻還是在秦留了下來。秦比其他國家更早建立了法家式的政治。但值得分辨的是，那是早期的法家，或說早期法家所探索出的方法，和後期法家不完全是同一回事。

後期法家受到申不害「重術」思想的影響，主張抬高王權，將王權擺放在高於法的位置。秦始皇是後期法家真正的信仰者，運用後期法家的主張不只建立了一個大帝國，還建立了一種「絕對王權」的權力模式。有些歷史學家從秦始皇的情況、秦國和法家的關係想當然耳回推，認定秦之所以強大、興起，是因為早早建立了「絕對王權」，進而推論「絕對王權」或「專制獨裁」有利於富國強兵。

這樣的推論明顯混淆了前期法家和後期法家的差異。仔細考索與秦國相關的記錄，我們會發現大部分秦王和法的關係，與「絕對王權」、「專制獨裁」有很大的差距。

例如《韓非子．外儲說》中有一段故事，秦昭王生病了，消息傳出去，民間有人主動買牛殺牛，祈求昭王能康復。一名臣子公孫述目睹這件事，高興地進宮告知昭王，恭喜昭王如此得到人民愛戴。昭王找人去調查探問，發現確有其事，他的反應卻是：「罰那私自殺牛祝禱的人。」未經下令而祝禱是違法的，明知道人民私自祝禱是出於對王的愛與善意，然而如果因為這樣就改了法，就不依照法裁罰，「是法不立，法不立，亂亡之道也。」

類似這樣的故事，在秦國歷史中層出不窮。所以清初顧炎武在《日知錄》中就有一條指出，在戰國征戰競爭時，秦國和其他國最大不同之處，就在歷來秦王守法。王也該守法，法高於王的主觀意志，這是前期法家的主張，直到後期法家受到重術派影響後才被忽略或改變了。

秦國的興起，真正憑藉的是法的嚴肅性。大部分的秦王都是守法的，所以才能取得人民的信任，也能有效推動富國強兵的政策。

08 出土秦簡，看秦國法律的發達

一九七五年在湖北雲夢縣出土了一批秦代的竹簡，稱為「雲夢秦簡」或「睡虎地秦簡」，這批文獻大有助於我們理解從戰國到秦代的法的施行狀況。

從「睡虎地秦簡」可以清楚看出秦國法律發達的驚人程度。出土的竹簡中，有一部分是「律」的摘要，一共發現了〈田律〉、〈廄苑律〉、〈倉律〉、〈金布律〉、〈關市律〉、〈工律〉、〈工人程〉、〈均工〉、〈徭律〉、〈司空〉、〈置吏律〉、〈效〉、〈軍爵律〉、〈傳食律〉、〈行書〉、〈內史雜〉、〈尉雜〉、〈屬邦〉等十八種，管轄的事務包羅萬象。

〈田律〉規範農田水利、山林保護；〈廄苑律〉規定如何畜牧牛馬及禁苑林囿；〈倉律〉規定國家糧食的倉儲、保管、發放；〈金布律〉規範貨幣流通、市場交易；〈關市律〉訂定「關」和「市」的管理規則；〈工律〉是關於公家手工業的生產管理；〈工人程〉則是關於一般手工業的生產管理；〈均工〉規定手工業生產定額；〈徭律〉明定徭役徵發的辦法；〈軍爵律〉規定前面所說的二十爵制下「以軍功進爵」的具體辦法；還有〈司空〉、〈內史雜〉、〈尉雜〉特別規定司空、內史、尉這幾個職務的明確行使規範……

除了這十八種，睡虎地還出土了另外一批更簡約、沒那麼有系統的《雜抄》。《雜抄》中抄的還是律令，但這些律令的內容並不完整，我們往往只能依照其標題來想像實際的內容。

例如《雜抄》中有〈游士律〉，是對戰國傳留下來的游士行動加以限制約束；有〈除弟子律〉，規定各行各業如何收弟子，師傅和弟子之間該有怎樣的關係；有〈公車司馬獵律〉，應該是公家田獵管理規範；還有〈戍律〉，規定因何、如何將人發配到邊疆去「戍」；也有〈捕盜律〉，是負責抓小偷的人的行動手冊。

這樣的律令已經發展成一大套系統，包括許多繁雜細節，也就不是一般人都能掌握、理解的。因而秦國很早就開始在地方郡縣設置專門管「律」的官，由他們負責解釋律令。他們所使用的重要參考文獻是《法律答問》。《法律答問》是將特定的法律案例以特定的方式記錄下來，記錄時分左右兩幅，同樣內容左邊寫一次、右邊寫一次，左幅拿去結案，右幅則留下來累積為重要判例，說明特定律令的內容與判法。

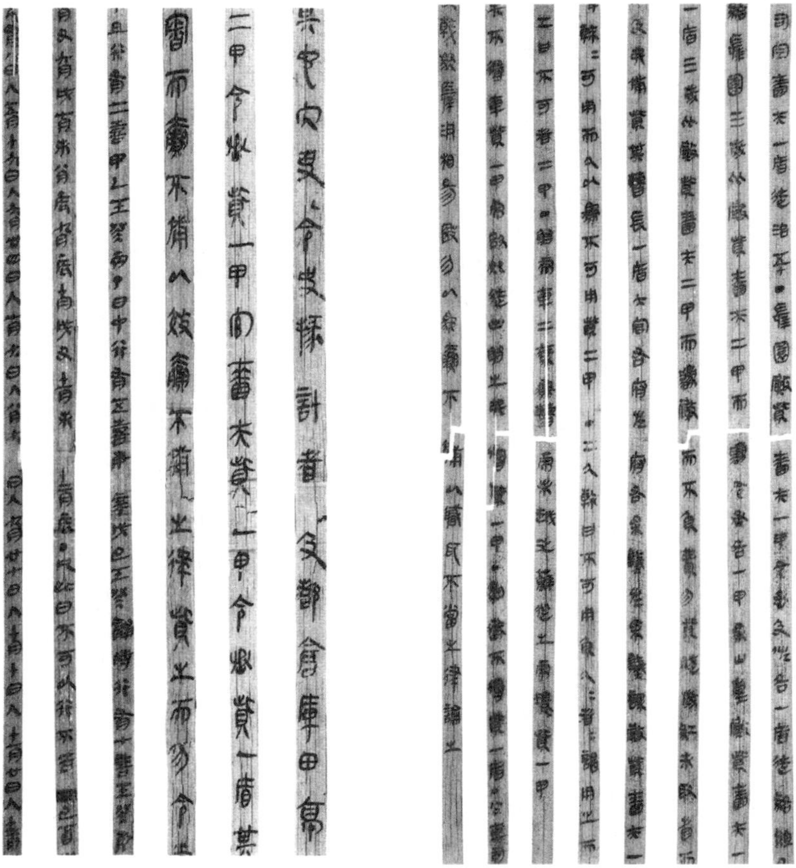

睡虎地秦簡

睡虎地出土的還有另一種文件，是地方郡縣依照現實事例對於律令的補充，類似地方的單行法規，叫做「問方」。這意味著在律令規範有漏洞時，郡縣可以另行找出方法來解決。

除了律令本身，睡虎地秦簡中也發現了管理律令程序的明確規範。出土的《封診式》中明白列出問案的基本程序。「凡訊獄，必先盡聽其言而書之。」首先要讓犯人先說，把他們所說的內容記錄下來。「雖知其技，勿庸責詰。」儘管知道他們會有什麼脫罪說謊的做法，但一開始先別急著罵人，讓他們把要說的話說完。「其辭已盡書，而無詰，難以詰責之。」犯人要說的都說了，也都記錄下來在眼前可以查對了，這時候才用問話（「難」），追問證詞中不合理或有漏洞之處，這時該凶就凶、該罵就罵，如果犯人還是不伏罪，也可以該打就打、該關就關。

09 秦的國力基礎：法治信念和律令系統

由睡虎地出土的秦簡回推，我們有理由相信，在秦崛起壯大的過程中，法扮演了很重要的角色。從很早開始，秦就展現了遠遠超過東方諸國對於法的重視，以及律令系統的發達。

這樣的律令系統，早於慎到、申不害、韓非這些法家理論，也和他們的理論沒有什麼直接關係。律令系統的形成首先需要時間，是從商鞅以降一代代傳承，在現實運用上琢磨擴張出來的。律令系統能成長到如此龐大、如此複雜，另外需要一種集體的精神，將律令的重要性抬得很高，願意投入智慧、資源、努力在其中。

自商鞅之後，秦的立國基礎就在法上，他們對於法有了一份執迷，進而有了固定的集體反應：相信用法來解決問題，當遇到困難時，就多訂一個律、多下一道令，於是秦的律令衍生得愈來愈多。若是律與律之間、令與令之間有了矛盾衝突時怎麼辦？就再多訂一個律、多下一道令來解決啊！

如此累積到秦始皇的時代，律令系統就發達膨脹到有點不堪負荷的程度了。秦始皇是個勤勞的統治者，他給自己每天一定的工作分量，至少要讀完「一百二十石」的公文，換算一下大約是三十公斤。雖然說那個時代沒有紙，公文是寫在竹簡上的，三十公斤的竹簡也還是很嚇人。關鍵在於：為什麼會有那麼多公文需要皇帝看？除了顯現出秦始皇事必躬親的態度之外，也因為秦國律令系統的發達，已經建立起以律令、以律令相關文書進行管理的制度。

秦始皇繼承的，是一個有了百年「法」的經驗的政治體。法在秦國已成為根深柢固的信念，解決問題靠法，國家強大也靠法，離開了法，這個國及其國君就覺得不安全、不踏實。

使得秦興起壯大的，不是後來成為和儒家、道家平起平坐的法家著作，而是前期法家從現實裡建立起來的強調法的根本價值，以及一套費了百年工夫逐步發展的律令系統。太過理所當然以後期著作來代表法家，相對就忽略了前期法家如何在實踐中建立起律令系統的過程。要了解整個秦國體制的面貌，也就是了解秦始皇所繼承的國力基礎，顯然我們的史學家還有很多更細膩、費工的挖掘考索工作要做，光閱讀、光分析《商君書》或《韓非子》是不夠的。

秦始皇深信這一套法的優越性，以至於統一六國之後焚書坑儒，要把律令系統以外的其他知識、學問全數摧毀。唐代有詩人寫詩諷刺秦始皇，[6]說他費了那麼多力氣不讓人們讀《詩》、《書》，然而後來亡秦的竟然還是不讀書的人。劉邦是沛中小混混，不讀書；項羽雖是楚國貴族之後，但《史記．項羽本紀》中說他寧可學劍不學書。這些不讀書的人，看來也沒有比讀《詩》、《書》的更好統治。

從歷史變化角度看，其實更關鍵的，恐怕還在於最後得到江山的漢高祖是個不懂法的人。雖然他身邊有蕭何了解律令、文件的重要，但蕭何的角色會那麼突出，不正因為除他之外，包括高祖本身都不重視秦的立國根基？事實是：花了百餘年建立起的這個以法為基礎的大帝國，落入了不懂法，因而也就不知該如何處理法的新統治者手裡。從漢高祖到文帝、景帝，他們既無力繼承運作這套法，又無力進行改造，於是只好採取「無為」的態度，在幾十年間坐任這套既有的法鬆散地執行，直到武帝時，才算拿出自家的新態度、新主張來。

6 晚唐詩人章碣作〈焚書坑〉：「竹帛煙銷帝業虛，關河空鎖祖龍居。坑灰未冷山東亂，劉項原來不讀書。」

第八講

大一統帝國成立的條件

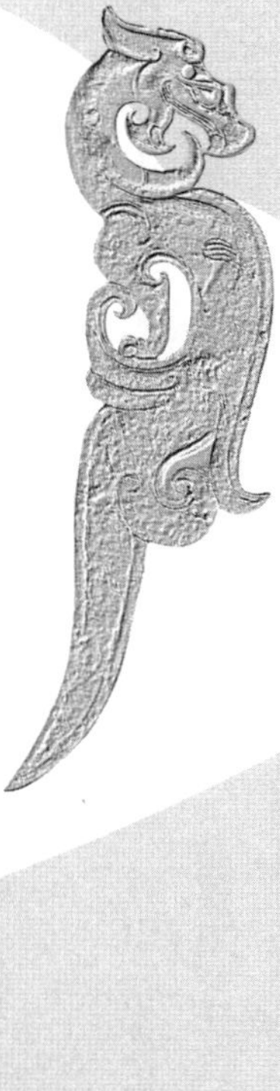

01 打仗打到大家都受不了

《史記．秦始皇本紀》按照時間順序記錄了秦始皇的一生。文中有一年篇幅特別長，那是始皇二十六年，西元前二二一年，這一年，秦統一了天下。

統一天下之後，當時的丞相王綰領銜上奏，說：「燕、齊、荊地遠，不為置王，毋以填之。請立諸子，唯上幸許。」在最北邊的燕、最東邊的齊和最南邊的楚，離秦政治中心咸陽太遠了，所以請秦始皇將兒子封到這幾個地方當王，才有辦法統治。

秦始皇將這個建議交付大臣們討論，大家都贊同，唯獨當時擔任廷尉的李斯反對，李斯的理由是：「周文武所封子弟同姓甚眾，然後屬疏遠，相攻擊如仇讎，諸侯更相誅伐，周天子弗能禁止。今海內賴陛下神靈一統，皆為郡縣，諸子功臣以公賦稅重賞賜之，甚足易制。天下無異意，則安寧之術也。置諸侯不便。」當年周代建立，就是大封諸子，然而時年久遠之後，光靠血緣無法使諸侯親近，各自為政互相攻伐，周天子也拿他們沒辦法。今天好不容易收拾了這些周代諸侯所建各國，全部改成由中央控制的郡縣，對於諸子、功臣給他們賦稅當作賞賜即可，他們也不會作怪，大家都安分，那就好統治了。不應該再封諸侯。

秦始皇的決策是：「天下共苦戰鬥不休，以有侯王。賴宗廟，天下初定，又復立國，是樹兵也，而求其寧息，豈不難哉？廷尉議是。」大家打仗打得夠久了，不都是因為有這些分封的諸侯？好不容易統一了，如果又分封諸侯，等於是把一支支軍隊擺在那裡，天下怎麼可能安寧呢？廷尉的意見才是對的。

這段奏議對話，李斯的意見是從如何管制功臣諸子的角度出發的，而秦始皇的詔令卻提到另外一項重要的背景，他清楚明瞭終結六國、一統天下究竟是怎麼做到的。根本條件就在「天下共苦戰鬥不休」，打仗打太久了，打到大家都受不了！

漢代賈誼寫〈過秦論〉，「過秦」就是檢討秦究竟犯了什麼嚴重錯誤，以至於統一後短短十五年就傾覆了。要「過秦」，賈誼先歸納秦統一天下是如何完成的，他說：「秦滅周祀，併海內，兼諸侯，南面稱帝，以四海養。天下之士，斐然嚮風，若是者何也？」秦憑什麼統一？尤其重要的，秦不光靠武力，還能得到「天下之士」的支持，為什麼？

「曰：近古之無王者久矣。周室卑微，五霸既滅，令不行於天下，是以諸侯力政。強淩弱，眾暴寡，兵革不休，士民罷弊。今秦南面而王天下，是上有天子也。」理由很簡單，「近古」好長一段時間，這塊地方沒有真正的統治者，沒有統治權力。周天子沒人理，五霸的時代也過去了，於是諸侯各自為政，打來打去，永無寧日，弄到大家都累了。大家心底需要、期待著能出現一位號令天下的統治者來保障和平秩序，秦一統符合大家長久以來的期望。

依照〈過秦論〉的寫法，我們來算一算。「周室卑微」起自平王東遷，那是西元前七七一年的事，到秦統一六國，經過了五百五十年。「五霸既滅」近一點，從春秋、戰國分界點的「三家分晉」事件算起吧，那是西元前四〇三年，到秦統一六國，大約一百八十年。「近古之無王者久矣」，這話不是隨便說說的，那是真正很久很久了。「天下共苦戰鬥不休」，這話也不是隨便說說的，到秦始皇的時候，光是「戰國」狀態就持續了六個世代一百八十年。也就是說，不但所有活著的人沒過過和平日子，就連他的爸爸、祖父、曾祖父，都沒有和平不打仗的記憶！

再看秦國本身，從商鞅變法建立起一套有效的軍事動員機制，將秦轉化為最有力的戰爭機器以來，到秦始皇統一，大約一百二十年左右的時間，也就意味著秦國國民幾乎是不間斷地反覆捲入各種戰事裡，已經超過一個世紀。

02 合縱？連橫？國與國算計的種子

在歷史上，還真不容易找到另外一個例子，牽涉到那麼廣大區域、眾多人口，而又維持了那麼久的戰爭狀態。現代大規模的戰爭，第一次世界大戰打了四年；中國抗日戰爭打了八年；伊拉克和伊朗的「兩伊戰爭」也打了八年；蘇聯在阿富汗打了十年。這在時間長度上都差距太大了。

長度上勉強比較接近的有「英法百年戰爭」，從一三三七年打到一四五三年；以及日本歷史上也有的「戰國時代」，從一四六七年延續到一六〇三年。然而這兩場戰爭基本上都還是停停打打，時打時停，至少有一些明確的調停努力，以及雖然短暫、但至少曾經有效的國際關係。

「五霸既滅」最大的問題，就是再也產生不了任何有效力的國際關係，來抑制、規範國與國之間的戰爭。那個時代的國際關係落在縱橫家的手中。「縱橫」是「合縱連橫」的縮寫，而「合縱」和「連橫」則是因應秦的興起而來的兩套外交謀略。

「合縱」主張，東方六國應該聯合起來，共同防堵秦國。秦國再大，大不過六國加起來的力量，事實上當時只要齊和楚兩個大國加起來，就比秦國強了，但齊、楚都和秦隔得很遠，沒有防秦的迫切性，因而「合縱」的主要關切者是與秦國比鄰的韓、趙、魏三國。

「連橫」主張剛好相反，認為東方各國應該積極追求和秦結盟，任何一國能和秦連成東西橫線的同盟，立刻就能取得安全與發展上的保障，既不用擔心秦的威脅，又能利用秦的壯大，在和周遭其他鄰國的關係上取得優勢。

該「合縱」，還是該「連橫」？一度成為各國最關心的焦點，因應這個巨大的外交議題，而有了許多游士、謀士對各國國君穿梭遊說，爾虞我詐，各懷鬼胎。戰國的游士、謀士，既是封建身分制度崩壞的象徵，也是封建身分制度瓦解的產物。不具備「士」以上貴族身分的人，在孔子之後，有了受教育的機會，能夠學得一身理解、干預國政的本事。不具備「大夫」以上貴族身分的人，也都能見到國君，提供國君意見，進而獲得最高的職位。

游士、謀士的經歷彰顯了從春秋到戰國社會的翻天覆地變化。這個時候，一個聰明、有能力、口才好的人，在短短一生中，就有機會戲劇性地從一介平民翻轉占有國內最高的「相」位。甚至還有更誇張、更不可思議的，像蘇秦，竟然還能佩帶不只一國的「相印」，得到過去卿、大夫等貴族成員都到達不了的高位。

戰國縱橫家的最高目標，就是「封相」。他們唯一突破不了的，是依然按照血緣傳承的國君地位，所以就追求爬到一國之中僅次於國君的最高地位。蘇秦可以在不只一國「封相」，正說明了這樣的政治野心不受國界限制。出生在這國，很容易就可以到其他國去追求「封相」的夢想，是這個時代給予一般人的另外一個特殊機會、特殊自由。

一群以追求私人利益與高位為目的的雄辯之士，穿梭各國遊說「合縱」或「連橫」的策略，讓國君們滿腦子想的都是權謀而非原則，一時的和平而非長遠的秩序，在國際關係間不斷埋下更多算計、衝突、戰爭的種子，使得這段時期國與國往來的變數極多、極不穩定，處處有隨時可能爆炸的地雷。

連綿混亂五百年，激烈共鬥一百多年，社會被扭曲了，所有人都被扭曲了，那是一個人人都疲憊不堪的時代。

03 「天下」觀念從未喪失效力

為什麼無法和平？為什麼國與國之間不能停戰，不能產生彼此可以信賴、可以遵守的停戰協定？這樣的問題，隨著戰爭時間拖長、戰爭規模擴大、戰爭傷害加深，愈來愈感迫切。追問而得不到有效的答案，進一步使得問題的方向轉變了，或者說問題的出發點改變了。

無法和平，正是因為有「各國」，因為這樣的列國局勢，因為原有的封建制度所製造出來的國與國關係。封建制度光是崩潰了還不夠，必須進一步找出和封建制度完全不一樣的新方法。李斯所說的是封建最根本的問題——親族宗法的聯繫，經不起時間的考驗。第一代兄弟親和、兄友弟恭，到了五代、十代之後，親族開枝散葉，只剩下叔伯、兄弟名分，不會有實質感情，現實上彼此和陌生人沒有兩樣，要衝突要爭奪要翻臉，不會顧忌那一點點遙遠的叔伯、兄弟名分。

丞相王綰的上奏，讓我們看出封建制度有多難真正推翻。列土分封是政治上根深柢固的反射思考。上奏顯然有揣摩、討好皇帝心理的用意，認為皇帝會想讓自己的兒子擁有封國，將帝國的風光好處分給兒子們。上奏中特別提到最北、最東、最南的地方，以此合理化分封的需要，並不是要全面恢復封建，因而得到了其他大臣的支持。只有李斯說出了更激進、更徹底的新思考。

封建制度死而不僵。因為在戰國時期，原來的王官學基礎化身為儒家，不只繼續流傳，而且一代一代維持了相當的影響力。儒家始終不變的原則，也是辨別儒家的判準，就是對於禮的堅持，也就是維護周公所建立、所奠定的這套人倫規範，從私人擴大到公共，從一家擴大到天下，由禮來通貫。

從春秋到戰國，外在的、有形的禮儀不斷被破壞、遭遺棄，然而王官學的傳統一直留著，原有的貴族弟子要成長，就必須接受這套王官學教育；經過孔子、儒家的轉化，王官學也成為其他非貴族人員向社會上層流動時必需的基本教育內容。

透過孔子獨特的人格與智慧，將王官學，尤其是其中的禮進行了抽象化、普遍化的轉型。禮是普遍的人倫原則，是關於人之所以為人的基礎，也就超越了有限的貴族身分，指向一個以所有人為對象的普遍理想。孔子、儒家將封建制度理想化為一套天下秩序，所有人都「無所逃於天地之間」，只要是人，就都在層層人倫紐帶之中，都受到禮的指引與規範。禮有其普世性，建立在禮之上的主張，因而也必然帶著一份強烈的普世信念。

封建制度在孔子手中變成了天下秩序，有了「人」的普遍性與一致性的前提信念。在秦人、楚人、齊人之上，有「人」。影響所及，除了現實的法家和縱橫家，戰國時期的諸子百家幾乎都是針對「人」而發言、論理的，而不是要討論「秦人」如何如何、「楚人」如何如何、「齊人」如何如何。

不管縱橫家怎麼說破嘴，鼓吹各國國君追求自身利益，戰國時期並未出現真正的「列國體制」。讓這些「列國」永遠並存，找出可以永遠並存的辦法，這樣的想法從未在戰國時有過影響力。對照例如羅馬帝國瓦解後的歐洲，我們看到最特別之處，在於將各國固定、永久分裂開來；以分裂諸國的存在為前提去建構「國際秩序」的主張，幾乎從未在戰國時期被認真提倡過。

這是秦得以統一六國的另一個重要根本條件，也是從春秋到戰國竟然會維持幾百年戰亂不休的真正歷史原因。幾百年間，「天下」的觀念從來未曾喪失其效力。所有的人應該都納入一個普遍的組織中的信念，從來沒有真正動搖過。這提供了一個國壯大之後便對外擴張的動力，更重要的，也因而給予每一個國可能被併滅的危機意識。沒有人相信大國小國、各種不同風土的國，可以劃界自保、安然自存，成立一種互相尊重、互不侵犯的國際行為準則。

最接近這種「列國秩序」想像的，是老子說的：「小國寡民。使有什伯之器而不用；使民重死而不遠徙；雖有舟輿，無所乘之；雖有甲兵，無所陳之。使民復結繩而用之。至治之極。甘其食，美其服，安其居，樂其俗。鄰國相望，雞犬之聲相聞，民至老死，不相往來。」（《道德經．第八十章》）

大家彼此不相干涉，各過各的日子，就連近到雞犬之聲相聞，都好像對方不存在一樣。如此，國與國就能和平相處，你過你的、我過我的，你不理我、我也不理你，你不要來過問我怎麼活、我也不過問你怎麼活。然而，就連老子行文中都明說是「至治之極」，表示這是最高的理想、最難實現的狀況。而且老子也只能動用最極端的想像，假定國與國之間徹底不互動、不來往，才有這種和平共存的可能。

04 三禮：封建秩序瓦解後的回憶想像

戰國時的「國際關係」從來都不是以各國並立共存為基礎的，和我們今天所認定的國際關係大不相同。所有這些縱橫家遊說、服務國君時，不言而喻的假定都是國與國之間必然彼此積極併吞。他們去到秦國，獻策讓秦國如何鯨吞蠶食其他各國；他們去到齊國，就獻策如何借各國之力使得秦國變弱。這裡面沒有真正和平與秩序存在的空間。

這樣的現象，反映了始終未曾退潮的「一統天下」觀念的強大力量。即便封建制度實質瓦解了一兩百年，到了戰國末年，在儒家之中竟然還出現了「三禮」——《周禮》、《儀禮》、《禮記》——這樣的文獻。

「三禮」中，《儀禮》、《禮記》都包含了許多古老的內容，但編輯成書不會早於戰國中期。《周禮》的內容和呈現的方式，那就更是百分之百戰國後期的產物。後世將「三禮」當作「禮經」，當作是周代傳留下來的「禮」的記錄，然而實際上，「三禮」毋寧是封建秩序瓦解後的一種真假參半的回憶想像。

一兩百年間，儒家堅持記憶封建秩序曾經創造出的一統天下，戰國中期以後，他們更進一步在文字上為封建秩序創造了一個理想的面貌。這些書內在根本的精神與動機，就是後來康有為所說的「托古改制」，將理想投射到古代，假託這是周代成立時曾經實現過、存在過的狀況，期待這樣的制度能在當代重建。

《周禮》的表現方式最整齊，反映出戰國後期的風格，更是戰國時期數學發展之後才可能有的思考。以第一章〈天官冢宰〉為例，開頭簡單說明：「惟王建國，辨方正位，體國經野，設官分職，以為民極。乃立天官冢宰，使帥其屬而掌邦治，以佐王均邦國。」表示這個部門的功能。然後是：「治官之屬：大宰，卿一人。小宰，中大夫二人。宰夫，下大夫四人；上士八人，中士十有六人，旅下士三十有二人；府六人，史十有二人，胥十有二人，徒百有二十人。宮正：上士二人，中士四人，下士八人；府二人，史四人，胥四人，徒四十人。宮伯：中士二人，下士四人；府一人，史二人，胥二人，徒二十人。膳夫：上士二人，中士四人，下士八人；府二人，史四人，胥十有二人，徒百有二十人。庖人：中士四人，下士八人；府二人，史四人，賈八人，胥四人，徒四十人。內饔：中士四人，下士八人；府二人，史四人，胥十人，徒百人。外饔：中士四人，下士八人；府二人，史四人，胥十人，徒百人。……」

不用再抄下去了，全篇都是這樣的條列式。這不是文章，而是表格，而且是非常整齊的倍數概念下弄出來的表格。所有的官屬都是一層一層堆疊的，上面人數少、下面人數多，而且上下層人數必然是倍數關係。列在上面的所有人數竟然通通都是偶數，而且二、四、六、八、十二、十六……這幾個數字反覆出現，構成了清楚的數學模式。

這當然是想像出來的！與其說在設計、規劃政治官僚的功能與職掌，不如說是為了追求層層方整架構之美。這樣的內容，不但在歷史現實中不可能存在，且其用意也不是要能有現實作用，而在藉由數學、數字關係展示一個完整的體系。

在《禮記》裡，我們找到對於禮的另外一種理想化。《禮記》提供了禮一個形而上的原理。儒家談禮的起源，一定要講「先王制禮」。孔子認定「先王制禮」的基礎，是一般的人情、人倫，先王明智之處在於將人的自然感情予以梳理，落實固定為禮，讓人容易遵循，保存人好的、善的感情，壓抑壞的、惡的反應。孟子進一步主張禮來自人的本性，先王不過就是對自我本性進行深入、有效的挖掘，讓內在的普遍善性得以外在化，而有了一套落實在行為上的準則。

到了《禮記》，就擴大了禮的自然根源。禮不只來自人性，還因應並反映了天地、陰陽、自然的運行秩序。先王的功績是將自然的秩序轉寫為人的秩序、人為的秩序。這樣的想法顯然受到道家，尤其是陰陽家的強烈影響，要把禮重新站立在自然之上，藉自然的真理地位抬高禮，凸顯禮不可質疑、不可推翻的地位。禮變成抽象自然規律所產生的人倫秩序，不可違背，也不可能被消滅。

05 鑄鐵與貨幣，走向一統的動力

封建秩序不再是現實，歷經了封建秩序瓦解所帶來的漫長戰亂，到了戰國後期，天下、一統的觀念與記憶非但沒有被遺忘、被埋藏，儒家甚至還將之刻劃得更美好、更理想。這樣的思想潮流，有效阻擋了要以分裂天下、建立「列國並存」的狀態來解決戰亂的主張。儘管「天下共苦戰鬥不休」，面對這個問題，大家的前提還是以天下整體為範圍，必須找出能夠適用於整個天下的解決方案。

儒、墨、道，乃至後起的陰陽，都以天下為範圍在尋找解決方案。他們的內在思想衝動，都不是規劃國與國之間怎樣和平共存，而是如何打破國與國相爭的局面。這樣的思想不是在真空狀態下進行的，不是躲在學院象牙塔裡抽象推演的，而是隨應著戰爭的現實，戰爭一邊激烈打著、一邊思考出來的。

戰爭的具體、現實條件和思想密切互動。前面提過，戰國時代鑄鐵業大幅成長，和戰爭需求產生了循環加強效果。鑄鐵業愈發達，武器鑄造得愈來愈精良、也愈來愈快速，戰爭相應就打得愈激烈；戰爭打得愈激烈，對於鐵鑄武器的需求——量與質的雙重需求——也就愈來愈高，更進一步刺激了鑄鐵技術與鑄鐵程序的改良。

「白刃」在戰國時期成了常用詞，表示鼓風爐所吹出來的高溫已經能夠穩定鍛造出精鋼級的硬度了。不過要製造高溫，要燒煉出更多「白刃」，當然就需要更多的鐵礦原料，也需要更多的燃料。春秋末年，南方的吳、越一度成為鑄鐵技術突破的中心，一部分原因是這兩國地處偏僻、開發較遲，所以要在這一帶找到新的鐵礦或煤礦比較容易，這裡也有比較豐富的林木資源可供燒製成炭。

鑄鐵業的發展，必然激化國與國之間的衝突和侵奪。要有鐵、有煤、有炭，還要有工匠技術，才能成就鑄鐵業。但鐵礦、煤礦並不是哪裡都有，就算原來有的也會開採完，山林也同樣會砍光。工匠呢？他們有腳，會從這裡搬到那裡去。

於是為了開展鑄鐵業，甚至只是為了維持鑄鐵業既有的規模，都必須不斷找尋、控制這些資源。在運輸、貿易系統不發達的情況下，最有效的方法就是以武力占領、控制。把有鐵礦的地方攻占下來，把林木茂密的一個山頭據為己有，或是出兵侵略一座有著現成鐵匠工藝技術的城，是當時國君理所當然的選擇。於是工業，尤其是鑄鐵業的發展，帶來了將地理上分散的相關條件都收納在同一國內的需要，也就形成了走向一統的一股動力。

另外還有一股來自商業發展，尤其是貨幣經濟的動力。因應交易熱絡，為了超越簡單且麻煩的以物易物型態，因此有了貨幣的需求。然而要讓貨幣發揮「交易中介」的功能，關鍵有二：一是大家要信任貨幣的兌換價值；二是公認的貨幣價值不需經過複雜、難以處理的換算手續。

剛開始的貨幣是臨時性的，由私人運用，少數人彼此認可用於交易。有了貨幣中介，免除物物交易的麻煩，大有助於促進交易；交易活動多了，對於貨幣的需求也就不斷提高。不只是量的需求，還有性質上的需求。賣了東西，換來貨幣，想去買東西，人家卻不接受我手裡的貨幣，怎麼辦？好多種貨幣同時並存，各有各的價值，而且還沒有固定的換算比率，該如何換算，算到哪年哪月去？

一旦開始使用貨幣，就必然出現強大的推力，讓貨幣朝統合、單一化的方向走。愈是固定權威單位發行的貨幣，愈是少樣、統一的貨幣，就愈有用、愈好用。國家、國君握有強制行為的武力，也有龐大的財富，最適合發行貨幣，保障貨幣價值。而且國界建立起來後，開始有了「關徵」，國君也就愈容易感受到貨幣的方便好處。在貨幣運用上，分歧就代表麻煩，多一種貨幣就多一次換算的手續，多一分不確定的變數，於是很自然地出現了貨幣運用者的主觀期待：如果只有一種貨幣，只有一家發行貨幣的終極權威，那該多好！

06 連坐：達到「必罰」而下的猛藥

從儒家堅持的「天下觀」記憶，從工業和商業的發展，表面上嚴重分裂的戰國時代，其實一直都存在著強大的統一期待、統一要求。而商鞅開啟的法家變革，給予了這樣的主觀期待與要求一個得以實現的客觀形式。

關於商鞅變法，除了前面說過的，這裡還可以補充。《史記・商君列傳》中記錄了商鞅所制訂的「變法之令」：「令民為什伍，而相牧司連坐。不告奸者腰斬，告奸者與斬敵首同賞，匿奸者與降敵同罰。」這是變法的社會改造基礎，重新建立了一套嚴密的組織，組織的根本原則是人民互相監視。五人一小組、十人一大組，組內連坐，有人犯錯，五人或十人就一併受罰。但有例外可以不罰，如果知道有人在做不法的事，先去告密，那不但不受罰，還有重賞，得到和斬下敵人首級軍功一樣的賞賜，也就是可以「進爵」。相應地，如果知道有人在做不法的事卻不報告，那嚴重了，會被處以「腰斬」的極刑，還不只如此，隱匿壞事壞人等同於降敵，意味著不只自己受罰，全家都要「降爵」。

接下來是：「民有二男以上不分異者，倍其賦。」為了增加生產，鼓勵分家，每個男丁都去耕自己的田，以免浪費勞力。不准男丁躲在家裡偷懶，所以不分家的就加倍徵賦，弄到你餓肚子活不下去，非分家不可。

「戮力本業，耕織致粟帛多者復其身。事末利及怠而貧者，舉以為收孥。」生產至上，鼓勵生產，男耕女織若是產量特多，就免除其徭役作為獎賞。無關於生產而跑去做生意的，或因懶惰而貧窮的，就抓來當奴，強迫勞動。

「有軍功者，各以率受上爵；為私鬥者，各以輕重被刑大小。……宗室非有軍功論，不得為屬籍。明尊卑爵秩等級，各以差次名田宅，臣妾衣服以家次。有功者顯榮，無功者雖富無所芬華。」要在社會上得到顯榮，唯有靠軍功。打破了原本的貴族出身特權，能住什麼房子，穿什麼衣服，都取決於從軍功裡得來的「爵級」，沒有那樣的「爵級」，你頂多能享富貴，卻別想擁有別人看得到、可以對別人炫耀的榮華。

這些辦法影響深遠。兩千多年前，商鞅就看得清楚，有一件事是法最大的威脅，那就是有人可以不守法又不受罰。如果法訂定了，卻有人可以犯了法不受罰，法的強制性遭到破壞，法就很難維持效果。「連坐法」就是以最強烈的手段，將「匿」——也就是犯了法而不受罰——的可能性降到最低。

商鞅不是第一個想出「連坐」辦法的人，他所做的是將原本軍事上的做法拿來管轄所有的人，在法的實施上將所有人牢牢綁在一起，確保犯法者無所逃匿，必然受到懲罰。「連坐」也就是為了達到「必罰」而下的猛藥。

《春秋》中曾記載「子產鑄刑書」。西元前五三六年，當時鄭國的執政子產將法律條文刻鑄在銅器上，算是中國最早的成文法。然而子產所公布的法的內容很簡單，更重要的，那個時代並沒有保障這些法一定會被遵守、一定能夠執行的機制。

商鞅的巨大貢獻就在於不只著眼於法的訂定，更執著於法的施行，用最戲劇性的手法，一定要確保法被遵守，不得有人逃出法的約束之外。

07 正行：將行為一致化的強制手段

大一統帝國出現的客觀基礎，在於人民統一的行為準則。這方面，法家的態度和儒家、道家大不相同。

我們可以用兩個英文字來說明其間的差異。儒家、道家看重的是建立 orthodoxy，而法家追求的卻是 orthopraxy。ortho- 這個字頭的意思是「正的」、「正確的」、「正統的」，orthodoxy 指的是正確的思想、正確的信仰。一般譯為「東正教」的，原文就是 Orthodox Church，標榜他們自己是正統的、正確的教會。那 orthopraxy 呢？指的是正確的行為。Orthodoxy 是內在的，腦袋裡想的、相信的；orthopraxy 則是外在的，表現在外怎麼做、怎麼行為。

儒家、道家講的都是觀念、信念，都是要想辦法建立一個人的「正思」、「正信」，告訴你應該相信這個、不該同意那個，要影響、改變人的內心。但法家，尤其是基於現實效果的前期法家卻絕非如此。商鞅式的法家要管的是人的行為，追求的是統一的「正行」。商鞅不可能不知道貴族會多痛恨他訂定的制度，他也沒打算費力氣去說服他們服膺這套辦法，他念茲在茲的，只是如何讓他們、讓所有人依照規定來行事。

連坐法就是保證「正行」的一個手段。所有的人彼此互相監視，保證每個人只能有同樣的行為。這套方法管外表的行為，不管內心的信仰。也可以換一個方向說，這套方法就是要做到不管你內心相信什麼，外表的行為都要一致。

連坐法很可怕，因為每個人都是執法者，而且是最嚴厲的執法者，執法不夠嚴厲的話，別人犯的罪就會落到你頭上，你得跟他一樣受罰。雖然那個時代秦國的法律條文比現在要少得多、簡單得多，但連坐法塑造的嚴厲執法機制，結果就是製造了許多罪犯。隨時被監視，稍有犯規就被告發，而且一個人犯罪，連帶許多人受罰，結果弄得幾乎全民都是罪犯了。罪犯怎麼處理？那個時代可不是關進監牢裡，而是發配去當強制勞奴。這正是為什麼秦代會有那麼多大型公共工程，長城、馳道、阿房宮、秦始皇陵……都是在這些大量而免費的罪犯勞動力供給下建造起來的。

大一統帝國成立的條件之一，就是法家建立了去除人的多樣性，將人的行為一致化的強制手段。「正行」之「正」，就是單一、一致，只有符合單一標準的行為才是「正行」、才被容許、才不會被處罰。

連坐法有效地在秦國建立起龐大的「農戰組織」，另一個效用是將人綁住，很難離開原有的土地。《孟子》藉由梁惠王的問題，揭示了當時國君的一大困擾：要如何避免國內的人逃到別國去，又如何將別國的人民吸引到我國來？孟子給的答案是行「仁政」，國君對人民夠好，人民就不會走，別的地方的人也會來。商鞅的解決方案則仍然是連坐法。

連坐法讓人民彼此監視，而且還鼓勵告發。彼此監視就很難悄悄逃走，如果要逃卻沒走成，那下場會很悲慘。不只如此，法令規定人民要勤於耕織，連不夠勤勞都可能被鄰居告發，害你被

「降爵」，告發的人卻能因此「晉爵」。犯行嚴重時，你就被徵去打仗或服勞役，你的土地就被告發你的鄰居接收了。

人因此被有效地綁住，失去了遷徙的自由。秦以取消個體性，取消大部分人大部分自由的方式，構築了一個巨大的組織，人只能在裡面做固定的事，作為大機器中的一顆小螺絲活著。

08 秦的勝利失敗，就是法家的勝利失敗

商鞅變法中還有一個重點，就是奠定秦國農業擴張的動能。人民被綁入「農戰組織」中，不是打仗就是種田，而且要確保種愈來愈多的田。家中如果有兩個男人，法令逼迫一定要分家，留一個種原來的田，另一個去開拓新的土地。新的土地在哪裡？靠戰爭打下來。打下來的新土地，有現成人力可以進占耕種，在這裡快速形成新的農戰合一組職，也就更有把握可以長久據有這塊領土。

戰國時代的一項社會特色，是「游士」。封建制度裡沒有這樣的人，春秋時期這樣的人也還沒有蔚為風氣。孔子是最早創造出游士的人，帶著一群從土地、從既有宗法體系中游離出來的弟

子，到處「周遊列國」。到了戰國時期，游士更多了，就連主張農業至上的許行都是游士。

依照《孟子》書中的記載，許行主張如果人人都耕田，都不要從事那些耕田以外的工作，包括國君也都親自耕田，天下就會太平。但有意思的是，如此主張的許行自己在幹嘛？他帶著一群人，找各國國君給他地方住，遊說國君應該親耕種田，可他自己就沒在耕田啊！

這是個明顯的反諷，清楚反映了戰國游士現象之發達、之普遍。戰國時期會有諸子百家的熱鬧思想潮流，靠的也是這些游士。游士的本質是自由的、是多元的、是分裂的，他們存在的基本依恃就是提出跟別人不一樣或別人沒提過的主張，來眩惑國君以取得權力與利益。

換句話說，他們的行為絕對不會是統一、一致的。和別人一樣，他們就追求不到特殊的權力與地位了。游士當然傾向於離開現實去尋找道理，現實對他們沒有吸引力，他們靠的是比別人豐富的現象聯想或道理想像。

商鞅變法所強調的剛好和游士的本質相反。把每個人都變成一樣的，取消自由與多元，國家就容易治理，也就能變強大。商鞅的出發點是現實，是找出可以具體執行的辦法，在這點上，他比所有的游士厲害，而且他的辦法也有效地縮減了游士活動的空間。

農戰組織裡每個人都得做一樣的事，都被綁在一個固定的位置上，而且只能從事和土地生產有關的工作。這樣的組織裡當然沒有游士存在的餘地。游士提供了各式各樣、五花八門的「秩序想像」，法家卻直接具體地進行「秩序建構」，把一套新的秩序建立起來，也就窒息了所有其他的想像。

其他游士對於取代封建秩序的種種想像還停留在論辯、試驗階段，法家已經在秦國確切建起了一套農戰新秩序。新的秩序沒有那麼多理論，商鞅變法整理起來，一小段話就結束了。但這套秩序不再是想像的，而且一旦真正存在了，也很容易看得出效果。

這就是為什麼在諸子百家的思想言論競爭中，法家很快就取得了優勢。不是因為法家理論特別吸引人，法家的理論其實是後起的，原來不存在完整、細緻的法家理論。法家靠的是現實示範，尤其是秦在商鞅變法之後的實力。法家有秦作為其代表，秦的勝利與失敗，也就是法家的勝利與失敗。其他各家呢？哪一家有相應具體可供考察的現實依據嗎？逐漸地，法家和其他各家之間不再是平等的競爭關係，其他各家的思想模式不得不朝法家靠攏。於是原本爭放爭鳴的局面也就開始收斂收束，多元退潮，一元、一統的風格相應愈來愈明顯。

09 萬世久長，秦始皇的野心與執念

秦統一六國之後，秦始皇到處巡行，所到之處留下許多刻石。《史記・秦始皇本紀》中抄錄了不少刻石銘文。其中「琅琊刻石」裡有一段：「古之五帝三王，知教不同，法度不明，假威鬼神，以欺遠方，實不稱名，故不久長。」這裡有一個反映出秦始皇特殊思考的重點關鍵字，那就是「久長」。

對於被奉為歷史典範的三皇五帝，秦始皇一點都不佩服。讓他得以輕蔑三皇五帝，說他們名實不副的判準，就在「不久長」：「其身未歿，諸侯倍叛，法令不行。」人還沒死之前，就已經管不住底下的諸侯，也無法讓法令奉行。而使得三皇五帝不能久長的根本原因，就在於「知教不同，法度不明」。

「法度不明」意味著不是以清楚明白的法作為統治的根本；「知教不同」則點出關鍵在「不同」，也就是不能統一、齊一，不能用同樣的方式讓人民都一樣。沒有找到對的辦法，這些三皇五帝只好依賴鬼神，「以欺遠方」，靠著虛假的名聲在歷史上傳留。

秦始皇志得意滿，認為自己成就了超越三皇五帝的功業，更重要的，他相信自己最了不起的成就，在於找到一種可長可久的祕方，可以超越時間，建立永久有效的統治。這一點他可以睥睨過去所有的帝王，因為這些帝王的政權都已經傾覆不在了。

他的祕方是什麼？他為什麼可以不用「假威鬼神」？在原始條件下，要讓人民服從，要能威服眾多人口，形成龐大的政治體，最有效的手段的確是宗教、是鬼神信仰。而秦始皇自覺地聲稱他和那樣的時代、那樣的風格劃清界線，他不靠鬼神，也不佩服靠鬼神的前人。那他靠的是什麼？他靠的就是「知教一致」，就是商鞅變法以來留給他的一套社會組織。以「法」將秦國每一個人都塑造成一樣，有一樣的、可以徹底掌控和預期的行為，所以一定不會出現變亂。從人民的行為上，直接取消了統治的變數，沒有「不一」，就一切都不會變化，就沒有了時間帶來的不確定，就一定能「久長」。

《史記．秦始皇本紀》中記錄，統一天下後，當時的秦王政做的第一件事就是「議帝號」，他不滿意於原來的「秦王」，要臣下討論一個新的稱號，以便「稱成功，傳後世」。臣下們討論的結果是：「古有天皇，有地皇，有泰皇，泰皇最貴。」所以就建議用「泰皇」。但秦王政沒有接受這個建議，他的決定是：「去『泰』，著『皇』，采上古『帝』位號，號曰『皇帝』。」

秦始皇的心態很清楚，他不要過去曾經存在過的名號，「泰皇最貴」對他來說都不夠尊貴，就因為「古有」啊！他要強調的是自己所成就的功業是空前的，過去絕對沒有可以相比擬的。所以排除了過去存在過的所有稱號，另造一個沒見過的「皇帝」。

不只如此，當上「皇帝」後，他頒布的第一道「制」就是廢除「諡」。歷史上天子、國君著於史書的永久名號，是他們死了之後，才由後人依照其一生行事功過給予「諡」號，從此傳留。秦始皇無法忍受這種事，自己死後還要讓後人指指點點、決定好壞，「如此，則子議父，臣議君也，甚無謂，朕弗取焉。」他當然要掌握給自己取名的權力，於是自己取定為「始皇帝」——第一個皇帝。

不只取好了自己的歷史之名，他還同時把後來的皇帝名稱都一併取好了，「後世以計數，二世三世至於萬世，傳之無窮。」後面的就用數字算，「始皇帝」之後是「二世皇帝」，再後面是「三世皇帝」，一直算下去，直到萬世無窮。

這裡我們一方面看到了戰國時期數學發展的結果，數可以無限加大的概念已深入人心；另一方面也清楚看出秦始皇最大的野心與執念，他要抗拒時間，想像自己建立了一個可以「久長」、永遠存在、永遠不滅的帝國。這份「久長」、抗拒時間的執念，後來驅使他依賴方士，狂熱地追求長生不死。

10 天地之間，皇帝自成一類

秦始皇建立的新統治體將所有的人全部打平、通通變得一樣，只剩下國君高高在上。國君和人民之間存在著無限的、不可超越的距離，而一般人民之間則沒有任何距離，都被連坐法緊緊綁在一起，大家都一樣，可以互相取代，都只是帝國結構中的微小分子。

英國最高的政治權力掌握者是首相，原文叫 Prime Minister，意思是所有 Ministers 之中的第一個，排在最前面的一個。這名稱也顯示了，Prime Minister 和其他的 Ministers 之間沒有截然的地位差距，大家屬於同一個權力範疇中，只是在這個範圍內有排名先後。這是西方中古封建的基本精神，大家都是貴族，在貴族身分一事上有著同樣的地位。就連國王，也不過是 first among peers，在同儕中走在最前面、最威風、最像樣的一個，國王無法凌駕於他的同儕，分出絕對的地位差距來。

這也就是為什麼英國國王會簽署《大憲章》，留下了西方民主政體最早的文獻。國王和貴族間本來就有著相對平等的共治關係，國王想要擴大自我權力，縮減貴族共治的空間，引來貴族的集體抗拒，進而逼迫國王將共治的權力模式用白紙黑字寫下來。

周代封建原本的架構也有著類似的平等精神。周天子地位最高，他是所有人的「大宗」，但他對其他人仍然有著親族宗法的規範責任；封建系統內的貴族，對周天子是「小宗」，在自己的封國內卻是「大宗」，享有充分的權利。封建宗法裡，地位都是相對的，責任與權利也是相對的。更重要的，權利和權力都由相對客觀、固定的禮來規範，不是由任何人的主觀意志決定的。

法家，尤其是後期的法家，徹底改變了這種封建式的君主地位。從慎到、申不害到韓非，他們的理論都不斷抬高國君的權威，拉開國君和其他人之間的權力距離。這樣的理論，又由李斯等人落實為秦帝國的政治制度。國君的意義改變了，君和臣、君和民隔絕開來，君獨一無二、高高孤懸在權力位置上。其他人都在法的控制與監視下泯除了差異，變成一樣的；唯有君高於法，既是法的終極操控者，也不受法的約束。

君和臣之間已經沒有什麼可以比較的權力程度了，而是絕對不可跨越、不可比較的不同地位、不同範疇。帝國中所有的制度，也都依照凸顯皇帝絕對地位的原則來設計、開展。

天子位於封建地位的頂端，下面有公、侯、伯、子、男、卿、大夫、士，以至庶人，一層一層排列上來；皇帝不一樣，孤懸在最高的位置上，高高在上凌駕所有人。皇帝所有的一切都要和其他人不一樣。他自稱「朕」，只有他能這樣自稱。他對臣下的指示叫「制」，他給人民的規定叫「詔」。基本上，與皇帝有關的事物全部要另外取名字，給皇帝專用。在天地之間，皇帝自成一類，沒有什麼會和其他人接近、混同。皇帝之所以自稱「朕」，用意是「固不聞聲」，表明了不讓人們輕易聽到他的聲音，以為皇帝和其他人一樣說話。

11 專制皇權的近憂和遠慮

戰國之後，中國出現了「一人專制」。法家設計了種種法來管理一般人，但法的來源是一個不受其他原理原則拘束的個人意志，這個人高於法，自身不受法的管轄。

還有，法來自個人意志，沒有超越的權威，也沒有必然的原則，於是法就只規範且只能規範外在的「正行」，不管也無法管內在信仰的「正念」。在這樣的帝國裡，人少有行為上的自由，卻相對地有比較寬的思想自由。不符合「正行」要求會被懲罰，然而很少有思想上的整肅，沒有那種追究「異端」的沿革與殘暴。

周代徹底滅亡，秦統一列國，此一歷史變化再重要不過。自秦以後，大一統帝國的皇帝高高在上，以近乎絕對的權威統治臣下，成為中國政治體系的「常態」。這種權力模式深入中國人心中，以至於後來的人經常以這樣的帝國模式，理所當然地想像、曲解帝國成立前的封建制度。才過沒多久，到漢代司馬遷寫《史記》時，因為疊上了帝國、皇帝的現實影像，書中對於周代封建的描述，就已經有許多模糊、錯亂之處。

也因為帝國體制、皇帝權力深入人心，中國歷史上一旦出現不同的狀態，記錄都很容易被誤會、曲解。像是魏晉南北朝，世家大族勢力龐大且悠久，相對地，皇帝的位子通常是軍人靠武力一時興起攫奪的，因而世家大族的地位在社會上高於皇帝，也常常不太瞧得起沒有背景、不學無術的皇帝。相較於世家大族，皇帝不再高高在上，甚至會有世家大族不屑當皇帝的態度出現。這樣的歷史事實，儘管明明保留在魏晉南北朝的當代史料中，卻很少、很難進入後世的歷史圖像裡。尤其是宋代以降，世家大族存在的記憶淡化了，講起那個時代的政治，人們一般都還是理所當然地看中皇帝而忽略世家大族。這樣的偏差印象，一直持續到現代。

兩千多年來，中國皇朝政治的根本問題，也在秦代就固定下來了。皇帝高高在上，制度上的設計使得他和全天下其他人都不一樣、都隔絕開來，一個人統治龐大的帝國。再怎麼精力旺盛、野心充沛的皇帝，現實上都做不到「一人統治」，非得有人幫他不可。而皇帝是一切權力的來源，由他來決定權力的分配，那麼很自然地，誰跟皇帝愈親近，就愈有機會分享皇帝的權力。偏偏任何固定、制度化的安排，明確的政治位置和執掌，必然帶來程序與距離，於是臣民和皇帝的關係，就比不上伺候皇帝、和皇帝無距離共同起居的「近侍」。

專制的皇帝權力，身邊必然伴隨兩個問題，一是寵臣，二是近侍。而寵臣和近侍為了能分到皇帝更多的信任與權力，還會發展出或勾結、或鬥爭的關係。

另外一個必然的問題，是帝國疆域擴張所帶來的。為了徹底解決列國產生的「共鬥不休」，秦始皇以驚人的意志收攏地方權力，全都集中到中央來。但地理上的距離，很難主觀地以中央專制控制的設計來解決。很明顯地，離中央所在愈遠的地方，愈容易失控；一旦有了失控狀態，也就愈難處理。「楚雖三戶，亡秦必楚」，與其訴諸於任何果報循環或楚人性格，還不如從楚國和秦咸陽的距離上來解釋，為什麼楚地會是秦代最難控制、最難安心的統治隱憂。

一旦中央收拾不住怎麼辦？漢初試過部分恢復封建，將功臣和皇子分封到較遠的地方去擔負統治任務。後來司馬氏成立晉朝時，也同樣一度大封諸子，分散地方權力。然而漢代分封最終總結在「七國之亂」，晉代更是引發了司馬氏大混戰的「八王之亂」，顯示分封和皇帝制度有其格格不入之處，地方分權幾乎都是以「亂」收場。

12 早熟的帝國，拼裝的制度

從歷史的角度看，秦所建立的這個大一統帝國，有著概念想法和實踐執行上的一定落差。幾百年的「共鬥不休」，無法建立有效的列國和平並存秩序，迫使秦徹底改弦更張，放棄周代分權式的政治安排，轉為中央集權。然而要由中央來掌控那麼大的土地、那麼多的人口，具體所需的條件，即硬體和軟體的條件，其實都尚未成熟。

這是一個「早熟」的帝國。「早熟」意味著缺乏許多有效地讓這樣龐大帝國運作的環節，因而產生了內在的諸多問題與困難。這些問題與困難，很多和皇帝本身的能力無關，而是源自制度本身的缺失。或者換一個方向說，因為存在著這樣的內在缺失，得靠極有能力的皇帝才有辦法真正運作起這個大體系，現實中絕大部分一般、平庸，甚至不及平庸的皇帝，就只能坐視大體系的墮落、崩壞了。

法家將整個社會打平，取消自然多元及層級的做法，絕對不是最理想的。違背自然人性，將一套固定的模式強加在天差地別的地域與人群上，必然引發各式各樣的後遺症。然而在戰國末年，這是唯一可行的辦法。從儒家、道家到名家、陰陽家，給的都只是理論，不是實際的制度。在執行的制度面，法家沒有真正的競爭對手。

對比西方十八世紀最熱鬧的政體討論就明白了。歐洲當時也想要找出取代沒落、僵化封建王權的制度，在討論中互較長短的，都有自己的一幅藍圖，從徹底的集權到徹底的民主分權都有人主張，也都有人認真思考並進行細節規劃。那是一個真正熱鬧的政治意見競技場，逼著每一種立場的人都要有具體制度與改革程序的規劃。

相對地，雖然我們也用「政治思想」的概念去整理春秋戰國的各家思想和論理（例如蕭公權寫的《中國政治思想史》），但這裡面其實沒有那麼多具體制度設計上的想法。真正落實到制度面的只有法家。

法家將國君的權力不斷往上抬，抬到近乎絕對的地步，皇帝的「詔」、「令」就成了所有人都必須遵守的法則，高於包括傳統「禮」在內的一切規範，如果不遵守就會遭到嚴苛的懲罰。這樣的安排，和儒、道等各家的態度相反。其他各家的出發點是尋找真理，尋找一套普遍的原則，期冀依照找到的真理、原則去建構起現實秩序。法家不只跳過了抽象真理、原則的討論，還反過來從現實出發，先建立起國君的絕對地位，然後讓國君、後來的皇帝來決定真理。皇帝就是真理的最終依據。

「皇帝臨位，作制明法，臣下脩飭。……治道運行，諸產得宜，皆有法式。」這是泰山刻石的內容，也是秦始皇巡行刻石上典型的字句，表明了皇帝即位制定種種制度，皇帝就是一切的權衡，皇帝決定了一切事物的「法式」。琅琊刻石也說：「維二十八年，皇帝作始。端平法度，萬物之紀。以明人事，合同父子。聖智仁義，顯白道理。」由皇帝詔令所構成的「法度」，是「萬物之紀」，決定了人世間所有的關係規範。

這是對皇帝地位的最高推崇，皇帝不只在權力所構成的秩序中心，這整套秩序就是他建造起來的，他就是真理中心。不是說皇帝所言所行都符合真理，而是皇帝的所言所行就是真理。

這樣的新秩序中，皇帝當然不會錯、不能錯。這是扭曲且專斷的決定，必然帶來許多嚴重的後遺症。在沒有其他現實主張對手的情況下，法家的論點迅速升起，取得了最後的勝利。

法家所構想的，是一套從一開始就不那麼完整周密的制度，像是許多零件沒有組好就上路的車。狀況好、運氣好、駕駛的技術也好時，這輛車或許可以順利跑上一百公里。然而只要狀況、運氣、駕駛技術稍有差池，車就開始逐步解體了。再跑一段距離，終會到車體散開、不得不重組的地步。

13 兩條沒走的路，兩個錯失的機會

戰國長期混亂之後，換來了一個龐大、早熟的帝國。在發展過程中，沒有出現過讓列國可以和平共存的秩序。這是一條沒走的路。另外還有一條沒走的路，是由呂不韋所編撰的《呂氏春

秋》所呈現的。

呂不韋勢力最盛時，集合了眾多門客，編出一大本《呂氏春秋》，那是類似百科全書般的書籍。換句話說，《呂氏春秋》在基本用意上，和戰國時期的其他書籍大異其趣。百家爭鳴時，寫書留下記錄的第一項前提就是表明家派立場，為了將自己的家派和特定的立場說得更清楚、更強烈，才訴諸於著述手段。然而《呂氏春秋》掛了「呂氏」二字，是呂不韋的名字，但「呂氏」不是一「家」，也不屬於任何「家」。

《呂氏春秋》要將各家各派的說法齊集在一起，形成一部大百科，將這些過去不同來歷、彼此爭執的知識與主張整合起來。《呂氏春秋》的表面結構，用的是月令季節自然循環變化，接近道家；碰觸自然規律時，用的是陰陽家的概念；但從自然聯繫到人文現象時，又明顯偏向儒家。而《呂氏春秋》產生於法家大本營——秦國，其中當然也會有許多法家的成分；當談到社會安排時，又摻入了一些來自墨家的影響。

從比較負面的角度看，這像是個大雜燴，什麼都拉進來；但從比較正面的角度看，這樣的取徑應該有其更深刻的意義。徐復觀先生就認為，《呂氏春秋》的內容不單是貪多炫耀，內在其實有著一份創建大融合系統的嚴肅用心。這是還來不及充分消化的一個諸子百家初步 synthesis（綜合體）。

同樣是因應渴求秩序的時代背景，《呂氏春秋》提出了一個不同的可能，不是把法家抬到最高，壓倒甚至取消其他各家，而是建立一個較大的框架，盡量兼容並蓄，讓各家主張在這個框架下互相折衷，最後產生出每一家都有一點的新體系、新秩序。

因為秦國的內部鬥爭，呂不韋垮臺了，換上李斯當權。不要小看這一變化所帶來的巨大差異。我們可以從《呂氏春秋》明白看出，呂不韋的政治視野是整合式的、包納性的。但換成李斯，卻抱持著近乎絕對的法家立場，要取消其他各家意見，取消法家態度以外的任何異質空間。如果呂不韋沒有失勢，如果呂不韋在秦統一的過程中有更大的掌控權，他的綜合主義路線應該會讓秦出現很不一樣的政治運作，也讓後來的中國歷史呈現很不一樣的面貌。

宏觀來看，這兩條沒走的路就是兩個錯失了的機會。也就是說，中國在西元前第三世紀出現了皇帝一人專制的帝國系統不是必然的，不應該被視為唯一的可能，更不能被解釋為內在於中國文化或中國社會不可改變的命運。所有歷史變化的發展，一定有其偶然機遇，一定存在著現實以外的其他可能性。

第九講

秦始皇與始皇陵

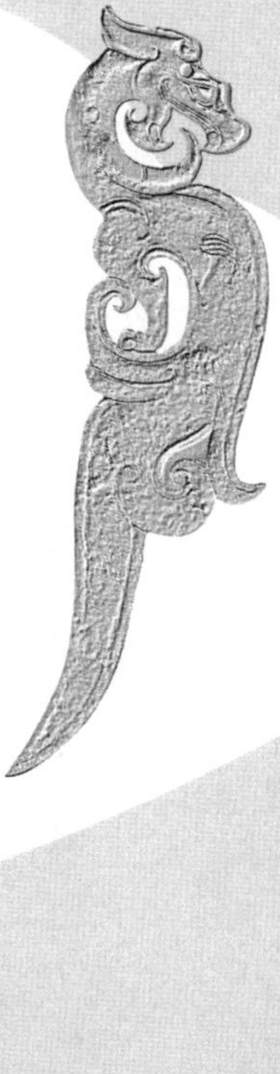

01 挖井挖出驚人史蹟

歷史上早有記錄，秦始皇活著時，就在驪山北麓大規模經營自己的陵墓。歷史上也早有記錄，驪山的秦始皇陵由內城、外城構成，陵寢之上還有厚厚的五十丈（約一百一十五公尺）「封土」。

一九七四年，在西楊村最早發現了秦始皇陵中的兵馬俑。西楊村並不在傳統認定的秦始皇陵範圍內，而是在秦始皇陵東邊一．五公里外。一九七二、七三年，這地方雨量不足，當地居民不得不鑿井補充水源。原本選定了要在兩條原有水道構成的溝地裡掘鑿一口井，但有經驗的老師傅建議改位置，改在五公尺外一棵大柿子樹下開挖。

這個大柿子樹下挖出來的洞，後來就成為歷史性的「秦始皇陵一號探坑」。開挖後，從地底深處挖出了許多破瓦片，瓦片形狀拼起來有著明顯的人形。鑿井的人原以為挖到村民埋的「瓦神爺」，但再細看又不太像。所以他們把瓦片清了清，再繼續挖，接著就挖出了銅器。據說一旁打雜、湊熱鬧的年輕人偷了挖出來的銅器拿去賣，這件事才傳了出去。

地底裡挖出銅器，讓當地的考古工作者懷疑有可能是古代文物。不過即使是他們，一開始也沒有和秦始皇陵聯想在一起，因為西楊村的地理位置太東邊了。那是文革後「搶救考古」風潮方興的時代，可能有文物出土的消息層層上報，到了一九七四年四月，當時的中國中央政治局委員李先念在會議中指示要重視。經過三個月的安排，國家考古隊正式進駐此地。

在國家考古隊之前，陝西地方的考古隊先進來了，挖了一個十六．八五公尺乘七．八五公尺的坑，試圖確定文物埋藏的範圍。國家考古隊接手後，又將挖掘範圍擴大到二十四公尺乘十四公尺。挖到那麼大，卻仍然無法確定文物埋藏的確切位置，不可能繼續往外擴，挖掉人家的田和樹，正準備放棄時，卻在八月二十八日出土了一件完整的青銅器。

這項發現使得考古隊得以繼續留在當地，有充分理由擴大挖掘工作，終於挖到了夯土牆的遺跡。於是考古隊就循著夯土牆探挖，一段段將夯土牆所圍的範圍確定下來。經過一年的時間，到一九七五年六月，才算確認了這個遺址的規模。

這是驚人的規模！探測出來的總面積是兩百三十公尺乘六十二公尺，而且在初步確認規模的過程中，就已經有文物陸續出土，挖掘出大約六百件，包括後來我們熟悉的兵馬俑。但那個時代，沒有人知道這些泥塑的人俑和馬俑到底是什麼。

到了一九七五年八月，在北戴河的會議中，陝西地方官員向當時負責國家科技發展的聶榮臻簡報，首度提到這處考古遺跡可能和附近的秦始皇陵有關。於是聶榮臻和之前就關心過這件事的李先念商量討論後，決定將這個考古案提為國家重大建設項目，投資兩百萬人民幣，籌建一座博物館。

那個時代，兩百萬人民幣可是一筆大經費，而且還是國家重大建設項目！這個決策的背景，也許是因為文革時「批孔揚秦」的意識形態，將秦始皇的歷史地位抬到了最高，因此可能和秦始皇有關的文物都受到特別重視。

這項決策給考古人員帶來很大的壓力。一來，他們並未確定這些文物是否真的和秦始皇有關；二來，考古還在進行，要怎麼蓋博物館？

博物館的基本構想，是將這座遺址整個包納進來。然而此時對遺址的了解，其實還有很大一部分是推斷的，甚至是猜測的。萬一蓋了博物館，這個範圍內卻沒挖出更重要的文物，怎麼辦？還有另一種情況：博物館蓋好了，卻發現真正重要的遺址在博物館外，又怎麼辦？

於是考古人員必須在有限時間內，拚命想辦法弄清楚遺址的邊界。到了一九七五年十一月，國家正式通過博物館設置的經費預算與工程進度規劃，博物館工程要正式開始了，於是要將遺址回填，保護起來，等博物館蓋好了才能繼續進行考古工作。

博物館於一九七六年九月動工，到一九七八年四月博物館大廳完工，五月八日，博物館內的遺址重新開挖。重新開挖時，因為上層的表土必須先全面移走，挖出的土方非常龐大，還動員了解放軍幫忙。整個遺址範圍劃分為二十七個「探方」，原本的計畫是二十七個探方全面開挖，由解放軍工兵隊將所有的表土挖開運走，大批考古人員再分工進行細部考掘。

然而細部考掘一進行，就發現涉及的工作遠超乎想像。從一九七八年五月一直到一九八一年九月，三年多的時間，才只處理完五個探方，占全區面積不到五分之一。而在這五個探方中，就挖掘出一千零八十七件陶俑。一九七九年十月，博物館正式對外開放，考古工作在博物館內持續進行。

02 兵馬俑、銅車馬橫空出世

一九七六年，為了建博物館而將原來的遺址回填、考古人員無法作業的時期，他們就在附近做一些探勘工作。結果在距離不遠的博物館範圍的北邊，又發現了有文物埋藏。進一步探挖，又挖出一個值得考掘的大坑來，面積是一百二十四公尺乘九十八公尺。雖然比原來的第一個考古區小一點，卻也是好大一塊！

還沒完，同樣在這個原有區域無法考掘的「空閒時間」，考古人員又發現了第三號坑和第四號坑。經過後來幾十年的挖掘，最早的一號坑面積最大，挖出了數量最多、排列得也最整齊、最壯觀的兵馬俑。不過，二、三、四號坑也各有其特殊的出土文物，各有不同的重要意義。

二號坑範圍內的一角，有過去火燒崩塌的痕跡。對地底出現的火燒痕跡，考古人員通常一則以憂、一則以喜。憂的是一定有些文物被燒掉不見了，或燒得面目全非。那喜呢？火燒將空氣消耗掉，火燒後崩塌下來的土層又隔絕了外面的空氣，裡面就形成了真空，那是幫助文物保存幾百年、甚至幾千年不變質的絕佳條件。

的確，因為火燒產生的作用，二號坑中出土了一些保存狀況比一號坑更好的陶俑。最重要的是，部分的原始彩繪竟然能在兩千多年後維持、保存住顏色，我們才有把握去復原兵馬俑的外

兵馬俑

表。一號坑出土的陶俑，表面的彩繪幾乎都脫落了，如果沒有二號坑的出土文物，我們無從知道他們原先都是彩色的，更不會知道那色彩是如何塗上去、塗料又是什麼樣的成分。

兵馬俑的彩繪分兩層，先上一層底漆，然後在底層的生漆上第二次塗畫。底漆和表面的塗漆之間一定有空氣，所以時間稍微久一點，兩層就會分離，而表層塗漆就會開始剝離。二號坑這幾具兵馬俑因為火燒造成的效果，長期保留在真空狀態中，然而一旦離開真空狀態，接觸到空氣，漆很快就會變質。快到什麼程度？剛開始沒有防備之下，偶然先出土的彩繪陶俑提供了明確的「示範」：彩繪陶俑重新接觸到空氣，一分鐘內就會變色，兩分鐘內表漆就開始有了捲曲、變形的現象。

因此要將這些彩繪陶俑挖出來，還能使其繼續保存原始彩繪狀態，那真是困難啊！考古人員必須不斷地小心探試，估計離兵馬俑位置大約十公分時，就不能再使用工具，要用微量的水慢慢將泥沙一點點沖掉。剩下一公分時，水也不能噴了，要另外準備好化學藥劑，保障能夠在陶俑出土的瞬間立即施以防氧化處理。

如此小心翼翼，得以在二號坑中出土了六具留有表面彩繪的跪射俑。這六具跪射俑，每一具大約要花八個月時間才能順利地挖出來。由此大家可以了解、想像挖掘工作有多耗時，也就能了解、想像為什麼秦始皇陵的考古挖掘，必須花幾十年來進行。

二號坑的另外一項特色是挖出了「木棚」的遺跡，顯現當年是靠著密密麻麻排列的木架形成頂架，來把這個置放兵馬俑的空間撐開來的。這些木頭當然都腐化了，但從殘跡上仍然可以判斷用的都是柏木，而且可以還原木棚原始的架構。

三號坑在尺寸規模上相對小得多，因為這裡布置的是這支陶俑大軍的指揮部。不同於一號坑、二號坑，三號坑有曾經被破壞過的跡象，在考古學上稱為「擾坑」。什麼時候被侵擾？沒人知道。挖開來之前，也不曉得這是被侵擾過的。因而剛挖開時看到裡面的狀況，讓考古人員為之毛骨悚然，因為顯現在他們眼前的，是一堆沒有頭的陶俑，像是被砍了頭似的。另外還有幾具陶俑，是頭下腳上被棄置在旁邊大約五十公分高的一個土層上。

歷史上有人進入過這個指揮坑，盜走了部分陶俑的頭，可能還盜走了幾具完整的陶俑。在這個指揮坑中找不到將軍俑，最合理的解釋應該就是被偷運出去了。這些人怎麼進來的？將軍俑或那些被砍下來的頭去了哪裡？到目前我們一無所知。

四號坑也有特別的故事。這是個明顯沒有完成的工程。為什麼沒有完成？也許是因為秦始皇之死來得突然，比他自己原先預期得早，當然也就使得驪山陵寢工程配合不上，必須提早啟用。也有可能是因為秦始皇死後沒有多久，陳勝、吳廣揭竿而起，天下騷亂，驪山陵的工程就無法按計畫繼續進行了。

目前的考古挖掘除了兵馬俑坑之外，還挖出了「秦始皇陵園」。陵園中有一塊區域應該是陪葬區，有許多人骨。還有一個「便殿」，旁邊有比較簡陋的房舍，應該是給園丁和服侍人員住的。至於園丁和服侍人員是以陶俑來代表，還是以真人陪葬，因為沒有全面開挖，尚無定論。

便殿邊有廚房，還有馬廄，在這裡出土了兩組非常完整的銅鑄「四馬一車」，這個考古掘坑

銅車馬

也就被稱為「銅車馬坑」。銅車馬組和兵馬俑的不同之處，在於前者不是以實物大小鑄造的，尺寸上比實物小一點。尺寸雖小，車的構造卻極其精細，經過考古及技術人員的仔細復原，花了六年的時間，才將超過一萬個零件拼湊回一輛車。

復原的工程極其複雜、麻煩。除了那麼多的零件要一件件確定究竟用在什麼地方外，還受到時間的考驗。即便是銅鑄的，經過那麼久的時間，許多零件還是有了或大或小程度的變形，因而就算知道零件的位置，還要以巧思，在最少改變出土現狀的條件下，將整輛車拼起來。透過這兩組銅車馬，我們見識到秦代青銅工藝的技術水準。

03 驪山陵地宮，全面探知要花兩百年

前面說到，兵馬俑是在距離驪山陵一．五公里外的西楊村挖出來的，但這並不是傳統上對驪山陵地理位置的認定有錯，而是這些龐大的兵馬俑陣仗，還不是秦始皇陵的主體，只是其外圍的衛戍部隊。

秦始皇陵的主體仿照當時咸陽城的布局，分內、外兩城，內城周長二．五公里，外城六．三公里。秦始皇棺槨及主要的陪葬品位於內城西南。這些內外城區域埋在近八十公尺的「封土」底下，要先將封土移除才有辦法挖掘。但依照文獻記載，秦始皇陵還在地底很深的地方，「穿三泉」，可能有三十公尺深，不是移走封土就了事的。

對於秦始皇陵的主體，前後挖了超過十萬個探坑，其中最深的挖到地下二十六公尺。以探測的結果來看，核心的「地宮」外有夯土牆，規模是四百六十公尺乘三百九十二公尺，比兵馬俑坑要大得多，面積是一號坑的十幾倍。

科學探測發現，地底的秦始皇陵中有強烈的金屬反應，顯示可能有大量的汞封藏在裡面。《史記．秦始皇本紀》中對驪山陵的描述是：「始皇初即位，穿治酈山，及并天下，天下徒送詣七十餘萬人，穿三泉，下銅而致槨，宮觀百官奇器珍怪徙臧滿之。令匠作機弩矢，有所穿近者輒

射之。以水銀為百川江河大海，機相灌輸，上具天文，下具地理。以人魚膏為燭，度不滅者久之。」有汞反應，表示這段話中所說的「以水銀為百川江河大海，機相灌輸」可能是事實。

地宮所在很深，「穿三泉」意味著修建陵寢時挖到了地下水層，也就要有特殊的擋水機制，很有可能是以大量的石塊投入地底，阻止水進入地宮裡。藉由探坑的探測，看來圍著地宮的夯土牆仍然挺立著，沒有發現明顯侵入盜墓的痕跡。不過誰都不知道底下確切的狀況如何，也沒有人能預測這些地底文物何時得以出土。

考古學界目前多有共識，對於實際開挖秦始皇陵抱持著反對態度。最根本的理由，就是沒有把握能夠妥善保護藏在地下的文物。對壁畫、陶器、紙、絹、絲這些東西的保護，目前的技術離有十足把握還很遙遠。埋在地下兩千多年的文物，下葬之初會氧化、腐爛，但幾年後情況就穩定了，在缺氧的環境中可以保存得很好，若是現在貿然挖出來，受到空氣、濕度、溫度、光、震動等變數影響，很可能在幾分鐘內就會受到永遠無法彌補的破壞。

要開挖秦始皇陵，先要剷掉上面的「封土」，封土挖開了，廣達二十多萬平方公尺面積的「地宮」要多久才發掘得完？這漫長的發掘過程中，要如何保證遺跡不受前面所說的種種因素破壞？揭開封土挖掘完了，又如何將封土覆蓋回去，恢復原來的面貌？這些根本問題，目前都沒有答案。

恐怕短時間內也不會有答案。秦始皇陵的規模太大，形成了不只是中國考古界，甚至是全世界考古界都沒遇過的嚴苛考驗。依照現有的考古鑽探技術，光是要全面了解地下埋藏狀況，估計就得花兩百年時間！當然，現代高科技隨時可能有新的突破，不過顯然在全面了解完成前，不必、也無從去考慮實際開挖秦始皇陵的問題。

04 「空前」自信，睥睨「過去的烏托邦」

不需要等到考古人員將「地宮」挖掘出來，就目前得到的資料，我們已經確知驪山陵的規模，同時也明瞭能夠興築這樣的巨型工程，當時秦的國力有多強大。和驪山陵同時間興建的阿房宮，今天已經找不到任何具體遺跡。歷史研究者一度認為傳統上對於阿房宮的描述，應該是嚴重誇大的，也有人懷疑阿房宮是否真正建成了。然而依照驪山陵考古提供的具體證據，我們就沒有理由、也不需要再懷疑史書上關於包括阿房宮在內，秦統一六國後所進行的種種建設。

依照《史記》所述，光是興建驪山陵就動用了七十萬的刑徒，蓋出了中國歷史上最龐大的陵寢。如此不恤民力地建造死後居所，至少呈現了三層意義：第一，秦始皇在統一六國之際感受到強烈且「空前」的自信；第二，秦始皇對於死亡的高度重視或恐懼；第三，在法家體制下，秦創造出規模驚人的強迫性勞動力。

統一六國，使得秦始皇認定自己完成了一件「空前」的事業，產生了與過去歷史斷裂的特殊心態。這是一個全新的開端，在他手裡打造出一個新天新地，他比歷史上曾經出現過的任何人、任何帝王都還要偉大，以任何方式來誌記、彰顯這件事，因此都不為過。

這樣的「空前」意識，與戰國時代的思想主流，尤其是儒家的信念，是直接衝突的。儒家相信歷史的鑑照作用，不只是主張將時間倒撥，回到周初的禮儀狀態，甚至倒回到堯舜的理想國度裡，而且主張要有效處理現實問題，必然需要歷史、先王所提供的範例與規則。

除了法家之外，戰國時期的其他家派在這點上基本和儒家站在一起。他們大致都崇古尊古，因而習慣從歷史上尋找權威，來抬高自己的意見。這使得戰國成了最熱鬧的「造史」時代。許多關於中國古代事蹟的說法，都源自戰國時代的百家爭鳴。在言論競爭中，將自己所相信和主張的，擺放到古人的口中，或改寫成古人的經驗，成為這個時代流行的做法。明明出現在戰國的《老子》，卻也因為這種心態潮流的衝擊影響，硬是被提早了幾百年，附會到比孔子稍早的老聃身上。

到了戰國，中國思想中已經明確地建立起「過去的黃金時代」，或說「過去的烏托邦」的模式，主張甚至深深相信在過去曾經存在過理想國度，有近乎完美的人類社會。

烏托邦不在未來，而在過去。過去的烏托邦對於人心的影響，大不同於未來的烏托邦。將烏托邦設在未來，大家都知道那是想像的，頂多是推論或推測的。但相信烏托邦在過去，卻是認定如此近乎完美的人類社會是現實，是曾經實現過的，不單是想像。即使明明是想像，然而一旦設定在過去的時代中，就取得了一種「歷史實然」的權威，堵住別人質疑「這不可能」、「太理想化了」的想法。

因而，戰國時期各家各派都將理想社會投射到古代去。而且進一步產生了「愈古老愈完美」的定律，要強調自己所主張的社會和文明秩序比別人的好，就將這種秩序投射到最古遠的時代。你認為理想社會出現在周初，我就把我所相信的講成是商成湯時代的典範，另一個人就再將他的理想社會圖像依託到比成湯更早的夏禹身上。再要比，又會有人將他的主張放到比夏代更早的堯、舜時代去……

這正是為什麼到了戰國時期，中國古史記錄一方面大爆發、一方面大混亂，因為大家都在尋找、創造更古老的歷史，作為自身主張的權威基礎。愈古老愈完美的基本規則，也就產生了顧頡剛所形容的「古史層累構成」的效應。愈古老的歷史，是由愈後來的人，基於論證上壓倒前人的需要，而往前去創造出來的。

「過去的烏托邦」給人強大的信念，相信理想社會是真正存在過的，需要做的是復原過去的狀態。這和想像未來，配置各種讓理想社會在未來實現的條件很不一樣。也因為這種信念，使得中國人格外重視歷史。歷史不只保存了過去，而且歷史中藏著理想社會、理想人生的典範與例證，回歸歷史，可以讓我們循線重建理想社會、理想人生。

秦始皇熟悉這一套戰國價值，因為熟悉，所以特別感到厭惡。這種歷史觀念降低了他統一六國功業的意義。在這種歷史觀裡，所有最美好、最偉大的事都發生在過去，都在過去發生過了。

今天、現實所成就的，和「過去的烏托邦」相比，都沒那麼美好、那麼偉大。秦始皇無法接受這樣的評價，因而他特別凸顯、強調，他所完成的是空前的功業，他所創造的是前所未有的一個全新的開端。

「空前」再重要不過，所以要推翻過去的歷史權威，甚至要睥睨歷史，來建立秦始皇的自我至高評價。

05 造陵寢、求長生，和死亡周旋

秦始皇最重要的成就，他自己明白，別人也清楚，當然就是統一六國，結束了原來的分裂狀態。統一，是建立在眾人的集體期待心理基礎上的，列國並立打仗打了上百年，大家都累了，希望戰爭停止，希望和平來臨。

和平怎麼來的？靠統一。完成了統一，在秦始皇，乃至整個秦帝國的集體意識中，刺激出了強烈的價值傾向，認定統一、集中就是好的，分別、多元就是壞的。現實秩序靠著統一而得以重建，多年混亂靠著統一而得以收拾，統一就升高成為意識形態指導原則。

於是連歷史都被統一了。秦始皇的心態接近於「歷史的終結」，過去的種種變動到此為止。他的「空前」成就，也就是讓過去的變化到此為止。變化讓大家痛苦，而變化起自分別、多元，一旦統一了，解決了痛苦，也就一併取消了變化。秦始皇認定他所創造出來的這套秩序，和過去的其他制度都不一樣，應該會永久恆常地持續下去。所以他自稱「始皇帝」，規定後面的皇帝就依照二世、三世、四世的數字排列下去，直到無窮。他對秦帝國的想像是絕對的——絕對的價值，絕對的自信。

這樣來理解秦始皇的心態，對於他如此在意死亡、甚至抗拒死亡，就不會感到意外了。他找到了一個超越歷史、建立永恆秩序的方法，在統一中，這套秩序會永遠維持下去。然而這統一、永恆的原則裡出現一個漏洞——他可以在空間上完成統一，但他的自我生命卻無法超越時間、統一時間，無法恆常存在。他會死，他的帝國可以對抗時間，為什麼他個人卻沒辦法？

要對抗時間，一種方式是想像死後生命，期待死而有知，或許有一種不同於活著的型態可以延續。建造巨大陵寢，設計了重重保護，就是要為這樣的死後生命做準備，也是一種和死亡周旋的方式。除此之外，在接觸到東方思想時，秦始皇也曾被另外一種與死亡周旋的方式深深吸引，那就是尋求成為長生不老的神仙。

依照《史記》的記載，始皇二十八年，統一後的第三年，秦始皇巡行東方，在齊國故地遇見一個叫徐福的人。徐福上書說，東海之中有蓬萊、瀛洲、方丈三座仙山，山裡的仙人有著可以讓人長生不老的方藥。於是秦始皇答應徐福所請，依照他宣稱的為了求仙藥所需的配備，給他數千童男童女帶領入海。但徐福一去，多年沒有消息，有傳言說他帶了大批幼年人口航海到了今天的日本，成了日本人的始祖。

過了幾年，到始皇三十二年，在河北秦皇島附近，秦始皇又遇到了燕人盧生。盧生自稱認識真正長生不老的仙人，叫羨門、高誓。之後又有韓終、侯公、石生等一連串的人，陸續都得了秦始皇的賞賜去尋找不死之藥，但沒有一個有結果的。其中盧生膽子最大、花招最多，想了很多藉口解釋為什麼得不到仙人的長生不老藥，甚至還教秦始皇必須出入隱匿，不能為人所知。

然而盧生說法再多，終究不可能真正求得仙藥讓秦始皇長生不老。於是對別人，盧生又想出另外一套說詞，藉口是因為秦始皇「貪於權勢」，所以沒辦法幫他求仙藥。然後盧生就悄悄逃走了。發現盧生逃走，又聽說盧生在背後如此批評他，秦始皇大怒，於是下令全面查問「諸生在咸陽者」，有妖言惑眾的就通通抓起來，最後抓了四百六十多人，一併予以坑殺。

這就是後世稱為「坑儒」的事件。

從《史記》中我們明顯看出古怪，引發這個事件的明明是方士，為什麼會變成「坑儒」呢？那被坑的四百六十多人到底是方士還是儒生？關於他們的身分，現在沒有足夠資料可仔細驗證，不過從史料中，大約可以重建方士惹禍激怒秦始皇卻導致「坑儒」的原因。

關鍵在於「訞言以亂黔首」這個問罪標準。方士有兩件事得罪了秦始皇，第一件是騙他要去求長生不老方藥，卻沒有求來；第二件是盧生攻訐秦始皇「貪於權勢」。即便在盛怒之下，秦始皇也不會將整肅方士的重點都放在第一件事上，那樣豈不就凸顯自己不夠明智竟然受騙嗎？於是這「訞言」轉而強調批評、攻訐始皇帝及其施政上，如此原本是方士惹的禍，就禍及儒生，甚至導致了「焚書」。

06 焚書、坑儒，雷厲追求「統一」

什麼樣的人會用什麼方式批評、攻訐始皇帝？在這方面，始皇帝最討厭的是儒生，而儒生批評他的方式是「以古非今」。儒生繼承孔子以降的儒家根本信念，相信最理想的典範在古代、在先王，現實不過是古代理想的淪落，終極目標應該要回復到古代的理想，追摹過去的聖人，他們當然習慣用想像中的古代至高標準來衡量、批評當下現實。

這和秦始皇的觀念形成強烈衝突，是他最不能接受的。他自認明明開創了「空前」的功業，但在儒生的價值評量中，卻總是抬高過去歷史的成就，指摘他做得不夠或做得不好。

始皇三十四年，也就是坑儒事件的前一年，始皇帝過生日，周青臣讚頌：「日月所照，莫不賓服。……人人自安樂，無戰爭之患，傳之萬世。自上古不及陛下威德。」這樣的讚詞完全符合始皇帝的自我認知和自我評價。然而周青臣的話惹來博士淳于越的反感，直接在始皇帝面前反駁他：「事不師古而能長久者，非所聞也。今青臣又面諛以重陛下之過，非忠臣。」強調依照過去殷、周前例才是正道，斥周青臣「非忠臣」。

在皇帝面前有了尖銳衝突的不同意見，於是「始皇下其議」。丞相李斯當然知道皇帝真正的態度，便毫不含糊地替皇帝表明：「五帝不相復，三代不相襲，各以治，非其相反，時變異也。今陛下創大業，建萬世之功，固非愚儒所知。」這是徹底相反的歷史觀，甚至可以說是「反歷史觀」。歷史的價值不過在於呈現「時變異也」，不同時代「不相復」也「不相襲」。

儒家視為典範的「三代」、「聖王」有什麼了不起的？李斯說：「三代之事，何足法也？異時諸侯并爭，厚招遊學。……古者天下散亂，莫之能一，是以諸侯并作，語皆道古以害今，飾虛言以亂實，人善其所私學，以非上之所建立。」三代最大的特色不過就是「散亂」、「併爭」，也就是「天下共苦爭鬥不休」的來源，怎麼可能值得羨慕，更不可能拿來當作標準批評現實。秦始皇所建立的現實，是「今天下已定，法令出一，百姓當家則力農工，士則學習法令辟禁。……今皇帝并有天下，別黑白而定一尊。」諸侯列國消失了，在政治上形成統一，法令也統一了，那麼很自然地，思想、是非標準也應該一併統一。

因而李斯進一步從執行的角度，提出了統一思想、是非標準的方法：「私學而相與非法教，人聞令下，則各以其學議之，入則心非，出則巷議，夸主以為名，異取以為高，率群下以造謗。如此弗禁，則主勢降乎上，黨與成乎下。禁之便。臣請史官非秦記皆燒之。非博士官所職，天下敢有藏詩、書、百家語者，悉詣守、尉雜燒之。有敢偶語詩書者棄市。以古非今者族。吏見知不舉者與同罪。令下三十日不燒，黥為城旦。所不去者，醫藥卜筮種樹之書。若欲有學法令，以吏為師。」

關鍵目標在禁「私學」，不准人們「各以其學議之」。私學最大的勢力是「以古非今」，所以就徹底斷絕「古」的來源，將記錄古時事蹟的書籍全面燒毀。正式的史書只准留秦國的官史，其他過去王官學和諸子學的記錄一概摧毀。

禁「私學」的同時，還訂定出對比的「公學」——統一思想標準——的內容，那就是定於一尊，沒有討論、商量餘地的「法令」。除了具體有用、技能性的資料（「醫藥卜筮種樹之書」）以外，「法令」成了唯一能夠繼續存在的知識內容。

李斯提議、秦始皇決議施行的，不是特定針對儒家，而是更普遍地阻絕任何多元知識與評價的來源。「詩、書」是周代傳統王官學的代表性內容，也是儒家主要的思想依據，但「詩、書」之外，「百家語」同樣也要滅除，不准流通、學習。這項措施背後的動機不是反對、仇視儒家，而是更根本的對於「統一」的追求。

雖然李斯奏議上規定「三十日」內要將這些書都「雜燒之」，但幾百年的傳統哪有可能真的這麼快就消失？人們心中抱持的不同想法，哪有那麼容易就統一了？一年之後，爆發整肅方士事件時，顯然還有很多不認同始皇帝做法的人，流傳著許多批評的意見。這些人就在大搜咸陽並鼓勵告密的情況下被抓、被坑了，其中不會只有方士，當然也不會全都是儒生。

07 書同文，識字才能知法

「統一」是秦帝國最核心的指導原則，泯除過去列國並存所造成的多元、差異現象，是新帝國最積極的施政作為。「統一」就是對的，多元、差異就該除之而後快。

始皇二十六年滅齊後，立即進行的一項措施是統一度量衡，由朝廷鑄造標準的度量衡依據，上面有刻字認證，送到各地，從此長度、重量、容積就都按照這個統一標準。秦同時也進行了文字的統一，史稱「書同文」。

中國的文字已知最早見於商文化，是用來記錄超越世界的祖神給予的訊息，帶有高度祕密色彩。周人學習、傳承了這套文字，進行大幅的功能改造，用來記錄貴族教育王官學的內容，並進一步讓這套圖像文字和語言、聲音產生規律關係，讓文字得以用於記錄語言上。

到了始皇帝的時代，文字又有了另一次的功能轉折。如今文字最主要的功能是將法固定下來，讓每個人都知道、都乖乖遵守。從鄭國子產「鑄刑書」以來，這就是法家慣常看待文字的角度，法要發揮作用，就要「信賞必罰」，這「信」和「必」都牽涉到法有確定不移的內容，不隨個人主觀意志而改變。

確保每個人都守法，前提是要每個人都知道法的內容，而且每個人知道的都一樣。這正是為什麼統一之後，秦始皇毫不遲疑地就推行「書同文」，將戰國時期各國分別發展出來的異樣文字進行全面整理。「書異文」的情況下，以文字記錄下來的法就會連帶有歧義，那是法家統治概念下不能容忍的事。

秦始皇巡行各地，所到之處都留下刻石，除了用以表彰「空前」功業外，另有借刻石示範統一文字的作用。刻石上用的文字，都是由李斯主導完成的「小篆」，表示從此之後你們各地原來使用的其他形體文字都要廢止了，要改用這套統一的新字體。「小篆」筆畫較複雜難寫，所以後來為了讓書寫方便、快速，又發展出另外一種字體「隸書」。

秦始皇極重視文字，但他重視文字的理由和之前的周人很不一樣。對他來說，文字不是貴族文化的核心，也不是思想和主張的表達工具，而是必要的統治手段。識字的人才能知法，有統一的文字才有統一的法；倒過來，要傳揚統一的法，就要有統一的文字，還要有用統一方式學習法、學習文字的人。

秦始皇將文字轉化為傳播工具。他的功業既然已經終結了歷史的變化，當然就不需要再用文字保留過去，過去只會帶來「以古非今」的不愉快和困擾。文字要面對當前、面對未來，要替當前和未來訂定規範。新鑄的標準度量衡上有刻文，告訴人民這是多長多重，還訓誡從此只能依照這樣的標準來度量。刻石銘文上宣告了這個新時代的來歷，並清楚表明新時代對於人民的種種要求。用這種方式，文字將法與秦始皇的訓令傳播到各地去。

中國文字在戰國時期大幅發展，產生了許多新字。最主要的，是「形聲」原則的普遍運用。

「形聲」造字使得這套圖像符號能夠更緊密地和語言結合在一起，於是各國各地就按照當地的語言發音，以「形聲」原則造出很多字，使得文字數量大幅成長。但這些字各有各的寫法，往往一離開發明的地方就沒人認得了。

秦始皇和李斯大力整頓文字，最重要的就是將「形聲字」的寫法統一固定下來。在此之前，代表聲音的符號和代表意義的符號如何結合並沒有規律，各國各有一套自己的規則；但在「書同文」之後，就確立了今天我們稱為「偏旁」的原則。「形聲字」基本上以左右分，左邊是「義」，右邊是「聲」。

今天我們會說「豎心旁」，意思是這偏旁是「站起來的心」，為什麼要讓心站起來？因為要符合「書同文」的原則，所以創造了一個總是寫在左邊的符號代表「心」，看到這個「豎心旁」，我們立刻明白這個字的意思應該和感情有關係。至於這個字怎麼唸？到今天我們也都留著這樣的通俗指引：「有邊唸邊，沒邊唸中間。」也就表示字裡應該會有一個代表聲音的符號，如果左邊的「心」代表意義，那麼通常右邊那個符號就代表聲音。

現代中文裡，像是「忍」、「態」等同屬「心」字邊，卻不是「豎心旁」的字，「心」沒有站起來，而是躺著寫在下方。另外，「火」字旁也有放在左邊和放在底下的不同寫法。這種字就是「書同文」過程中沒能徹底改變的例外，同時也顯示了當時戰國文字的複雜情況。同樣是表示感情的「形聲字」，「心」可以居左、可以居右，可以在上、也可以在下，那就必然造成辨識與書寫上的巨大困擾。

另一個「書同文」沒有收拾乾淨的例外，是「阜」與「邑」，我們一般通稱「左耳」、「右耳」的偏旁。這兩個偏旁本來是同一個，都是代表和居住處有關的意思。依照「書同文」的規範，應該只有「左耳」，統一將偏旁都放到左邊來。但顯然當時已經存在許多「耳朵」寫在右邊的字，沒有被完全改變過來，後來就變成兩個偏旁並存。像「部」和「陪」，兩個字組構的元素其實完全一樣，卻有兩個不同的發音、兩個不一樣的意思，學童習字過程中常常搞混。

由此我們也可以推想，如果沒有當時「書同文」的整理，中國文字會有多亂，甚至不同地方都可能逐漸有了自己的單行文字，慢慢地文字系統就分化了。

08 鑄錢幣，開馳道，以吏為師

統一六國後，另一項快速消除的差異是貨幣。戰國的經濟發展創造了貨幣的需求，但剛剛出現的貨幣五花八門，有不同的材料、不同的模樣，當然就一定有不一樣的價值。這麼明顯的差異，新帝國不可能容許。《史記．平準書》記載：「及至秦，中一國之幣為二等，黃金以鎰名，為上幣；銅錢識曰半兩，重如其文，為下幣。而珠玉、龜貝、銀錫之屬為器飾寶藏，不為幣。」

秦明白制定了貨幣的統一規格，等級、形制與重量都有明確規定。

秦代半兩錢的標準規格，據《古今注》所記為「徑一寸二分，重十二銖」；直徑相當於現代二．八公分，十二銖的重量則相當於現代八公克左右。秦半兩錢是外圓中間有方孔，承襲了戰國時期秦國「半兩圜錢」的式樣，有「天圓地方、涵蓋宇宙」之意。從功能上看，這種圓錢形制便於穿繩，容易攜帶，解決了過去其他材質貨幣複雜沉重的種種不便。

除了銅質鑄造、重量十二銖的「半兩錢」，另外也接受黃金作為貨幣流通，依照重量計，稱「黃金幾鎰」。除此之外，原本各國使用過的其他材質貨幣一概廢除，不得流通。

另外一項重要的統一工程，就是「開馳道」。「馳道」的起點都是秦都咸陽，一條往東北，到燕、齊；另一條往東南，到吳、楚。馳道既有實際作用，也帶有高度象徵意義。實際作用是讓帝國的軍隊可以從馳道上快速奔赴離咸陽最遠的地方，避免因為距離所產生的統治鬆弛，威嚇遠方不要心存僥倖不守規範，同時遇有變亂時，可以立即打擊處理，避免禍害坐大。

為了讓主要由馬來拖拉的車輛快速運動，馳道上刻鑿了固定的輪槽，車子在上面行走，車輪是卡在輪槽裡的，像火車有軌道一樣，就能免除翻車的顧慮，讓車子跑得更穩更快。如此一來，馳道的建設也就和「車同軌」的措施連結在一起，車子必須符合統一的輪距，才能在馳道固定的輪槽裡行駛。

兩條馳道之外，還有一條「直道」，也是用同樣的方式興建，但為了特別強調其軍事上的功能，所以不叫馳道。直道和長城一樣，是特別為了對付匈奴而造的，匈奴所在之處離咸陽太遠，就用直道和長城來警告匈奴，不要心存僥倖，妄啟事端。以長城為界，界內的區域就是一統的，要盡量都變得一樣；而不一樣的人、不一樣的制度與生活，就用長城隔離開來。

域內最終極的統一，就是思想上的嚴格收束。規定「以吏為師」，事實上就等於取消了由孔子所開創的「老師」這個角色。「以吏為師」關鍵不在和誰學習，而在學什麼、用什麼方式學。從此之後，只能學法，學皇帝、朝廷訂定的律令，除此之外，別無可學的。而且要學法，也不會讓你讀《韓非子》，因為那是了解法的原理與運用，那是知識；現在你只能跟「吏」學習，也就是為了守法或執行法令賞罰而學，不能將法當作知識來了解。

「以吏為師」取消了老師，「坑儒」則有另一個作用——取消了盛極一時的縱橫游士。這兩件事是彼此關聯的，更曾是戰國時代最突出、最熱鬧的現象。有老師，有跟隨的弟子，就形成了實體的家派。從孔子開始，老師就帶著弟子們到處走，接觸各國國君，提出各種治國主張。這其實也是游士的起源。到了戰國時期，游士的主張更是五花八門，陣仗也更大了。主張國君都應該自己種田的許行，到梁國時就帶了七十人，梁國國君忙不迭地接見他，聽取他的意見。許行都如此，那比他影響力高上十倍百倍的蘇秦、張儀就更不用說了。

這些人靠著發表對國政的意見得到地位與權力，秦始皇的一統不允許這樣的事繼續存在。被坑的四百六十多人，主要罪名就是批評皇帝、批評時政。這意思很明白了，不怕死的再繼續發表不同的國政意見吧！過去給游士帶來地位與權力的做法，現在只會帶來災難、懲罰，甚至死亡。

在這點上，秦始皇也清楚表明了終結前一個時代，和戰國徹底截斷分開的態度。

09 輕罪重罰，讓人民離開土地

「今天下已定，法令出一，百姓當家則力農工。」新的時代，作為帝國子民，只有兩件事要做。第一是「力農工」，專心努力把生產搞好；第二是明瞭與你有關的律令規定，別亂來，別犯法。

這兩件事又在一點上重疊，那就是法的規範將一般人釘著在土地上，不讓人任意離開土地。秦的法律中，規範了特殊的「市籍」，表示這個人的身分掛在「市」那邊，也就意味著這個人沒有土地，不是正常的農人。列入「市籍」的人，在帝國中明顯屬於次等公民。地位只比「刑徒」高一點而已。

秦代律令文獻中有個常見的關鍵字，就是「發」，指的是動員勞動力為朝廷工作。首先會被「發」的對象，就是犯了法受罰的「刑徒」，如果刑徒不夠用，接著就發「市籍」。而且很多時候，一發就直接同時發「刑徒」和「市籍」，顯見在朝廷眼中，這兩種人實在沒什麼差別。

這樣的法令精神當然就是「重農輕商」，甚至該說「重農賤商」。為什麼「賤商」？除了傳統經濟觀念中，覺得商人沒有直接的生產貢獻之外，在新的統一控制著眼下，商人到處流動，不會固定在土地上，和大部分的農人不一樣，會製造控制上的問題。不一樣，又難控制，就要被盡量裁抑。

秦的律令以刑罰威嚇為基礎，堅信刑罰愈重，愈能收到威嚇的效果，使得人民不敢犯法。這樣的觀念就引來了「輕罪重罰」的作風。如果有一夥人聯合偷盜，有人主謀，有人下手，有人把風，破案之後該怎麼罰？睡虎地出土的《法律答問》中明白規定，很簡單啊，就看這一夥人犯下的罪裡哪條最嚴重，所有人都處以同樣最重的刑罰。這是不分主從的判罰，就算是同夥中最邊緣的從犯，都和主謀同罪。

法家相信人性本惡，相信要用外在力量來規範人的行為，所以也就相信「輕罪重罰」的效果——連輕罪都罰得那麼重，人被嚇得連輕罪都不敢犯，當然就不會去犯重罪了。在這一點上，相較於將禮與法並列思考的儒家，法家對於人的認知和了解實在太過簡單，對於法落實執行會產生的連帶作用，也太缺乏思考、缺乏想像能力。

他們沒看到的連帶作用，後來就成為使得偌大帝國快速瓦解的根本原因。「輕罪重罰」失去了罪與罰之間的比例關係，造成「以刑致刑」的連環反應，犯罪受罰的人愈來愈多，終於多到破壞了這套制度賴以存在的社會結構。

那個時代的刑罰沒有犯罪矯正的概念，基本上都是出於報復、恐嚇的用意。犯了罪，還把你關起來讓你有得吃有得住，那是不可思議的。嚴重的罪會被剝奪生命，有腰斬、車裂……各種虐殺方法；輕一點的是砍手、砍腳、割鼻子，讓犯人終身殘廢；最簡單、最普遍的懲罰，則是「夷為城旦」。「城旦」指的是築城工，因為早先需要動員大量勞動力的工程主要就是築城，後來

「城旦」就引申為「強制勞動力」。

「夷為城旦」意味著罪犯變成了公家的免費勞動力。「城旦」是一種身分，處罰的本身就是取消你原來的正常身分，降等（「夷」）為「城旦」，因而沒有規定刑期，沒有時間長短的分別。一旦成為城旦，就一直是城旦，除非有什麼特別的理由再將你升級，才有可能擺脫這個身分。

「輕罪重罰」、「以刑致刑」最大的效果，就是在很短的時間內，將帝國裡的一大部分人口都變成了強制勞動力，說得更明白、更直接些：他們都成了公家的奴隸，形成了規模不斷擴張的奴隸大軍。

公家奴隸很好用啊！可以派去修馳道，也可以派去建長城、建阿房宮、建驪山陵。「輕罪重罰」之下，在帝國裡不管犯了什麼樣的罪，都被判罰成為公家的奴隸。奴隸不斷增加，要幾萬有幾萬，要幾十萬有幾十萬，難怪秦始皇可以不斷啟動這些空前的大工程！

因為他掌握了空前的公家奴隸隊伍，絕對是周代八百年所未見的，而且其規模還在逐日逐月成長中。那麼龐大的強制勞動力不用白不用，當然就對皇帝和整個統治系統產生了高度誘惑，刺激他們不斷設計出運用這些勞動力的工程。這是秦始皇之所以「好大喜功」的一項關鍵條件。

然而，「以刑致刑」也必然形成了這套法家系統內部最大的矛盾。原本朝廷對人民最嚴格的要求，一是留在土地上努力生產，二是安居不動別製造問題。可是一個人一旦變成了「刑徒」，被拉去參與任何強迫勞動工程，他就不得不離開土地，既不能致力於農業生產，還要千里跋涉前往遠方。

「輕罪重罰」使得很多人從土地上拔了出來，無法安居樂業，於是原有的農業經濟基礎被破壞了，原有的鄰里組織基礎也被破壞了。

在此之上，秦始皇為了防範六國遺民作亂，又兩度下令將各地的富豪遷到咸陽就近看管。這些人離開了舊有的基礎，也成為無根、不受土地與鄰里組織拘束的人。

10 秦始皇留下的帝國危局

五十萬人築長城，七十萬人蓋驪山陵，又有幾十萬人沿著路線修馳道，這些人都從經濟生產體系中游離出來。這麼多人被拉出來成為「刑徒」，既有的生產體系和鄰里安全系統還可能維持嗎？而且這麼龐大的刑徒部隊，所到之處又必然對當地造成大騷擾，畢竟要他們工作，不能不給他們吃、喝，不能不讓他們活下去。除了生活必需條件之外，他們還要有工具。這些需求又壓在已經遭破壞的生產體系上，造成更大的傷害。

秦的滅亡，溯及陳勝、吳廣，這兩人具有高度的代表性。他們就是帶領著「徒屬」在路上，「遇雨失期」，趕不上規定的日期，在「輕罪重罰」的制度下，遲到了就要被殺，與其赴死，還不如乾脆逃亡反亂吧！

這一反，立即引發了連環效應。一個效應是「諸郡縣苦秦吏者，皆刑其長吏，殺之以應陳涉。」（《史記・陳涉世家》）為什麼「苦秦吏」？因為秦吏最大的作用、最重要的任務，就是管律令、執行律令，也就是將人民罰為刑徒，造成妻離子散的慘況。而本來靠連坐法所建立的嚴格鄰里組織，又隨著刑徒大量離去而近乎解體，也不可能發揮牽制、抑止騷動的作用。

另一個效應則是刑徒滿天下，造反的刑徒很容易就遇到別的刑徒隊伍，很容易就煽動其他的刑徒也同樣殺官長逃亡。於是，本來小小幾十個人的叛逃部隊，在很短的時間內就壯大為幾百人、幾千人。這也是「以刑致刑」帶來的自我毀滅，若照原本法家的設計，每個人都乖乖綁在土地生產與鄰里系統中，誰敢去參加叛逃的刑徒部隊？小部隊的騷亂，很快就會被追捕、鎮壓了。

刑徒成了帝國中最難控制的變數。刑徒的規模成長到一定程度，製造出刑徒的制度再也管束不了刑徒，這套制度也就運作不下去了。這是秦帝國快速滅亡最根本的原因。

秦之滅亡，亡在系統內部的嚴重矛盾。巨大的工程，表面上看有助於帝國的統一，但動員如此規模的勞動力，破壞了帝國內在的生產與社會紐帶，是真正「動搖國本」的可怕力量。秦始皇只看到了刑徒帶來的建設方便，可以大肆興建阿房宮、驪山陵，卻看不到其致命的影響。

秦快速滅亡還有一個因素，是秦始皇早逝。這也是秦始皇自己看不到、看不清楚的。秦始皇四十九歲去世，年紀不算大，不過說他「早逝」，更重要指的是他的心態，他從來沒有認真想過死亡的問題，沒有和死亡取得一個平穩的關係。

秦始皇一度相信方士，積極尋找成仙不死的方藥，多次受騙後絕望了，憤而坑殺方士，但他仍然沒有接受「人必有死」的事實，持續興建驪山陵就是明證。他相信，或說他希望，活人的世界和死人的世界之間有著某種連續性，可以藉由這樣的連續性讓他「雖死猶生」。

驪山陵的基本建設原則，其實就是盡可能完整複製秦始皇活著時的現實環境。為什麼那些兵馬俑每一具都有獨特的面貌，而不是以一個模子統一造出來？因為在現實裡沒有兩個人長得一模一樣，要複製現實，就要確保地底下的人也不會有兩個長得一模一樣。

幾千具真人大小、各有相貌和身材特色的陶俑，不會是不小心造出來的。發展出這樣的工匠技術，投入這樣的技藝資源，背後必然有著強烈的信仰支撐。那信仰是死後的世界要重現活人的世界。活人各有相貌、各有形體，馬各有肥瘦，那麼在死後的世界裡，人也一樣要各有相貌、各有形體，馬也要各有肥瘦。

這是秦始皇抓住的最後希望，他期待自己還能活在那個死後的世界裡，他要確保那個世界盡量延續這個世界，讓他不過就只是從這裡到那裡，在不同的時空中移動罷了。顯然，他完全無法接受死亡帶來的生命斷裂，不能接受、不能想像人死了就和活著的這一切都沒有了關係。

這樣一個人從來不相信自己真正會死，這樣一個人也就不可能在活著的時候為自己死後的帝國做任何安排，甚至，他活著的時候沒有任何人敢考慮他死後的事。所以不論他以任何方式死去，從帝國統治的角度看，他必定留下了一個沒有準備、措手不及的混亂情況。

11 雙重裂縫：外在社會動盪，內在缺乏接班

秦始皇沒有為二世皇帝繼位做任何安排。其實如果可能的話，他一定寧可不要去思考「二世」、「繼位」，而是讓自己克服時間，長久存在下去。他的努力都放在如何克服死亡帶來的斷裂，如何與時間、人壽爭鬥。

驪山陵的設計和執行，反映出秦始皇的終極夢想。從地宮到陵園再到外圍的衛護部隊，當一切都準備妥當，始皇帝死後就進入那個空間裡繼續當他的皇帝。他一定要、也相信自己會找到一種「空前」的辦法，將那個空間和活人的這個空間接續起來，讓他可以從那個空間維繫他的統治。

諷刺的是，正當秦始皇如此認真思考、設計死後都還能統治這個帝國時，帝國本身已經快速地朝他想像的相反方向滑落。原本在法家的價值信念中，商人如此可惡復可怕，因為他們是流動人口，不會乖乖待在一個地方讓朝廷找得到、控制得了。但法家「輕罪重罰」的做法，卻不斷在帝國內創造出幾十萬、上百萬的流動人口。商人的數量怎麼能和刑徒相比，而且任何個別商人對社會穩定造成的衝擊，又怎麼能和任何個別的刑徒相比！

這是個再清楚不過、再嚴重不過的問題，秦始皇非但沒有著手解決，而且也沒有做政治上的

接班安排，讓政治架構與政治運作能夠統整。外在的社會動盪，內在的缺乏接班安排，雙重裂縫注定了這樣一個大帝國無法長期維持。這個帝國將統治的基礎建立在每個人都應該固著在土地上，致力農工，但現實裡卻不斷製造離開土地、遠徙流離的刑徒。這個帝國高度中央集權，只有皇帝一人掌握實際的權力，但同時卻未曾準備下一位皇帝要如何接下這龐大權力，如何懂得操控這份權力。

皇帝高於法，是法的來源，於是帝國中所有其他人、其他事務，都可以建立一套律令來規範，只有皇帝例外。沒有任何法可以規定皇帝，讓皇帝遵行，這就必然意味著前一位皇帝死時，至高的權力位子就頓時失去了任何規範，那是徹底的失序。秦始皇去世後，圍繞著二世皇帝出現了荒唐至極的鬧劇，這不只是二世胡亥的性格、能力，權臣趙高的貪婪、奸狡等偶然因素造成的，還有秦帝國根本的結構性矛盾所帶來的必然性。

秦帝國在始皇帝死後迅速瓦解，瓦解過程中產生了另外一個新帝國的可能性。歷史上，我們習慣「秦漢」並稱，而秦、漢兩朝除了時間上相續外，還有更多密切的關係。秦是個劃時代的政治創造，徹底改變了周代封建的種種原則，代之以「帝國」的新原則、新設計。但這個新帝國起步得很不穩，從一開始就因為法家的精神、秦始皇的個人弱點，而有了嚴重的內外矛盾裂縫，導致秦帝國只存在十五年就傾覆了。秦滅亡後經過一段混亂時期，再到漢朝建立，一直到漢武帝即位，這一長段時間實際上都是過渡。

過渡期中，一方面秦帝國建構的新社會組織慢慢往下沉澱，圍繞著「二十爵制」與鄰里制度，形成了穩定的「編戶齊民」作為帝國的基礎；另一方面，上層以「黃老」、「無為」為準則，爭取了時間對秦帝國進行檢討，摸索並試驗如何調整出一個更可行的帝國方案。

一點一點地，花了百餘年的時間，才終於在秦帝國的廢墟上升起一個新的、可長久維繫的漢帝國型態。

第十講

誤打誤撞的漢朝創建

01 越過歷史知識黑暗期的《史記》

對於秦末大亂到漢代建國的這段歷史，我們知道得很多，卻也知道得很少。

知道得很多，是因為太史公司馬遷的《史記》裡有很多材料。《史記》中最精彩的兩章〈項羽本紀〉、〈高祖本紀〉記錄的就是這段歷史。除此之外，還有〈陳涉世家〉、〈蕭相國世家〉、〈曹相國世家〉、〈留侯世家〉記錄的也是這段歷史。還沒完，從卷八十九到卷九十五，〈張耳陳餘列傳〉、〈魏豹彭越列傳〉、〈黥布列傳〉、〈淮陰侯列傳〉、〈韓信盧綰列傳〉、〈樊酈滕灌列傳〉記的也都是這段歷史。

知道得很少，則是因為除了《史記》外，也就沒有什麼其他史料可以用來豐富這段歷史了。《漢書》中對於漢代建立的經過，基本上都是抄《史記》的，而且因為集中著眼於漢朝的歷史，帶著漢朝本位立場，《漢書》的相關記錄不但沒有《史記》完整，更沒有《史記》來得公平、全面。

也就是說，兩千年來大家研究這段歷史主要都依賴《史記》，雖然後世對這些人、這些事的評價與看法有眾多討論（光是項羽和劉邦的比較，從漢代一直到今天，就留下了汗牛充棟的資料），但在基本事實上沒有什麼改變。這段歷史很難「重新認識」，沒有什麼依據可以讓我們繞開《史記》，看到不一樣的歷史。

因此在這一章中，不會提供給大家什麼新史實或新觀點，我所能做的和過去講這段歷史的人一樣，就是將分散在《史記》不同篇章中的內容做個統合整理，整出一個有條理、可以從概念上予以掌握、具備歷史意義的敘述。

可以稍有新意的，反而是對《史記》這本書的看法。《史記》作為中國傳統經典，其重要地位當然不需再強調，要提醒的只是，以前一章所揭示的秦始皇心態為背景，我們應當明瞭《史記》與太史公心態的關鍵意義。

秦始皇「重今賤古」，在他那種「空前」的時間意識裡，歷史不只沒用，而且還有害。所以他討厭儒生，恨不得將記錄歷史的書全數燒掉，至少是要嚴格管制，不讓一般人接觸歷史。漢代承襲了秦始皇建立的這套極端「賤古」制度，而從高祖到他身邊的功臣們，大概除了張良之外，又都缺乏深厚的教養，根本無從判斷、處理這個問題。

在「無為」的概念下，「古今之辨」和許多政治、社會、文明議題一樣，在漢初都被擱置了。一直到漢武帝之時，才累積了足夠的基礎能夠真正面對。太史公在武帝朝完成了《史記》，彰顯出一個極其明確的態度，那就是要重建歷史的地位，突出歷史的尊嚴。

歷史在太史公手中重建了不可或缺的必要性。人當然需要歷史，而且需要全幅的歷史來提供最有效的參考與鑑照。《史記》是第一部「通史」，從最古遠的時代一直記錄到當代，顯示了太史公寬廣的歷史意識，也以這種方式超越了「法先王」或「法後王」的既有爭議。

對太史公來說，「法先王」或「法後王」的選擇沒有意義。歷史是一體的，或說必須將歷史視為一體，才能得到最重要的歷史智慧——「通古今之變」。若將「先王」、「後王」分別開來，在概念上將「先」、「後」切割開來看待，要如何「通古今之變」？

在建立通史的過程中，太史公集納了大批史料，經過消化、比對，將這些史料的內容確切地保留在《史記》中。這些史料很大一部分後來都不見了，再也找不回來了，還好有《史記》，才讓我們還有機會理解古遠的歷史。

在戰國到秦代的意識混亂之後，太史公重建了周代對於歷史的看法，凸顯、示範了歷史知識的關鍵獨特地位。我們經常習慣說：中國是個重視歷史的民族，中國文化最大的特色之一就是帶有強烈的歷史意識。不過這樣的特色絕對不是命定的，更不是天上掉下來的。曾經有那麼一段時間，周人創造的歷史意識被秦始皇的「賤古」價值給推翻了，要靠像太史公這樣的個人堅持與努力，才越過這段歷史知識的黑暗期，重新建立起中國文化和歷史之間的深遠連結。

02 亡命是刑徒受虐赴死外的唯一選擇

依照《史記》記載，秦末的變亂始自陳勝、吳廣的起事。那是秦始皇剛去世沒多久的二世元年，西元前二〇九年，陳勝、吳廣帶領九百人要到北方邊境戍守防衛匈奴入侵。那是一段漫漫長路。途中遇大雨，延遲了行程，眼看可能趕不上規定要到達的日期，依照「輕罪重罰」的秦法精神，晚到和沒到同樣是最重的懲罰——死刑，於是陳勝就和吳廣商量，要不乾脆逃走算了。

在做決定前，他們去找了一位卜者詢問，卜者告訴他們：「如果能得到『神鬼之助』，你們要做的事就有可能成功。」我們不知道卜者所說「神鬼之助」的本意是什麼，但陳勝理解的不是去燒香拜拜祈求神明保佑，而是以種種手段讓人家相信有「神鬼」在幫助他們。

他們拿了一塊布，在上面用紅墨水寫下「陳勝當王」，再將有字的布塞進市場賣的魚肚子裡。人家將魚買回家，剖開來一看，當然嚇了一跳，就將「陳勝當王」的「神啟」傳了出去。

還有一種做法，吳廣夜裡跑到墓地和祠廟裡，裝出曖昧模糊的動物叫聲，聲音中隱約聽得出來好像在叫著「大楚興、陳勝王」，讓周圍的人以為聽見了靈異聲音，也就既害怕又好奇地談論這預言般的「天意」。

所以他們並不是真正到了一個地方，估算趕不上了，才臨時決定起事，而是先做了一些安排的。安排好了，他們就動手殺了帶隊看守的人，然後召集其他九百人，表明眾人眼前的就是傳言中的那個陳勝，既然橫豎是一死，大家願不願意索性就叛變呢？乖乖地繼續走去，到了戍守地一定會被殺，跟隨著陳勝叛變，說不定真的會依照「神啟」讓陳勝當了王。稍作衡量後，大家就做了決定。

他們從起事的「大澤」往西走，立即就到了原本的陳國所在地，於是陳勝在此地自立為「陳王」。在大澤共同起事的有九百人，走到今天河南淮揚的陳地時，他們的部隊已經快速成長到幾萬人。擴張得那麼快，顯見他們的宣傳策略成功了。

在原先的裝神弄鬼之外，陳勝、吳廣進一步又創造了關於兩人身分撲朔迷離的傳言，繪聲繪影說「陳勝」、「吳廣」是化名，事實上這兩人一個是秦始皇的太子扶蘇，另一個是楚國大將項燕。扶蘇在秦宮廷鬥爭中無辜地被趙高殺了，項燕則是楚人崇拜的偶像，即使在訊息不容易流通的時代，他們都是家喻戶曉的大名人，關於兩人都有許多傳言，說他們沒死，下落不明。陳勝、吳廣便善加利用這份曖昧不明，藉著扶蘇、項燕的傳奇得以吸引許多人加入。

造成他們勢力快速成長不可或缺的因素，當然就是秦末社會紐帶的鬆動，眾多的游離人口是現成的起義預備軍。漢高祖劉邦原來是亭長，一名基層的小官，為什麼也投入反抗的行列？因為他要負責帶領沛地的刑徒前往驪山，路途遙遠，變數難測，劉邦的無賴個性發作，想想算了，就乾脆和刑徒們喝了酒，大家解散各自奔逃。

建立漢朝的功臣中有英布，更常見的名字是黥布，為什麼他有兩個名字？因為他臉上有刺青，那可不是他自己找人刺的，而是犯了法，作為刑罰被「黥」上去的。他被發配到驪山，從刑徒行列中脫逃，逃回家鄉後，不可能有正常生計，就成了大盜匪，後來才帶著他的匪幫人馬投入反抗陣營裡。

這些例子都清楚顯現出秦的致命傷——創造了刑徒滿街的動亂社會。這些人從原來的社會、生產組織中硬生生地拉出來，不只離開了既有的鄉里體系，也離開了商鞅以降建立起來的連坐結構，這種人當然很容易成為亡命之徒，亡命是他們在成為刑徒受虐赴死之外唯一的選擇。

陳勝、吳廣「揭竿而起」後，反秦勢力立即大盛，就是因為有那麼多準亡命之徒早已流蕩在路上。

03 項羽的自信：「彼可取而代也！」

陳勝自立為陳王，表示他是列國諸王中的一個，意圖回復到原來戰國時代的模式，而他所建之國叫做「張楚」。「張楚」就是復興楚國、光大楚國的意思。選擇叫「張楚」，也是宣傳策略中經過考慮的一環。一來他們所在之處是原先楚國之境，二來秦併吞六國，楚和齊最後才滅亡，到此時不過十多年，楚人仍然留有強烈的楚國記憶與認同。還有，楚國向來有著自身高度異質的文化，和中原不一樣，也就更受不了秦始皇那種一概取消差異、高壓統一的做法，楚人對於秦的怨恨不平相對最深。

楚地私語流傳，帶有預言性質的傳言說「楚雖三戶，亡秦必楚」，充分顯示了楚人對秦、對統一帝國的強烈不滿情緒。陳勝所立的「張楚」，觸動了楚人的這條敏感神經，所以能夠有效獲得廣泛支持。

有了以復興楚國、光大楚國為目的的「張楚」，很自然地刺激了其他六國故地遺民紛紛起而效法，號召恢復舊國。刑徒遍地，每個地方都有準亡命之徒隨時可以投入起義，現在又有了號召起義的明確理由與口號，在秦朝廷還沒回神反應之前，時勢很快地就扭轉延燒了。

陳勝、吳廣並非真的六國之後，所以需要創造鬼影幢幢的扶蘇、項燕神話，抬高自己的地位。一旦他們的起義造成一股態勢，真正具備舊貴族身分的六國之後很快就崛起，攫奪了反抗的領導身分。

如果以六國來分，反秦最大的勢力在楚。真正的楚貴族世家有項梁，他是項燕最小的兒子。項羽則是項燕的孫子，項梁的侄子。項羽基本上是跟在叔叔項梁身邊長大的，從小就讓這叔叔很頭痛。

叔叔教他讀書、寫字，項羽沒耐心學，而且還不聽教訓，罵他不用功，他就口氣很大地頂回來：「讀書幹嘛呢？會寫字頂多不過就是人家問你什麼名字，你能寫得出來罷了！」不愛讀書，那去學劍吧，學了一陣子，他又沒耐心繼續堅持了，叔叔罵他，這回他頂撞的理由變成：「使劍使得再好，不過就對付一個敵人，我想要學能夠一個人對付萬人的本事！」什麼本事可以一人對付萬人？那就只有兵法了。叔叔教他兵法，項羽樂了，但即便喜歡兵法，他也還是沒耐心仔細學，只學了個皮毛就覺得夠了。

從《史記》上的這些描述，我們可以很形象地了解項羽這個人。無論智力或體能，他都有極高的天賦，但也因為天賦超絕，所以就不會認真努力去追求更好。他充滿自信，睥睨一切，年少時連叔叔的話都聽不進去，長大成人後也就更難聽得進其他人的意見了。

展現項羽自信與野心的，《史記》中還有另一段精彩的記錄。項梁在家鄉殺人犯了法，依照秦法被通緝，他就帶著項羽逃到吳。吳在東南邊，是秦始皇興築的一條馳道的終點。馳道建好了，始皇帝的車駕堂皇炫耀地開到會稽巡行。項梁叔侄二人擠在路邊觀看，項羽竟然忍不住叫出聲來：「彼可取而代也！」我可以取代他啊！可以想見聽到他這樣叫嚷，當時在身邊的叔叔該有多緊張啊！

04 劉邦的感嘆：「大丈夫當如是也！」

劉邦也見過秦始皇的車駕。那是在咸陽，劉邦被徵發到首都去做工，一樣在路邊目睹秦始皇坐在車隊裡從眼前經過，當下劉邦的反應是感嘆：「大丈夫當如是也！」唉，就是要這樣才像個男人啊！

項羽、劉邦兩人都有野心，但表達野心的方式大不相同。項羽說「彼可取而代也」時，他才二十歲出頭。劉邦說「大丈夫當如是也」時，他已經四十歲了。這兩人其實不是同一個世代，劉邦要比項羽高一輩，不過在一件事上他們是共同的，那就是他們心中都深切記得秦始皇統一六國之前那個諸國並列的時代。

秦始皇早逝，統一六國後十一年就去世了，這帶來一個問題：到他去世時，還沒來得及讓天下人習慣新的帝國狀態，尤其是習慣天下只有一位皇帝，而且只能由這個人來當皇帝。

從劉邦到項羽，這些人都存留有戰國記憶，記得原本有諸國，而諸國的狀態是被秦始皇改變的。有皇帝是件新鮮事，不是理所當然；只會有、只能有一位皇帝，和他們明明記得的諸國並立的事實不相符。

皇帝的權威還不足以藉由長期成為事實而取得天經地義的真理性，打消別人「可取而代也」

或可以另立皇帝君王的念頭，因而陳勝、吳廣之後，許多人就依照舊時記憶重新立起諸國之王。楚地先亂，然後延燒到齊、趙、魏……，到處都有六國之後冒出來。

楚人要恢復楚國，齊人要恢復齊國……，突然之間最為流行的一種集體心態，是將時間和社會狀態推回秦帝國之前。另外當然也有一種心態在發酵，那就是青年項羽想的「彼可取而代也」，讓時間從帝國建立的事實往前走，秦始皇能建立帝國當皇帝，那別人為什麼不可以？當然可以有新的皇帝來取代不稱頭的秦二世。

亂局快速形成，不過在失序中存在著兩種解決的方案，一是回到帝國之前的狀態，重建六國；另一則是推翻現有的皇帝，換人當皇帝。

05 《史記》寫出活靈活現的劉邦

因為對楚的認同，項梁帶著項羽先是呼應了號稱「張楚」的陳勝。有一個叫召平的小混混，趁亂假冒為陳勝的使者，跑去找項梁，以陳勝的名義封項梁為「上柱國」，項梁很高興，也很驕傲。召平可以這樣騙過項梁，顯見陳勝的宣傳策略十分成功，竟然連項燕的兒子都接受他的權威，亦可想見當時楚地的氣氛。

項梁和項羽帶著八千子弟兵渡過長江，到了安徽，在那裡遇到陳嬰、黥布，然後到達下邳（今江蘇邳州），他們的兵力已擴充到六、七萬人，沿路形成席捲之勢。那一段時間，各地都發生變亂，各方軍隊一邊移動一邊擴張，很難精確掌握其變化。

不過以當時的局勢來看，應該誰也想不到後來和項羽對決的竟然會是劉邦吧？寫劉邦，是太史公了不起的成就，身處漢代要寫漢朝的建立者，必然受到當政者的注意、監管，他竟然還能在《史記》裡留下那麼多「不方便」的事實，讓我們千古之下都還能看到一個真實的人在一個真實時代情境中的種種遭遇。

《史記．高祖本紀》開頭便告訴我們，劉邦的父親是「太公」，媽媽叫「劉媼」。太公就是太爺的意思，那劉媼呢？就是劉老太太。光是這兩個名字，就讓我們知道了劉邦的出身，他當然不可能有多麼了不起的身世。即使當上皇帝，他爸爸、媽媽從頭到尾都還是只叫「劉老太爺」、「劉老太太」，他們在鄉野裡沒有名字，有名字也沒人記得，八成連他們的兒子都不知道他們叫什麼，所以只能用「太公」和「劉媼」的通稱。

《史記》接著敘述，劉媼在大澤陂上夢見神明，有蛟龍浮在她的肚子上，不久便有孕，生下劉邦。你信嗎？太史公沒有要我們相信，他必須將漢建國的神話寫在這裡，但他的態度明顯是：如果你要信我也沒辦法。當時知道劉邦的人，都曉得他出身多麼卑微，如果你選擇相信他是因為蛟龍受胎所以才能當上皇帝，那你就信吧。

如果對應著讀《史記．陳涉世家》，那麼對於《史記．高祖本紀》接下來的這段記錄，我們也會有不同的看法。這段故事先從呂公（劉邦的丈人）寫起，說呂公和沛令熟識，呂公在家鄉出了事，為了避仇就到沛令家裡作客。沛地人士聽說沛令家有貴客來了，都去參加宴席祝賀。

宴席門口有一名沛地的小吏，算術最清楚，人頭又最熟，負責收禮金和排位子，禮金送得愈多的，得到的位子愈好。那個人就是蕭何。劉邦當時做亭長，跟大家交情都很好，明明口袋裡沒有錢，卻假裝送了萬錢的大禮，得以坐到前面去。呂公會看相也愛看相，一看劉邦的相貌，就請他上坐。這時明知劉邦根本沒給禮金，事實上連到堂上來的資格都沒有的蕭何忍不住了，告訴呂公：「這傢伙就只會吹牛，成不了什麼事。」劉邦也不在意蕭何洩他的底，一樣跟大家嘻嘻哈哈，厚著臉皮坐到上座去。

酒喝到一定程度，呂公使眼色，叫劉邦宴後留下來。劉邦會意，等其他客人都走了，呂公就說：「我見過這麼多人，沒有任何一個人的相貌像你這麼好。」便要將女兒嫁給他。一旁呂公的夫人反對了：「你老是說女兒一定要嫁給貴人，沛令想要娶她，你都不答應，為什麼自作主張許給劉邦？」但呂公以丈夫的權威否決了夫人的意見：「這種事情不是你們女人小孩懂的！」堅持收了劉邦當女婿。

這故事固然彰顯了呂公的智慧，早早就看出劉邦的貴氣，但也進一步透露，當時在一般人眼裡，劉邦其實是怎樣的一名無賴。

06 鄉野中崛起的無賴本事

劉邦的亭長職務之一就是將刑徒押送到驪山去，以他那種做事不牢靠的方式，一路押送，刑徒就一路逃走了。劉邦自己算算，等到達驪山，刑徒大概都跑光了吧！他索性在夜裡將剩下的人召集過來，對他們說：「你們走吧，我也要逃亡了！」刑徒中有十幾個人選擇要逃乾脆就跟劉邦一起逃。

逃亡路上，劉邦還是愛喝酒，晚上要經過荒僻的地方，他派一個人先去探路，探路的人回來說：「可怕啊！路被一尾大蛇擋住了，不能走了，得回頭。」這時劉邦已經喝醉了，藉酒壯膽，豪氣地說：「怕什麼怕！」便往前走，拔出劍就殺了路上的蛇。蛇被斬成兩截，路也就通了。劉邦又走了幾里路，酒氣發作，醉倒睡在路邊。

後面跟上來的人來到殺蛇處，看到有一個老太太在哭，問老太太怎麼會夜裡一個人在外面哭？老太太回答：「有人殺了我兒子，所以哭。」又問：「你兒子怎麼會被殺呢？」老太太說：「我兒子是白帝之子，化成一條蛇擋在路上，結果被赤帝之子給殺了，所以哭。」

這是什麼鬼話啊？跟老太太說話的人正要叫老太太別胡說八道，突然老太太就消失不見了。這些走在後面的人趕上來，劉邦酒也醒了，就將遇到老太太的事告訴劉邦，劉邦聽了暗暗高興，神色愈來愈有自信，跟隨他的人也就愈來愈敬畏他。

陳勝、吳廣起義之前，劉邦就已經逃亡在外。《史記》接著說，秦始皇之所以經常往東南出巡，是有「望氣者」警告說「東南有天子氣」，秦始皇擔心，所以要親自來找那威脅他的「天子氣」。劉邦聽說了，懷疑那「天子氣」或許就是從自己身上發出來的，怕被秦始皇找到，於是常常在山上躲藏。但他躲來躲去，卻連老婆都躲不過，老婆要找他總是找得到。劉邦問老婆這是怎麼回事，老婆回答：「你所在的地方上面有雲氣，循著雲氣找通常就找到了。」這時劉邦倒沒那麼怕雲氣會洩漏自己的行蹤，反而為之沾沾自喜，然後「沛中子弟或聞之，多欲附者矣」。

這是一連串的相關神話，到太史公寫書時，已經固定下來成為漢高祖非凡人、領有天命的官方說法。太史公不能不照著寫，但他的筆法很顯然將這些神話寫得帶點鬧劇意味。尤其是和〈陳涉世家〉中描述陳勝、吳廣如何在魚肚子裡塞布，半夜裝神弄鬼怪叫相對比，我們就更難將劉邦的這些事蹟敬畏地當作神話來看，反而是看到了這位沛中無賴如何運用類似的手法得以在鄉野中崛起。

陳勝稱王之後，楚地騷亂，許多秦的地方官被殺。沛令害怕沛地的人也會為了響應陳勝而殺他，考慮乾脆自己出面投降加入陳勝。這時蕭何、曹參建議他：「以你的身分沒有號召力，不如把流亡在外已經有實力的人找回來，有個幾百人的流亡兵力，用他們的力量挾持眾人，大家不敢不聽。」因此才叫劉邦回來。不過蕭、曹雖說「幾百人」，《史記》卻明確說劉邦當時的勢力僅「數十百人」，根本只有不到百人，蕭、曹故意幫他灌了水。

於是劉邦帶著樊噲回來，然而沛令又後悔了，關了城門不讓他們進來，還要殺蕭何和曹參。蕭、曹看情勢不妙，趕緊偷跑出城和劉邦會合，劉邦就煽動沛人殺了沛令打開城門。進了城，大家推劉邦當沛令，劉邦不答應，要他們找更適合的人。哪有什麼更適合的人？別人都怕死，不願出頭，於是勸進劉邦：「我們平常就聽說你有很多非凡的事蹟，而且也去卜筮問神，神都說應該是你。」如此劉邦才承擔為沛令，掛起紅旗子來。為什麼是紅旗子？因為殺蛇的傳說中說他是「赤帝之子」，這件事一定要讓人知道。

和陳勝、吳廣一樣，劉邦也是靠著裝神弄鬼、怪力亂神起家的。太史公沒有把他當神來寫，而是細膩、巧妙地寫出他「人」的一面，尤其鮮活地表現了他那份無賴本事。劉邦生平許多不堪的事蹟都被保留在《史記》裡。

在楚漢相爭中，劉邦這邊遭遇過幾場嚴重的敗仗。有一次為了要逃命，劉邦嫌車跑得不夠快，竟然就將車上的兩個兒子推下去來減輕重量，還好旁邊的夏侯嬰冒險把小孩撿起來，不然可能就活不了。後來，劉邦的父親被項羽抓走了，項羽以烹殺太公威脅劉邦投降，劉邦竟然大剌剌地說：「你我曾經在懷王面前相約為兄弟，既然是兄弟，我爸爸就是你爸爸，你要殺了你爸爸煮成羹，別忘了也分我一碗。」真是無賴啊！

07 破釜沉舟的勝利和項羽的致命傷

陳勝、吳廣起義後，激發了許多響應者，一時間其實無從建立起明確的組織，大家都半自主地捲入這股大勢力中。由於各地分別蜂起，朝廷更難防範、阻擋。到秦二世二年的正月，也就是陳勝、吳廣揭竿而起不到半年時間，反秦軍隊已經打到了「戲」（今陝西臨潼），離咸陽已經非常近了。

等到軍逼城下，二世皇帝才知道有各地反叛這回事，之前趙高一直瞞著他。這裡我們又看到秦帝國建制上的致命缺點。雖然有郡縣、有馳道，權力高度集中，皇帝一人高高在上，甚至駕凌於法令之上，然而皇帝無從確保能夠及時得到帝國中的確切消息。地方與中央沒有良好的連結，內廷與外廷也沒有良好的連結，這些都是秦帝國遺留給漢帝國的大問題。秦只存在了十五年，漢卻能延續四百年，其中一個關鍵也就在於漢朝找到了方法，一步步扣上這些環節，解決了這些問題。

二世皇帝召集群臣商議緊急狀況的處理辦法，這時章邯提出一個緊急應變措施，就是大赦本來在興建驪山陵的幾十萬刑徒，讓他們即刻轉為守衛軍隊，不只回復平民身分，還可以憑藉軍功往上爬。章邯的提議被接受了，很可能就是在此時，驪山陵的建築工程因此停擺，留下我們今天看到的未完工的四號坑遺址。

章邯這項提議很有效。眾多的人馬，正式的配備，加上有經驗的將領，組成有戰鬥力的軍隊。和這樣的軍隊相比，陳勝、吳廣他們就成了烏合之眾。先是吳廣死於滎陽，接著陳勝也在下城父被殺。

反秦軍遭受重挫，范增便向項梁獻策，要收拾局面，不要讓反秦軍徹底潰散，最好的方法就是利用舊楚王的號召力。楚懷王被秦人所害，楚人最恨秦，要善加利用這項歷史因素，方可力挽狂瀾。於是項梁找來流落在民間放羊的楚王子孫，直接將他尊為楚懷王。

如此一來，反秦軍就又有了中心，大家都齊集到新的楚懷王這裡，而實際的指揮權當然就落在項梁手中。項梁有了不一樣的策略，他帶著軍隊往東邊走，打算先和齊地的反秦勢力會合，這樣才更有把握對付章邯的大軍。不料項梁帶兵到定陶時，齊地的反秦勢力卻正陷入嚴重內鬨。田榮答應帶兵到定陶和項梁會合，田假卻趁田榮不在時自立為王，田榮獲知消息，一怒就轉頭回軍攻打田假。於是在苦候齊兵不到的情況下，項梁兵敗定陶，還送了命。

「定陶之役」對反秦軍造成了三重打擊：原本計畫中的齊楚聯軍沒有了，楚軍折損了指揮大將項梁，還有，定陶這個商業貿易大城、生產集散中心又落入秦的控制中。項梁在這種情況下戰死，也在項羽心中留下很深的怨懟，他一直記得叔叔是被齊人害死的，尤其田榮要負很大責任。後來在分封諸王時，項羽就記仇，刻意將齊地分成三塊，不給田榮齊王之位。田榮因而叛變，成了項羽統治上的致命傷。

奪回定陶後，章邯立即領軍北上，攻擊趙地的反秦軍，包圍鉅鹿。趙地反秦軍的領袖張耳和陳餘就向楚軍求救。懷王召開會議，會上范增強烈主張必須救趙。如果趙再被章邯所敗，沒有了齊又沒有了趙，楚軍就要單獨面對章邯大軍，那太可怕了。相對地，如果出兵救趙，和趙軍城內城外互相應和，就有機會重挫章邯大軍。

依照范增的建議，懷王派宋義為大將，帶領包括項羽在內的軍隊前往救趙。到了鉅鹿外圍，宋義卻有他自己的盤算，按兵不動。他算計的是要讓秦軍和趙軍在鉅鹿圍城中再耗一段時間，如此兩軍兵力都削弱了，對楚軍最有利。然而性格衝動的項羽受不了如此拖延，再三催促宋義，宋義不理會，於是項羽直接闖進宋義帳中，一刀殺了宋義，將統帥權搶過來。

「鉅鹿之戰」留下了一句成語「破釜沉舟」，那是項羽的大膽策略。出兵時，戰士們吃過了飯，他便下令將煮飯的鍋打破；渡了河，又將乘載的船鑿沉，以示絕無退路，打不贏就無處逃，也無法整軍休息。於是楚軍氣勢大盛，擊敗了在人數規模上大有優勢的秦軍。

這樣的勝利不只有實質戰果，更有心理上打擊秦軍的作用，還大大宣揚了楚軍的威勢，確實是關鍵性的一役。交戰前，除了項羽自己帶領的楚軍外，其他軍隊都不願積極參與，等到楚軍大敗秦軍，項羽將其他軍隊的將軍們叫來，他們嚇得只好「膝行而前」，跪著走過來，而且頭低低的不敢正視項羽。如此，項羽贏得了反秦軍實際領袖的地位。

章邯在鉅鹿大敗，不只挫折，而且心生警惕。他派了司馬欣回咸陽報告，實際上是探問領導中心的反應。司馬欣在咸陽等了三天，甚至連進宮的機會都沒有。司馬欣愈等愈不安，便調頭出城，一出城後面便有人追來，於是他倉皇逃回軍中，告訴章邯情勢不妙，章邯乾脆就在鉅鹿城外投降了反秦軍。

這下子項羽不只有了領袖地位，還多加了章邯這支敗軍，已有足夠條件可以發動直指秦政治中心的西征。但沒想到也因此埋下難以解決的隱患，反而成為項羽的最大阻礙。項羽帶領的大軍走到新安，原先的楚軍裡起了騷動，不願意走了。原來他們考慮到愈往西走，不只離家鄉愈遠，也愈接近降軍的地盤，擔心降軍萬一得了地利之便翻臉倒戈怎麼辦？

沒有耐心更沒有智慧處理這種紛爭的項羽，為了能加快西征，索性下令將章邯帶領的二十萬降軍一併坑殺，只留下章邯和少數幾名部將。

從歷史上看，這件事還彰顯出一個重要的現象，那就是新舊觀念的衝突。我們愈看愈清楚，項羽本事很大，但他有兩個致命傷，除了莽撞的個性外，還有他心中的舊觀念。雖然他比劉邦年輕，但他的貴族身世使得他一直活在戰國後期的時代價值中，他的做法都是從戰國後期的風氣裡傳承下來的。例如大舉坑殺降軍，就是諸國相爭最激烈時的習慣，不只要打敗敵軍，還要有效毀滅敵國的有生戰力。

項羽不了解新的帝國，嚴重缺乏一統的帝國想像。他帶著高度的楚本位立場，念茲在茲的只是要推翻秦，回復秦統一之前的列國局面，無法理解時代已經改變了，秦所建立的帝國模式已經取消不了，倒退不回去了。在這一點上，比較年長的劉邦反而站在時代的前沿，能夠接受新局勢與新觀念，和項羽形成對比。

08 韓信的一場大戲和劉邦的優勢

聯合反秦軍西征的過程中，劉邦的地位和成就遠遠不及當時不可一世的項羽，然而這段時間，劉邦吸收了幾個重要的人物到身邊。其中一個是酈食其。酈食其去見劉邦，進去時劉邦高坐在床上，讓兩個女子幫他洗腳。酈食其打了個招呼，便直接訓斥劉邦：「要聚合正義之師誅滅無道的秦，有這種野心的話，恐怕不該如此無禮地會見長者吧？」劉邦一聽就不洗腳了，起身整裝，請酈食其上座，並正式道歉。

酈食其給了劉邦重要的建議——拿下陳留，並分析陳留一地的重要性。劉邦接納了，同時也就請酈食其留下來，作為身邊的謀士。

酈食其何許人也？他其實延續了戰國時代縱橫家的傳統，有學問、有謀略，對於時局變化有現實感，更重要的，還能言善道懂得如何說服人。劉邦自知出身低下，雖然因此討厭儒生，另一方面卻懂得如何善用這些縱橫家的意見。相形之下，這種人也沒辦法跟高傲的項羽相處，給項羽什麼樣的協助。

劉邦最大的長處，就是敢於嘗試各種新鮮的策略與做法。仔細看看《史記》中對於韓信的描述，我們會驚訝地發現，韓信根本不是後來戲文中裝扮出的那樣一位武將。韓信真正的本事不在武勇戰略，而在善對應變。《史記》中記錄韓信和漂母的故事，重點之一就在他對漂母說的話。那時韓信是個乞丐，接受了漂母的一飯之恩，要不然恐怕就要餓死了。一般接受施捨的乞丐是什麼態度，會如何表示感謝？韓信的方式是說：「將來我發達了，變得很了不起時，一定不會忘記報答你。」淪落到當乞丐了，他都要說大話！

韓信是如何進到劉邦的陣營裡？依照《史記》的說法，他在軍中因連坐法受刑，前面行刑了十三人，韓信是第十四個，面對負責行刑的夏侯嬰，韓信倨傲地說：「你們漢王不是想取天下嗎？那怎麼可以殺像我這樣的壯士呢？」就和面對漂母時一樣，死到臨頭了，韓信也還是要說大話！

後來韓信又出走，而有了「蕭何月下追韓信」這個千古流傳的故事。韓信回來了，劉邦特別給了他高位，舉行了一場盛重的典禮封他為大將。升任大將之時，其實韓信並沒有什麼實際的功績，也沒有多少真正帶兵打仗的經驗。讀《史記》裡對於這場典禮的描述，我們不得不懷疑，劉邦他們真正看重的，與其說是韓信的能力，不如說是藉此激勵士氣的機會。

那很明顯是一場刻意安排的大戲。一個誰都不認識的小部將，竟然獲得劉邦破格任用，給予最尊崇的地位。典禮最關鍵的場面是韓信和劉邦的對話，這應該是事先安排好的吧？劉邦問：「將軍何以教我？」韓信先以一連串的反問回應：「你有比項羽勇敢嗎？有比項羽強悍嗎？還是比項羽懷柔？比項羽堅毅？」沒有，在這些方面劉邦都自認比不上項羽。

韓信接著說：「我也認為在這些地方你都不如他。項羽發怒時，千人在他面前都會被震懾得不敢動，然而項羽只信任他自己，無法信任別人，因而他的勇只是匹夫之勇。項羽對人很有禮貌，有人病了他會表現得很難過、很同情，但他是個吝嗇的人，部下有成就時，他連給人家一枚印信都捨不得。決定要給出一枚印信，他會將那枚印放在手裡反覆摸啊摸，摸到角都磨圓了。因而項羽對待別人的好，只是『婦人之仁』。」

韓信繼續說：「項羽雖然稱霸天下，使得諸侯臣服於他，但他並不聰明。項羽第一笨，笨在捨棄關中不居，跑回彭城。第二笨，他對待諸侯不公平，放任私心、恩怨干預他的決定。第三笨，他沒有依照原來說好的和大家一起共推義帝（即懷王），反而殺了義帝。你本來就是和項羽相反的人，應該要有和項羽相反的做法。第一，你該將天下武勇的人都找來，慷慨地委任他們為你賣命打仗，這樣就沒有打不倒的敵人。第二，打下來的城交給功臣，這樣就沒有人會反抗你。第三，你要讓大家懷念義帝，以正義為你的信條，使大家相信跟著你可以得到安置與照顧。」

這段話如果是在韓信受封大將之前對劉邦說的，那麼我們可以相信劉邦是因此心動而給予韓信大位。但依據太史公的描述，這段話是韓信在封將之後才說的。這樣的前後順序不太對吧？在沒有其他證據之前，我不認為太史公會犯了錯，那就意味著他用這種方式揭露了整件事更複雜的安排。

顯然這是悉心設計的宣傳場面！之所以找了小部將韓信，誇張地將他抬舉為大將，重點不在韓信的能力，而在這場典禮能產生的作用。誰不會對一下被抬得那麼高的韓信大感好奇呢？誰不會想知道韓信到底是什麼樣的人，又有什麼樣的本事呢？這激起了陣營中每個人的高度好奇心，大家全神貫注在韓信身上，讓韓信講出那一番話來。

話中不只點出劉邦的長處，而且重用韓信剛好就戲劇性地證明了劉邦有著對照項羽所無的、既信任他人又慷慨的特質。韓信的一番話給予軍隊信心，相信跟著劉邦，為劉邦賣命是正確的選擇；相對地，投靠吝嗇的項羽那邊還真是不智。一個大將的位子，一場典禮，能換來這麼有效的宣傳，太划算了啊！

儘管後世都將韓信視為武將，然而看史料，他的本事其實比較接近張良或酈食其，根本上是能言善道、有著各種謀略想法的縱橫家。當劉邦從滎陽潰退時，他做了什麼事？他一路去到韓信的帳前，假裝是漢王的使者闖進去，直接將韓信的印信收了，韓信一覺醒來，發現自己已經失去了軍隊的指揮權。如果韓信真是個了不起的軍事將才，新敗之餘，劉邦應該正要仰賴韓信的能力幫他重振旗鼓吧？為什麼去收了韓信的兵權？顯然他沒有那麼信任韓信，擔心韓信會在關鍵時刻現實地選擇投靠項羽，而且論帶兵，覺得自己比韓信厲害。

和項羽相爭時，劉邦的優勢在於聚集了一群流著縱橫家血液的人。這些人替他分析策略，而且這些人了解人的心理，能夠為他掌控軍隊的情緒。在某種意義上，劉邦是靠著這樣的心理戰才能克服種種劣勢，後來居上，戰勝項羽。這一點，項羽完全不是劉邦的對手，劉邦身邊有那麼多人一直在教他如何想、如何說、如何做，同時還幫他揣測敵人的想法與動靜。

09 項莊舞劍 鴻門宴

回到現實的戰局，看看到底發生了什麼事，才能解釋韓信封將時所說的那段話中牽涉的幾個重點。

「鉅鹿之戰」另有一層重大意義。當宋義和項羽帶領主力部隊前往援助趙軍時，另一股較小的部隊由劉邦帶領，先行向西。當時的想法是，劉邦帶的是偏軍，負責牽制秦軍，等鉅鹿解圍之後，大軍和趙軍會合，一併向西，最終眾人在關中會合。西征入關中打咸陽，是最艱難的任務，為了提振士氣與增加動機，懷王就宣布並約定：誰先進到關中，誰就可以當關中王。

秦軍在鉅鹿被項羽打敗，隨後章邯又帶軍投降，於是劉邦一路西行，沒有遇上什麼阻礙。劉邦又得到張良的建議，不走函谷關，繞過函谷關的守軍，所以偏軍走得很順利，比原先預定的既早又輕鬆地便進入了關中。還有更幸運的狀況在等著劉邦，進到關中，咸陽內的秦朝廷已經因內鬥而瓦解，秦二世和趙高都死了，一團混亂中，根本無從形成任何抵抗，秦三世子嬰披白衣出來主動投降了。

面對這樣的變化，劉邦身邊的縱橫策士教他：不殺子嬰，和秦父老「約法三章」以安撫關中百姓。

初進咸陽城，無賴出身的劉邦當然被咸陽的堂皇富麗給眩惑了，想要好好享受一番。但是他身邊的人，由屠戶出身的樊噲代表出面勸劉邦：「這些堂皇富麗就是造成秦快速滅亡的主要原因，你確定你還要留在這裡嗎？」這樣的警告由樊噲提出，格外有說服力。照道理，粗野不文的樊噲應該最容易被這樣的榮華享受所誘惑，連樊噲都能在私人享樂之外意識到不安，要當領袖的劉邦不能比不上樊噲吧？

這樣的意識不是樊噲個人的，應該是劉邦身邊的策士們所擬定的基本心理原則。不可能和項羽比武力，那麼劉邦陣營要贏，就只能贏在爭取民心上。劉邦懂了，於是帶領軍隊退出咸陽，駐紮在壩上。

依照原先的約定，既然劉邦最先進入關中，他就應該是關中王，關中就是他的地盤了。所以劉邦派了軍隊守住進出關中的門戶——函谷關。不料接著來到函谷關前的，是項羽帶領的大軍。項羽被阻在函谷關外，心頭大怒，直接下令衝關，劉邦的守軍怎麼抵擋得住。項羽強行入關後，第一個念頭就是找劉邦算帳。

這時項羽陣中有項伯，曾受張良大恩，於是項伯趕緊偷偷傳訊給張良：「你們慘了，項羽要帶兵打你們了！」張良看事情非同小可，趕緊安排讓項伯見了劉邦，緊急處理此事。劉邦立即和身邊策士們快速商量出基本策略，那就是：抵死不認有意守住函谷關。

劉邦請項伯去告訴項羽，會有軍隊守著函谷關，只是為了防盜賊，維持好關中的秩序，等待項羽來到，絕對沒有任何對項羽和大軍敵對的惡意。項羽聽了半信半疑，而他身邊的范增則全然不信，認定劉邦有野心，主張項羽果斷處理。

項羽的「婦人之仁」起了作用，他給了劉邦一個謝罪的機會，那就是「鴻門宴」。劉邦帶了包括張良、樊噲幾人前來赴會，說得情真意切，請項羽不要誤會。於是項羽心軟了，下不了趁機拿下劉邦、殺了劉邦的決心。范增不斷暗示他，項羽就是沒發出事先說好動手殺劉邦的信號。范增一看不能再等了，就去找項莊來，假裝舞劍為大家助興，實際上伺機要對劉邦下手。

張良立刻看穿范增的用意，於是也示意項伯起身，拔劍和項莊對舞，藉此掩護防衛，使得項莊無法傷害劉邦。此時得知宴會上情況危急的樊噲從外面衝了進來，大聲責罵項羽這邊的人心懷不軌。被樊噲的直率氣勢感動的項羽沒有指責他，反而賜他吃肉喝酒。樊噲用盾牌為墊，用手上的刀切了肉就吃，又大口喝酒，豪爽得很。

趁場面被樊噲搞亂之際，劉邦趕緊假意上廁所，一離場，張良就叫他快走。劉邦還猶豫了一下，可以沒有告辭就走嗎？後來想想真的太危急了，只得不告而別，如此驚險地逃過這場鴻門宴。

10 楚漢相爭的心理戰略

項羽正式進入咸陽城，而他的做法和之前的劉邦形成了強烈對比。他殺子嬰、燒咸陽城，擺明沒有要留在咸陽的意思。他忘了自己幾年前許下的豪語——「彼可取而代也」，他沒有要取代秦始皇在咸陽當皇帝，卻選擇退回彭城，將自己封為「西楚霸王」。大家原本以為項羽應該會留在咸陽，他卻在意於功成名就後要回到家鄉接受父老讚許肯定，執意要回彭城去。

這樣的做法顯然是倒退的，退回到秦始皇統一之前。自封「西楚霸王」，是因為已經有了楚懷王，不能再叫楚王；另外為了凸顯他和其他諸王不是真正平等的，就從「春秋五霸」的歷史中借來一個「霸」字加在上面。

項羽原本奉楚懷王為「義帝」，以楚懷王的名義分封諸國，但實權在項羽而不在義帝手中。項羽的分封方式帶著高度的私人主觀任性，不理會原本的約定，不把關中封給劉邦，卻封給了三個秦的降將；不理會齊國的現實狀態，故意貶抑被他視為害死項梁的田榮，將齊分成三塊，一塊給了趙的丞相張耳。

應該做「關中王」的劉邦成了「漢王」。劉邦得到的地盤遠在今天的四川北部，稱「漢王」是故意和流經關中的漢水扯上關係，混淆視聽，好像還是給了他關中的一處，實際上是把他派到崇山峻嶺後面的四川去。

這樣的做法必定引來許多不滿與批評。有人不滿，就挑動了項羽另一個心結。名義上，義帝在他之上，可以推翻項羽的分封。項羽愈想愈不甘，索性派人刺殺了義帝。他討厭、忌憚義帝，本來要將義帝從彭城移到北邊去，予以疏遠，突然心情一變，就不顧一切轉而決定刺殺義帝。如此一來，給了本來就心存不滿的人可以起而反抗項羽的正當理由。

《史記》對項羽這一連串作為的記錄，清楚揭示了他最嚴重的毛病——缺乏全面的考量與規劃，衝動地想到哪裡做到哪裡，不考慮、也看不見事情之間的複雜因果，無視一件事會有的連鎖反應與副作用。

於是齊田榮首先發難，沒有多久，劉邦也加入這波反項羽的行列。劉邦身邊有太多聰明的人，他們給劉邦的規劃遠遠高於項羽的設想。張良看穿了項羽封劉邦為漢王的用意，就教劉邦入蜀時一邊走一邊將走過的棧道燒毀，表示不會再帶兵出山了，讓項羽放心，不必警戒劉邦的勢力。項羽將注意力都放在處理齊國問題時，劉邦卻「暗渡陳倉」，走了另外一條隱蔽的路，北上突襲關中，靠自己的實力一下子就拿下了關中。

同時劉邦身邊的策士積極掃除項羽旁邊唯一夠厲害的對手——范增，由陳平上場演了一齣好戲。項羽的使者來，陳平出面招待，準備了好酒好菜，極度熱絡地詢問「相國」如何如何，「相國」可有什麼指示？說著說著，裝出突然才意識到來人是項羽的使者，而不是相國范增派來的。於是陳平態度丕變，明顯地由熱絡變得冷淡。使者當然將陳平先熱後冷的古怪反應回報給項羽，項羽就上了當，認為范增和劉邦方面私下有勾搭，就懷疑並疏遠范增，范增一怒離開了項羽，不久便背疽發作而死。除掉了范增，項羽陣營在謀略上就更加不及劉邦陣營了。

非將范增除去不可，與其說是為了報鴻門宴之仇，不如說是劉邦陣營太明白范增的作用。范增可以補足項羽缺乏全面考量的嚴重缺點，事實上，鴻門宴時范增力主必須殺劉邦，也不是出於對劉邦的私怨，劉邦陣營的人比誰都明白，若論對於項羽的威脅，范增所見、所衡量的再正確不過，劉邦的確是有野心又有能力威脅到項羽的第一人。

使用這種反間手法，也是戰國時期縱橫家的當行本事。劉邦陣營裡的心理戰人才，比項羽那邊高出太多了。項羽的心理強度不足以應付這樣的局面，這點幾乎就決定了後來「楚漢相爭」的勝負。

項羽在策略上的失敗，使得各方勢力聯合起來反對他，最終落得「四面楚歌」的包圍態勢，兵敗垓下。項羽一死，「西楚霸王」的時代如流星般結束了。這個時候，應該沒有任何人有把握這秦末亂局究竟該如何收場。牽涉其中的許多人和項羽一樣，仍然以為情況會回復到秦始皇統一之前，各國分立的局面將捲土重來。在這一點上，劉邦和身邊的策士卻有不一樣的觀念和做法，劉邦沒有忘掉「大丈夫當如是也」的感慨，他沒有放掉繼承秦始皇的基業、當統一帝國皇帝的想法，於是得以開創出漢朝的歷史新頁。

國家圖書館出版品預行編目（CIP）資料

不一樣的中國史. 3 : 從爭戰到霸權，信念激辯的時代-春秋戰國、秦 / 楊照作. -- 初版. -- 臺北市 : 遠流, 2020.06
面； 公分.
ISBN 978-957-32-8787-2(平裝)

1.中國史

610 109006412

不一樣的中國史 ③

從爭戰到霸權，信念激辯的時代——春秋戰國、秦

作者 / 楊照

副總編輯 / 鄭祥琳
副主編 / 陳懿文
特約編輯 / 陳錦輝
封面、內頁設計 / 謝佳穎
排版 / 連紫吟、曹任華
行銷企劃 / 舒意雯
出版一部總編輯暨總監 / 王明雪

發行人 / 王榮文
出版發行 / 遠流出版事業股份有限公司
地址 / 104005台北市中山北路一段11號13樓
電話 / (02)2571-0297 傳眞 / (02)2571-0197 郵撥 / 0189456-1
著作權顧問 / 蕭雄淋律師

2020年6月 1 日 初版一刷
2023年2月20日 初版五刷
定價 / 新臺幣380元 (缺頁或破損的書，請寄回更換)

ISBN 978-957-32-8787-2

遠流博識網
http://www.ylib.com
E-mail: ylib@ylib.com
遠流粉絲團 https://www.facebook.com/ylibfans